Sozialversicherungs-Ratgeber
für die betriebliche Praxis

PRAXIUM-Verlag
Kalchbühlstr. 50
CH-8038 Zürich
Tel. + 41 44 481 14 64
Fax. + 41 44 481 14 65
www.praxium.ch
mail@praxium.ch

Thomas Belk

# Sozialversicherungs-Ratgeber für die betriebliche Praxis

Die für die Betriebs- und Personalpraxis wesentlichen Informationen zu allen Sozialversicherungszweigen, gegliedert nach konkreten Geschäftsvorfällen und mit Merkpunkten und Fallbeispielen, in verständlicher und kompakter Form.

PRAXIUM-Verlag, Zürich

**Der Autor**

Thomas Belk ist als diplomierter Sozialversicherungsfachmann seit mehr als 20 Jahren in der Sozialversicherungsbranche tätig. In verschiedenen beratenden und geschäftsführenden Tätigkeiten hat er praxisrelevante und fundierte Erfahrung gesammelt und diese auch in Schulungsseminaren und als Benutzerprojektleiter im IT-Verbund namhafter Sozialversicherungsunternehmen eingebracht.

ISBN: 978-3-9523246-2-2

1. Auflage 2008

Copyright © Praxium-Verlag, Zürich, 2008
Alle Rechte vorbehalten
Umschlaggestaltung: Wilbers Grafik- und Druckservices, www.wilber.ch
Lektorat: D. Gampp

Die Definitionen, Empfehlungen und rechtlichen Informationen sind vom Autor und Verlag auf deren Korrektheit in jeder Beziehung sorgfältig recherchiert und geprüft worden. Trotz aller Sorgfalt kann eine Garantie nicht übernommen werden. Eine Haftung des Autors bzw. des Verlags ist daher ausgeschlossen.

# Inhaltsverzeichnis

Inhaltsverzeichnis 5
Vorwort 11
Inhalt der CD-ROM 13

**Die gesetzlichen Bestimmungen** **15**
Bundesverfassung 16
Zivilgesetzbuch 18
Obligationenrecht 19
Arbeitsrecht 20
Bilaterale Abkommen - Personenfreizügigkeit 23
Bundesgesetz zur Verhütung von Schwarzarbeit 25
Alters- und Hinterlassenenversicherung 26
Invalidenversicherung 28
Ergänzungsleistungen zur AHV und IV 29
Erwerbsersatzordnung 29
Mutterschaftsversicherung 30
Familienzulagen 31
Kranken- und Krankentaggeldversicherung 32
Unfallversicherung 33
Berufliche Vorsorge 40
Arbeitslosenversicherung 45
Militärversicherung 46
Sozialhilfe 46
Wichtige Hinweise für die folgenden Geschäftsfälle 47

**Stellenantritt** **49**
Alters- Hinterlassenenvorsorge (AHV) 50
Erwerbstätige im Nebenerwerb 54
Invalidenvorsorge 57
Berufliche Vorsorge 59
Unfallversicherung 67
Krankentaggeldversicherung 68
Erwerbsersatzordnung 69
Mutterschaftsversicherung 69
Familienzulagen 70
Militärversicherung 71
Arbeitslosenversicherung 71

Inhaltsverzeichnis

## Änderung von Arbeitspensum und Entlöhnung — 73
Alters- und Hinterlassenenvorsorge — 74
Invalidenvorsorge — 74
Ergänzungsleistungen — 74
Berufliche Vorsorge — 75
Unfallversicherung — 77
Krankenversicherung — 77
Erwerbsersatzordnung — 77
Mutterschaftsversicherung — 77
Familienzulagen — 78
Militärversicherung — 79
Arbeitslosenversicherung — 79

## Arbeitsunterbruch infolge Krankheit — 81
Lohnfortzahlungspflicht infolge Krankheit — 82
Alters- und Hinterlassenenvorsorge — 82
Invalidenvorsorge — 83
Berufliche Vorsorge — 84
Krankenversicherung — 85
Erwerbsersatzordnung (EO) — 86
Mutterschaftsversicherung — 87
Familienzulagen — 87
Militärversicherung — 87
Arbeitslosenversicherung — 88

## Arbeitsunterbruch durch Unfall — 89
Lohnfortzahlungspflicht — 90
Kündigungsschutz — 90
Alters- und Hinterlassenenvorsorge — 91
Invalidenvorsorge — 91
Berufliche Vorsorge — 92
Unfallversicherung — 93
Krankenversicherung — 95
Erwerbsersatzordnung (EO) — 95
Mutterschaftsversicherung — 95
Familienzulagen — 96
Militärversicherung — 96
Arbeitslosenversicherung — 97

## Arbeitsunterbruch infolge Mutterschaft — 99
Lohnfortzahlungspflicht während der Schwangerschaft — 100
Alters- und Hinterlassenenvorsorge — 100
Invalidenvorsorge — 101
Erwerbsersatzordnung — 101
Berufliche Vorsorge — 101

| | |
|---|---:|
| Unfallversicherung | 102 |
| Krankenversicherung | 102 |
| Mutterschaftsversicherung | 102 |
| Familienzulagen | 104 |
| Militärversicherung | 104 |
| Arbeitslosenversicherung | 104 |

## Arbeitsunterbruch infolge Militärdienst — 105

| | |
|---|---:|
| Generelle Betrachtungsweise | 106 |
| Alters- und Hinterlassenenvorsorge | 106 |
| Invalidenvorsorge | 106 |
| Erwerbsersatzordnung (EO) | 106 |
| Berufliche Vorsorge | 107 |
| Unfallversicherung | 108 |
| Krankenversicherung | 108 |
| Mutterschaftsversicherung | 108 |
| Familienzulagen | 108 |
| Militärversicherung | 109 |
| Arbeitslosenversicherung | 109 |

## Arbeitsunterbruch bei Kurzarbeit oder Schlechtwetter — 111

| | |
|---|---:|
| Alters- und Hinterlassenenvorsorge | 112 |
| Erwerbsersatzordnung | 113 |
| Mutterschaftsversicherung | 113 |
| Familienzulagen | 113 |
| Militärversicherung | 114 |
| Arbeitslosenversicherung | 114 |

## Arbeitsunterbruch bei unbezahltem Urlaub — 117

| | |
|---|---:|
| Alters- und Hinterlassenenvorsorge | 118 |
| Invalidenvorsorge | 118 |
| Erwerbsersatzordnung | 118 |
| Berufliche Vorsorge | 118 |
| Unfallversicherung | 119 |
| Krankenversicherung | 119 |
| Mutterschaftsversicherung | 120 |
| Familienzulagen | 120 |
| Militärversicherung | 121 |
| Arbeitslosenversicherung | 121 |

## Stellenaustritt ohne gesundheitlichen Hintergrund — 123

| | |
|---|---:|
| Kündigungsfristen | 124 |
| Alters- Hinterlassenenvorsorge | 124 |
| Abgangsentschädigung | 125 |
| Entstehung | 125 |
| Sozialversicherungsrelevanz in der AHV | 125 |

| | |
|---|---|
| Sozialleistungen bei ungenügender beruflicher Vorsorge | 125 |
| Erfasster Personenkreis | 126 |
| Ungenügende berufliche Vorsorge | 126 |
| Höhe der beitragsfreien Leistung | 126 |
| Sozialleistungen bei Entlassungen aus betrieblichen Gründen | 126 |
| Betriebsrestrukturierung | 127 |
| Invalidenvorsorge | 128 |
| Berufliche Vorsorge | 128 |
| Unfallversicherung | 130 |
| Krankenversicherung | 130 |
| Erwerbsersatzordnung | 131 |
| Mutterschaftsversicherung | 131 |
| Familienzulagen | 131 |
| Arbeitslosenversicherung | 132 |
| **Stellenaustritt infolge Pensionierung** | **133** |
| Alters- Hinterlassenenvorsorge | 134 |
| Abgangsentschädigung | 136 |
| Entstehung | 136 |
| Sozialversicherungsrelevanz in der AHV | 137 |
| Sozialleistungen bei ungenügender beruflicher Vorsorge | 137 |
| Erfasster Personenkreis | 137 |
| Ungenügende berufliche Vorsorge | 138 |
| Höhe der beitragsfreien Leistung | 138 |
| Sozialleistungen bei Entlassungen aus betrieblichen Gründen | 138 |
| Betriebsrestrukturierung | 139 |
| Vorzeitige Pensionierung | 141 |
| Aufgeschobene Pensionierung | 142 |
| Unfallversicherung | 143 |
| Ordentliche oder vorzeitige Pensionierung | 143 |
| Krankenversicherung | 144 |
| Arbeitslosenversicherung | 144 |
| Vorzeitige Pensionierung auf Veranlassung des Arbeitgebers | 145 |
| Familienzulagen | 145 |
| Militärversicherung | 146 |
| **Stellenaustritt und Arbeitsunfähigkeit** | **147** |
| Kündigungsschutz | 148 |
| Alters- und Hinterlassenenvorsorge | 148 |
| Abgangsentschädigung | 149 |
| Entstehung | 149 |
| Sozialversicherungsrelevanz in der AHV | 149 |
| Sozialleistungen bei ungenügender beruflicher Vorsorge | 150 |
| Erfasster Personenkreis | 150 |
| Ungenügende berufliche Vorsorge | 150 |

| | |
|---|---|
| Höhe der beitragsfreien Leistung | 151 |
| Sozialleistungen bei Entlassungen aus betrieblichen Gründen | 151 |
| Betriebsrestrukturierung | 151 |
| Invalidenvorsorge | 153 |
| Berufliche Vorsorge | 154 |
| Krankenversicherung | 155 |
| Unfallversicherung | 156 |
| Erwerbsersatzordnung (EO) | 157 |
| Mutterschaftsversicherung | 158 |
| Familienzulagen | 158 |
| Militärversicherung | 159 |
| Arbeitslosenversicherung | 159 |

## Stellenaustritt infolge Todesfall — 161

| | |
|---|---|
| Alters- Hinterlassenenvorsorge | 162 |
| Invalidenvorsorge | 164 |
| Erwerbsersatzordnung (EO) | 164 |
| Mutterschaftsversicherung | 165 |
| Berufliche Vorsorge | 165 |
| Unfallversicherung | 166 |
| Krankenversicherung | 166 |
| Arbeitslosenversicherung | 166 |
| Familienausgleichskasse | 166 |
| Militärversicherung | 167 |

## Aktuelle und anstehende Gesetzesrevisionen — 169

| | |
|---|---|
| Alters- und Hinterlassenenversicherung | 170 |
| Revisionsthemen | 170 |
| Invalidenversicherung | 172 |
| Ergänzungsleistungen zur AHV und IV | 175 |
| Familienzulagen | 175 |
| Krankenversicherung | 176 |
| Unfallversicherung | 177 |
| UVG-Revision | 177 |
| Berufliche Vorsorge | 178 |

## Anhang — 183

| | |
|---|---|
| Übersicht Lohnfortzahlungspflicht | 184 |
| Präzisierungen zu SUVA unterstellten Betrieben | 185 |
| Berufskrankheiten | 189 |
| Arbeitsbedingte Erkrankungen | 192 |
| Kantonale FZ von Arbeitskräften mit Kindern in der Schweiz | 194 |
| Kantonale FZ für (ausländische) Arbeitskräfte mit Kindern im Ausland | 196 |
| Mindestarbeitsdauer für Anspruch auf Familienzulagen | 198 |
| Anspruch auf Familienzulagen bei Unterbruch der Arbeit | 202 |

Inhaltsverzeichnis

| | |
|---|---|
| Anspruch auf Familienzulagen für Nichterwerbstätige | 206 |
| Familienzulagen-Befreiung bei GAV-Unterstellung | 207 |
| FZ-Anspruch und Anspruchskonkurrenz | 208 |
| Berechnungsbeispiele des versicherten Lohnes nach BVG | 212 |
| Berechungsbeispiele des versicherten Lohnes nach BVG | 214 |
| Beispiele verschiedener Ereignisse | 220 |
| Beispiele von Diensteintritten | 220 |
| Beispiele von Arbeitsunterbrüchen | 225 |
| Beispiele von Dienstaustritten | 228 |
| BVG Berechnungsgrundlagen und Grenzwerte | 231 |
| Webadressen rund um Sozialversicherungen | 232 |
| Adressen der Stiftung Auffangeinrichtung | 235 |
| Abkürzungen rund um Sozialversicherungen | 236 |
| **Sozialversicherungs-Glossar** | **239** |
| Stichwortverzeichnis | 259 |
| **Das PRAXIUM-Verlagsprogramm** | **263** |

# Vorwort

Der vorliegende Ratgeber behandelt mit hoher Priorität die betriebliche Umsetzung der schweizerischen Sozialversicherungen. Führungspersonen, die sich mit Sozialversicherungsfragen auseinandersetzen, Mitarbeitende im Personalwesen, Personen in Ausbildung finden hier nützliche Informationen. Ebenso angesprochen sind Personen, die sich Gedanken zu Durchführungsfragen im Rahmen der Sozialversicherungen und den angrenzenden arbeitsrechtlichen Belangen machen.

Die Sozialversicherungen in der Schweiz sind über Jahrzehnte gewachsen und sie unterliegen einem ständigen Wandel. Dieser Wandel vollzieht sich mit periodischen Gesetzesrevisionen, dem Erlass von neuen Gesetzen und durch die entsprechende Gerichtspraxis. Diese vollziehen die gesellschaftlichen, sozialen und kulturellen Veränderungen genauso nach, wie das politische Umfeld und die jeweilige wirtschaftliche Lage.

Typische aktuelle und gesetzesübergreifende Beispiele finden sich in den sozialversicherungsspezifischen Auswirkungen der Personenfreizügigkeitsabkommen mit der EU und EFTA oder der Gleichstellung des Ehestandes mit den eingetragener Partnerschaften gleichgeschlechtlicher Paare.

Im Rahmen der Einzelgesetze ist die jüngst erfolgte Einführung der gesamtschweizerischen Mutterschaftsversicherung genauso erwähnenswert, wie die Tatsache, dass kaum ein Einzelgesetz nicht in Revision steht, kürzlich revidiert wurde oder eine Revision in Vorbereitung ist.

Abgrenzung:

Zur Förderung der Übersichtlichkeit wurde bewusst auf Ausführungen verzichtet, welche sich der Thematik von selbständig erwerbenden Personen im Umfeld der Sozialversicherungen widmen. Ebenso wurde auf Ausführungen verzichtet, welche detailliert auf die Leistungen und deren Koordination eingehen.

# Inhalt der CD-ROM

Die beiliegende CD-ROM stellt einen nutzenstiftenden Mehrwert dar. Sie ist Ihnen bei der schnellen und einfachen Umsetzung oder Individualisierung der Informationen für Ihre Betriebs- und Personalpraxis behilflich. Sie finden darauf folgende Informationen:

**Vorlagen, Auszüge und Beispiele aus dem Buch**

Dieses Worddokument enthält Auszüge, Berechnungsbeispiele, Zahlen und Ansätze und tabellarische Übersichten, die Sie ausdrucken, in Konzepte übernehmen oder als Mitarbeiterinformation verwenden können.

**Amtliche Formulare und Mitteilungen**

Diese PDF-Dokumente ersparen Ihnen Beschaffungsaufwand und Sucharbeit mit Formularen auf aktuellem Stand. Themenbeispiele: amtliche Anmeldeformulare, Informationen zu bilateralen Abkommen, Vorausberechnungen von AHV-Renten und viele mehr.

**Powerpoint-Vorlagen**

Diese Vorlagen mit Textmustern sind Beispiele, mit denen Sie Ihre Mitarbeiter oder andere Interessierte in Ihrem Betrieb über Sozialversicherungen informieren und Zusammenhänge erklären können. Es gibt davon gestaltete und rein textbasierende Vorlagen und Foliensammlungen in einer Kurzfassung und ausführlichen Version.

**Webadressen**

Alle Webadressen aus dem Buch sind hier zum sofortigen Aufruf in Ihrem Browser mit anklickbarem Link in einem Webseiten-Dokument zusammengefasst. Damit ersparen Sie sich mühsame Tipparbeit und haben zugleich eine Favoritensammlung der wichtigsten Sozialversicherungs-Webadressen zur Hand. Viele Webseiten garantieren auch aktuelle und offizielle Meldungen und Informationen und geben so zusätzliche Sicherheit für die Aktualität wichtiger Zahlen und Ansätze.

**Aktualisierungs-Service**

Das vorliegende Buch zeichnet sich durch Aktualität der Informationen und Zahlen aus und wird in der Regel jedes Jahr neu überarbeitet, aktualisiert und erweitert. Unterjährige wichtige Neuerungen finden Sie zudem auf der CD-ROM. Diese wird alle zwei Monate neu gepresst, um auf möglichst aktuellem Stand zu sein und Ihnen so noch mehr Sicherheit für die Aktualität und Korrektheit der Sozialversicherungs-Informationen geben zu können.

# Die gesetzlichen Bestimmungen

Die gesetzlichen Bestimmungen

## Bundesverfassung

### Allgemein

In der Bundesverfassung werden in den Artikeln 111 bis 117 die Grundlagen unseres Sozialversicherungssystems definiert. Dabei wird festgelegt, dass der Bund Massnahmen für eine ausreichende Alters-, Hinterlassenen- und Invalidenvorsorge trifft, welche auf drei Säulen beruhen sollen. Diese Säulen sind

- die Alters-, Hinterlassenen- und Invalidenversicherung,
- die berufliche Vorsorge und
- die Selbstvorsorge

Weiter wird festgehalten, dass der Bund die Kantone verpflichten kann, den in diesem Sinne versicherten Personen und ihren Arbeitgeberinnen und Arbeitgebern, auf Beiträgen und anwartschaftlichen Ansprüchen Steuererleichterungen zu gewähren.

Er fördert zudem in Zusammenarbeit mit den Kantonen die Selbstvorsorge namentlich durch Massnahmen der Steuer- und Eigentumspolitik.

Weiter legt er gewisse Rahmenbedingungen für die Sozialversicherungen fest, die ihren Niederschlag in den entsprechenden Gesetzen und Ausführungsbestimmungen finden.

### AHV und IV

Für den Bereich der eidgenössischen Alters-, Hinterlassenen- und Invalidenversicherung werden diesbezüglich unter anderem die Grundsätze festgehalten, dass

- die Versicherung obligatorisch ist;
- die Renten den Existenzbedarf angemessen zu decken haben;
- die Höchstrente maximal das Doppelte der Mindestrente beträgt;
- die Renten mindestens der Preisentwicklung angepasst werden
- die Versicherung einesteils durch hälftige Beitragszahlung der Versicherten und deren Arbeitgeber und anderenteils durch Leistungen des Bundes und, wenn das Gesetz es vorsieht, der Kantone finanziert wird.

### Ergänzungsleistungen

Weil die Renten der eidgenössischen Alters-, Hinterlassenen- und Invalidenversicherung den Existenzbedarf heute oft nicht angemessen zu decken vermögen, werden Ergänzungsleistungen gemäss Bundesgesetz über die Ergänzungsleistungen gewährt, welche zusätzlich zu den

Leistungen der eidgenössischen Alters-, Hinterlassenen- und Invalidenversicherung erbracht werden.

**Berufliche Vorsorge**

Für den Bereich der beruflichen Vorsorge wird festgehalten, dass diese, zusammen mit der eidgenössischen Alters-, Hinterlassenen- und Invalidenversicherung, die Fortsetzung der gewohnten Lebenshaltung in angemessener Weise ermöglichen soll.

Dazu sind unter anderem folgende Grundsätze zu beachten:

- Die berufliche Vorsorge ist für Arbeitnehmerinnen und Arbeitnehmer obligatorisch, wobei das Gesetz Ausnahmen vorsehen kann.
- Die Arbeitgeber versichern ihre Arbeitnehmerinnen und Arbeitnehmer bei einer Vorsorgeeinrichtung.
- Vorsorgeeinrichtungen müssen den bundesrechtlichen Mindestanforderungen genügen.
- Soweit erforderlich, ermöglicht der Bund, die Arbeitnehmerinnen und Arbeitnehmer in einer eidgenössischen Vorsorgeeinrichtung zu versichern.
- Die berufliche Vorsorge wird durch die Beiträge der Versicherten finanziert, wobei die Arbeitgeber mindestens die Hälfte der Beiträge ihrer Arbeitnehmerinnen und Arbeitnehmer bezahlen.

**Arbeitslosenversicherung**

Für den Bereich der Arbeitslosenversicherung sind unter anderen folgende Grundsätze zu beachten:

- Die Versicherung gewährt angemessenen Erwerbsersatz und unterstützt Massnahmen zur Verhütung und Bekämpfung der Arbeitslosigkeit.
- Der Beitritt ist für Arbeitnehmerinnen und Arbeitnehmer obligatorisch; das Gesetz kann Ausnahmen vorsehen.
- Die Versicherung wird durch die Beiträge der Versicherten finanziert, wobei die Arbeitgeber für ihre Arbeitnehmerinnen und Arbeitnehmer die Hälfte der Beiträge bezahlen.

**Familienzulagen und Mutterschaftsversicherung**

Die Bundesverfassung hält hier fest, dass der Bund bei der Erfüllung seiner Aufgaben die Bedürfnisse der Familie berücksichtigt und Massnahmen zum Schutz der Familie unterstützen kann.

Dazu kann er Vorschriften über die Familienzulagen erlassen und eine eidgenössische Familienausgleichskasse führen. Weiter richtet er eine Mutterschaftsversicherung ein.

**Kranken- und Unfallversicherung**

Für den Bereich der Kranken- und Unfallversicherung hält die Bundesverfassung fest, dass der Bund Vorschriften über die Kranken- und die Unfallversicherung erlässt und diese dabei allgemein, oder für einzelne Bevölkerungsgruppen, obligatorisch erklären kann.

## Zivilgesetzbuch

Das Zivilgesetzbuch hat sehr viele Berührungspunke mit den Sozialversicherungen. Dabei sind besonders die folgenden Themenbereiche erwähnenswert. Die nachfolgenden Ausführungen gliedern sich nach der gleichen Reihenfolge, wie sie auch im ZGB anzutreffen sind.

**Natürliche Personen**

Bei den natürlichen Personen wird festgehalten, wer rechtsfähig, handlungsfähig oder mündig ist. So ist beispielsweise das Kind vor der Geburt unter dem Vorbehalt rechtsfähig, dass es lebendig geboren wird. Im Rahmen der Sozialversicherungen lässt sich aus diesem Beispiel schliessen, dass ab Geburtsmonat ein Anspruch auf Waisenrenten der eidgenössischen Alters- und Hinterlassenenversicherung entsteht, wenn ein, im Todeszeitpunkt des Ehemannes, noch ungeborenes Kind lebend geboren wird.

Weiter findet sich hier auch die Definition, wo sich der Wohnsitz einer Person befindet. Dieser ist an dem Orte, wo sie sich mit der Absicht dauernden Verbleibens aufhält. Es wird auch festgehalten, dass niemand an mehreren Orten zugleich seinen Wohnsitz haben kann. Dies ist im Bereich der Sozialversicherungen dann wichtig, wenn deren Leistungen oder Beiträge vom Wohnort, beziehungsweise vom Wohnortsland oder Wohnortskanton abhängig sind. Als Beispiel kann dazu die Beitragshöhe an die obligatorische Krankenversicherung erwähnt werden, die sich nach dem Kanton und innerhalb des Kantons nach Prämienregionen richtet. Aus Leistungssicht ist die nach Kanton unterschiedliche Steuerbelastung von Kapital- und Rentenleistungen der Sozialversicherungen oder die unterschiedlichen kantonalen Regelungen der Familienzulagen anzuführen.

Es wird auch festgehalten, dass derjenige, der sich zur Ausübung eines Rechtes darauf beruft, dass eine Person lebe oder gestorben sei oder zu einer bestimmten Zeit gelebt oder eine andere Person überlebt habe, hiefür den Beweis zu erbringen habe. Im Bereich der Sozialversicherungen kann dies dann wichtig sein, wenn die Voraussetzungen auf Leistungen davon abhängen.

## Familienrecht

Im Rahmen des Familienrechts finden sich die Bestimmungen zum Ehe- und Kindsrecht. Ebenso werden im Rahmen des ZGB die eingetragenen Partnerschaften gleichgeschlechtlicher Paare behandelt. Zivilrechtlich lautet der entsprechende Personenstand: «in eingetragener Partnerschaft». Im Grundsatz werden solche eingetragenen Partnerschaften den Ehepartnern gleichgestellt. Dies gilt sinngemäss auch für den Bereich der Sozialversicherungen.

So wird beispielsweise in der beruflichen Vorsorge die, während der Dauer der eingetragenen Partnerschaft, erworbenen Austrittsleistungen nach den Bestimmungen des Scheidungsrechts über die berufliche Vorsorge geteilt.

Wenn Leistungen von überlebenden Ehemännern und überlebenden Ehefrauen unterschiedlich definiert sind, wird der Leistungsanspruch, beziehungsweise der Leistungsumfang - soweit notwendig - präzisiert.

So werden eingetragene überlebende gleichgeschlechtliche Partner in der eidgenössischen Alters- und Hinterlassenenversicherung explizit dem Witwer gleichgestellt. Diese Präzisierung ist notwendig, da der Anspruch auf Hinterlassenenleistungen beim Witwer, nicht aber bei der Witwe, in dem Monat endet, in welchem das jüngste Kind das 18. Altersjahr erreicht.

## Stiftungsrecht

Im Zivilgesetzbuch finden sich auch die Rechtsgrundlagen über die Stiftungen. Dies ist vor allem für die berufliche Vorsorge wichtig, da die meisten Personalvorsorgeeinrichtungen als Stiftungen konzipiert sind. Geregelt werden allgemeine Anforderungen für die Gründung, Verwaltung und Liquidation von Stiftungen. Weiter finden sich hier bereits wesentliche Grundsätze, die speziell für Personalvorsorgeeinrichtungen gelten, sofern sie als Stiftung errichtet worden sind.

## Obligationenrecht

### Ausserobligatorische berufliche Vorsorge

Das Obligationenrecht regelt, in Ergänzung zum Stiftungsrecht, im Zivilgesetzbuch und den Bestimmungen des BVG die ausserobligatorische berufliche Vorsorge. In den nachfolgenden Ausführungen zur beruflichen Vorsorge wird auch auf die unternehmensspezifischen Aspekte der ausserobligatorischen beruflichen Vorsorge eingegangen.

Die gesetzlichen Bestimmungen

## Arbeitsrecht

### Lohnfortzahlungspflicht infolge Krankheit

Bei Krankheit von Arbeitnehmenden richtet sich deren Anspruch auf Lohnfortzahlung oder Krankentaggeldleistungen nach den im Arbeitsvertrag vereinbarten Modalitäten. Wurde diesbezüglich nichts vereinbart, besteht eine Lohnfortzahlungspflicht gemäss Obligationenrecht. Diese dauert im ersten Dienstjahr drei Wochen und ab dem zweiten Dienstjahr eine angemessen längere Dauer.

Die heute angewendeten Definitionen dieser angemessenen Dauer sind im Anhang unter dem Titel „Übersicht Lohnfortzahlung" festgehalten.

### Kündigungsschutz bei Krankheit

Bei einer Arbeitsunfähigkeit infolge Krankheit geniessen Arbeitnehmerinnen und Arbeitnehmer einen zeitlich beschränkten Kündigungsschutz gemäss Obligationenrecht. Dieser beträgt:

- bei einem unterjährigen Arbeitsverhältnis, nach Ablauf der Probezeit, solange die Arbeitsunfähigkeit dauert, jedoch längstens 30 Tage,
- vom 2. bis 5. Arbeitsjahr, solange die Arbeitsunfähigkeit dauert, jedoch längstens 90 Tage und
- ab dem 5. Arbeitsjahr, solange die Arbeitsunfähigkeit dauert, jedoch längstens 180 Tage.

Nach Ablauf dieser Sperrfrist kann auch, bei Weiterbestehen der Arbeitsunfähigkeit, gemäss den ordentlichen Kündigungsfristen gekündigt werden.

Diese Sperrfristen und damit der Kündigungsschutz gelten nicht, wenn die Arbeitnehmerin oder der Arbeitnehmer während der Arbeitsunfähigkeit selbst kündigt.

Erfolgt die Krankheit während einer laufenden Kündigungsfrist, verlängert sich die Kündigungsfrist um die Sperrfrist nur dann, wenn die Kündigung durch den Arbeitgeber, nicht aber wenn sie durch die Arbeitnehmerin oder den Arbeitnehmer erfolgt ist.

### Lohnfortzahlungspflicht bei Unfall

Bei einem Arbeitsausfall von Arbeitnehmenden, infolge eines Unfalls richtet sich deren Anspruch auf Lohnfortzahlung nach den im Arbeitsvertrag vereinbarten Modalitäten. Ist nichts vereinbart, besteht eine Lohnfortzahlungspflicht gemäss Obligationenrecht. Diese dauert im ersten Dienstjahr drei Wochen und ab dem zweiten Dienstjahr eine angemessen längere Dauer.

Die Unfallversicherung zahlt ab 3. Tag der Arbeitsunfähigkeit ein Taggeld in der Höhe von 80 % des versicherten Lohnes. Taggeldzahlungen stellen keinen Lohn dar. Dementsprechend sind auch keine Abzüge für die Sozialversicherungen mehr vorzunehmen. Ausnahme bildet hier die berufliche Vorsorge, deren Beitragsbefreiung nach einer Wartefrist gemäss Vorsorgereglement erfolgt.

Bezahlt der Arbeitgeber weiterhin den vollen Lohn aus und bezieht seinerseits die Leistungen der Taggeldversicherung, so sind auf der Differenz weiterhin die Sozialversicherungsbeiträge abzuziehen.

**Kündigungsschutz bei Unfall**
Bei einer Arbeitsunfähigkeit infolge Unfall geniessen Arbeitnehmerinnen und Arbeitnehmer einen zeitlich beschränkten Kündigungsschutz gemäss Obligationenrecht. Dieser beträgt:

- bei einem unterjährigen Arbeitsverhältnis, nach Ablauf der Probezeit, solange die Arbeitsunfähigkeit dauert, jedoch längstens 30 Tage,
- vom 2. bis 5. Arbeitsjahr, solange die Arbeitsunfähigkeit dauert, jedoch längstens 90 Tage und
- ab dem 5. Arbeitsjahr, solange die Arbeitsunfähigkeit dauert, jedoch längstens 180 Tage.

Nach Ablauf dieser Sperrfrist kann auch, bei Weiterbestehen der Arbeitsunfähigkeit, gemäss den ordentlichen Kündigungsfristen gekündigt werden.

Diese Sperrfristen und damit der Kündigungsschutz gelten nicht, wenn die Arbeitnehmerin oder der Arbeitnehmer während der Arbeitsunfähigkeit selbst kündigt.

Erfolgt der Unfall während einer laufenden Kündigungsfrist, verlängert sich die Kündigungsfrist um die Sperrfrist nur dann, wenn die Kündigung durch den Arbeitgeber, nicht aber wenn sie durch die Arbeitnehmerin oder den Arbeitnehmer erfolgt ist.

**Lohnfortzahlungspflicht während der Schwangerschaft**
Bei gesundheitlich bedingten Arbeitsunterbrüchen infolge der Schwangerschaft einer Arbeitnehmenden, richtet sich deren Anspruch auf Lohnfortzahlung nach den im Arbeitsvertrag vereinbarten Modalitäten. Wurde diesbezüglich nichts vereinbart, besteht eine Lohnfortzahlungspflicht gemäss Obligationenrecht. Diese dauert im ersten Dienstjahr drei Wochen und ab dem zweiten Dienstjahr eine angemessen längere Dauer.

Die heute angewendeten Definitionen dieser angemessenen Dauer sind im Anhang unter dem Titel „Übersicht Lohnfortzahlung" festgehalten.

**Kündigungsschutz bei Mutterschaft**
Ein Kündigungsschutz besteht während der ganzen Schwangerschaft und in den ersten 16 Wochen nach der Niederkunft.

**Arbeitsrechtliches bei Militärdienst**
Arbeitnehmende sind für die Dauer des Militär-, Zivil- oder Zivilschutzdienstes vom Betrieb freizustellen. Zudem darf einem Arbeitnehmenden während der Dienstzeit nicht gekündigt werden. Wenn zudem die Dienstleistung mehr als 12 Tage dauert, so darf auch vier Wochen vorher und nachher nicht gekündigt werden.

Während der Dienstleistung ist der Lohn weiterhin auszuzahlen. Die Dauer der Lohnfortzahlungspflicht richtet sich nach der Dauer des Arbeitsverhältnisses. Es findet die gleiche Skala Anwendung, wie bei einer Verhinderung infolge Krankheit oder Unfall. Arbeitgebende haben, während der Zeit der Lohnfortzahlung, Anspruch auf die zeitgleiche Entschädigung der Erwerbsersatzordnung. Die entsprechende Tabelle befindet sich im Anhang unter dem Titel „Übersicht Lohnfortzahlung".

**Allgemeiner Teil des Sozialversicherungsrechts**
Das Bundesgesetz über den Allgemeinen Teil des Sozialversicherungsrechts (ATSG) gibt vielen Bereichen der schweizerischen Sozialversicherungen einen gemeinsamen Rahmen. Es ist kein übergeordnetes Gesetz, sondern steht gleichrangig neben den anderen gesetzlichen Erlassen mit dem Zweck, die einzelnen Sozialversicherungszweige untereinander zu harmonisieren und koordinieren. Dies geschieht durch eine Vereinheitlichung von Begriffsdefinitionen (z.B. die Definition der Begriffe Arbeits- oder Erwerbsfähigkeit), wie auch durch Erlass von gemeinsamen Bestimmungen zu den Leistungen oder zum Verfahren. Die einzelnen Sozialversicherungsgesetze ihrerseits verweisen darauf, ob und wenn ja, in welchem Umfang das ATSG in ihrem Sozialversicherungszweig zur Anwendung gelangt. Bei Fragen in diesen Punkten ist deshalb – nebst dem Spezialgesetz- auch das ATSG zu konsultieren. Ausschliesslich im Spezialgesetz finden sich Koordinationsbestimmungen zu Taggeldleistungen. Zudem sei hier erwähnt, dass das ATSG in der beruflichen Vorsorge kaum Anwendung findet und im Spezialgesetz BVG auch kein genereller Hinweis auf die Anwendung des ATSG zu finden ist. Weiter sind auch Koordinationsbestimmungen der Leistungen innerhalb eines Gesetzes ausschliesslich in diesem, nicht aber im ATSG zu finden. AHV und IV werden hierbei als ein Gesetz betrachtet.

## Bilaterale Abkommen - Personenfreizügigkeit

### Verträge

Vertragliche Regelungen über die Soziale Sicherheit hat die Schweiz mit 33 Staaten getroffen. Das wesentlichste Vertragswerk ist das Freizügigkeitsabkommen mit der EU. Das vorbestandene Vertragswerk mit den EFTA-Staaten ist inhaltlich dem Freizügigkeitsabkommen mit der EU angepasst worden.

### Gleichbehandlung

Das Ziel dabei ist die Koordination der Sozialversicherungssysteme zwischen den Vertragsländern, um sicherzustellen, dass jemand, der zu Wohn- oder Arbeitszwecken in ein anderes Land wechselt, nicht benachteiligt wird. Dazu werden die verschiedenen nationalen Sozialversicherungssysteme koordiniert. Es bewirkt jedoch keine Vereinheitlichung der einzelnen Systeme. Jedes Land behält die Struktur, die Art und den Umfang der Leistungen seiner Sozialversicherung bei.

Das Abkommen gilt in der Schweiz für alle gesetzlichen Vorschriften von Bund und Kantonen über die Sozialversicherungen. Die berufliche Vorsorge ist lediglich im Rahmen der gesetzlichen Mindestleistungen nach Bundesgesetz über die berufliche Alters-, Hinterlassenen- und Invalidenvorsorge (BVG) teilweise betroffen.

Das Abkommen basiert auf dem Grundsatz der Gleichbehandlung: Jeder Staat muss Staatsangehörige der jeweils anderen Staaten bei der Anwendung seiner Gesetzgebung wie eigene Staatsangehörige behandeln.

In der Regel ist jeweils nur ein Staat für die Beitragspflicht zuständig, selbst wenn eine Person in mehreren Staaten arbeitet.

Eine Person, die in mehreren Staaten gearbeitet hat, erhält im Rentenfall je eine Teilrente von jedem der Arbeitsländer. Voraussetzung dazu ist, die Erfüllung der Mindestversicherungszeit des jeweiligen Staates, und dass sie in jedem Land mindestens ein Jahr lang Beiträge bezahlt hat. Falls notwendig, werden für die Erfüllung der Mindestversicherungszeit die Versicherungszeiten aller Staaten berücksichtigt.

Besondere Vorschriften gelten für die Personenkategorie der entsandten Arbeitnehmerinnen und Arbeitnehmer.

### Sonderfall Kranken- und Unfallversicherung

Eine weitere Besonderheit findet sich in der Kranken- und Unfallversicherung für Personen, die in der Schweiz versichert wären, aber in gewissen EU- oder EFTA-Staaten wohnen. Sie haben die Möglichkeit, sich im Wohnland versichern und von der schweizerischen Krankenversicherungspflicht befreien zu lassen.

Wer in einem Staat krankenversichert ist, hat auch, bei Wohnsitz oder Aufenthalt in einem anderen Staat, Anspruch auf Leistungen der jeweiligen Krankenpflegeversicherung.

Bei einen Arbeitsunfall oder einer Berufskrankheit, erhält die Person Leistungen vom zuständigen Versicherer. Ereignet sich der Unfall in einem anderen Staat, so erhält die Person die Heilbehandlung durch die Unfallversicherung des Behandlungslandes, als wäre sie dort unfallversichert.

Im Gegensatz zur Schweiz, beschränken sich die Leistungen der Unfallversicherungen der Arbeitgeber in den EU- bzw. EFTA-Ländern auf Berufsunfälle und Berufskrankheiten. Unfälle in der Freizeit sind über die Krankenversicherungen zu decken.

### Wichtiger Merkpunkt für die Praxis

Wenn ausländische Arbeitnehmende den schweizerischen Rechtsvorschriften unterstehen, sind sie bei den gleichen Stellen anzumelden wie die schweizerischen Arbeitnehmenden. Informationen:

www.bsv.admin.ch
www.seco-admin.ch
www.soziale-sicherheit-ch-eu.ch
www.europa.admin.ch
www.ahv.ch

### Übersicht der Unterstellungsgrundsätze

| Tätigkeitsstaat | Unterstellungsstaat |
|---|---|
| Nur in der Schweiz | Schweiz |
| Nur in EU-Staat | jeweiliger EU-Staat |
| EU-Staat und Schweiz, wenn einer auch Wohnsitzstaat | Wohnsitzstaat |
| EU-Staat und Schweiz, aber Dritt-Wohnsitzstaat | Staat des Sitzes des Arbeitgebers |
| In mehreren EU-Staaten und/oder Schweiz tätig, und Dritt-Wohnsitzstaat | Wohnsitzstaat |

## Bundesgesetz zur Verhütung von Schwarzarbeit

Im Rahmen des Bundesgesetzes zur Verhütung von Schwarzarbeit wurde ein vereinfachtes Abrechnungsverfahren für Sozialversicherungsbeiträge und Steuern eingeführt.

### Geltungsbereich

Arbeitgeber können die Löhne der in ihrem Betrieb beschäftigten Arbeitnehmerinnen und Arbeitnehmern im vereinfachten Verfahren abrechnen, sofern:

a. der einzelne Lohn geringer als CHF 19'890.- ist, und somit in der beruflichen Vorsorge nicht obligatorisch zu versichern ist;
b. die gesamte jährliche Lohnsumme des Betriebes den zweifachen Betrag der maximalen jährlichen Altersrente der AHV nicht übersteigt; und
c. die Löhne des gesamten Personals im vereinfachten Verfahren abgerechnet werden.

### Verfahren

Die Anmeldung erfolgt bei der AHV-Ausgleichskasse für die Alters-, Hinterlassenen- und Invalidenversicherung, die Erwerbsersatzordnung, die Arbeitslosenversicherung, die Familienzulagen in der Landwirtschaft, die Unfallversicherung und für die Steuern.

Die AHV-Ausgleichskasse erhebt die Sozialversicherungsbeiträge und die Steuern. Die Prämien der obligatorischen Unfallversicherung werden direkt durch die Unfallversicherer erhoben. Weitergehende Vereinbarungen zwischen AHV-Ausgleichskassen und Unfallversicherern bleiben vorbehalten.

Arbeitgeber, welche die Löhne ihrer Arbeitnehmerinnen und Arbeitnehmer im vereinfachten Abrechnungsverfahren abrechnen wollen, müssen sich zu Beginn eines Arbeitsverhältnisses bei der AHV-Ausgleichskasse anmelden.

Ein Wechsel zum vereinfachten Abrechnungsverfahren oder umgekehrt kann nur auf Beginn eines Kalenderjahres erfolgen. Der Arbeitgeber muss den geplanten Wechsel der AHV-Ausgleichskasse bis zum Ende des Vorjahres melden.

Arbeitgeber, die ihre Zahlungs- und Mitwirkungspflichten nicht erfüllen, können vom vereinfachten Abrechnungsverfahren ausgeschlossen werden.

Da, aufgrund der zugrunde liegenden Verfahrensregeln, das vereinfachte Abrechnungsverfahren für Sozialversicherungsbeiträge und

Steuern nur in Ausnahmefällen zur Anwendung gelangt, wird in der Folge auf diesbezügliche inhaltliche Ausführungen verzichtet.

## Alters- und Hinterlassenenversicherung

Die AHV soll den Existenzgrundbedarf decken, wenn das Erwerbseinkommen infolge Pensionierung oder im Todesfall wegfällt. Die AHV zahlt bei Pensionierung Altersrenten und im Todesfall Hinterlassenenrenten (Witwen-, Witwer- und Waisenrenten). Die Leistungen sind abhängig von der Höhe des bisherigen Einkommens und der Beitragsdauer.

Obligatorisch versichert sind grundsätzlich alle Personen, die ihren Wohnsitz in der Schweiz haben oder in der Schweiz arbeiten. Dabei gibt es einerseits Ausnahmen und andererseits die Möglichkeit der freiwilligen Versicherung.

Alle in der Schweiz erwerbstätigen Männer und Frauen unterstehen der obligatorischen Beitragspflicht. Obligatorisch beitragspflichtig sind auch nichterwerbstätige Personen mit Wohnsitz in der Schweiz, sofern deren Ehegatte nicht mindestens den doppelten Mindestbeitrag leistet.

Bei unselbständig erwerbenden Personen werden die Beiträge je zur Hälfte durch die Arbeitgebenden und die Arbeitnehmenden bezahlt.

**Meldewesen**

Für neu eintretende Arbeitnehmerinnen und Arbeitnehmer ist der AHV-Ausweis der AHV-Ausgleichskasse des Arbeitgebers einzureichen.

Die versicherten Löhne werden rückwirkend betrachtet. Der Arbeitgeber meldet seiner AHV-Ausgleichskasse mit der AHV-Lohnbescheinigung sämtliche im Betrieb beschäftigten Arbeitnehmenden und deren AHV-pflichtigen Löhne eines Jahres.

Die auszufüllende Lohnbescheinigung, mit allen der AHV bereits bekannten Arbeitnehmenden, werden der Firma in der Regel im November zugestellt. Der Arbeitgeber seinerseits hat die Lohnbescheinigung bis Ende Januar des Folgejahres der Ausgleichskasse ausgefüllt und unterschrieben zurückzusenden. Fehlen auf der vorgedruckten Lohnbescheinigung Arbeitnehmende, sind diese mit Namen, AHV-Nummer und dem im laufenden Jahr bezahlten Lohn zu ergänzen.

---

**Beachten: Wahl der Ausgleichskasse**

---

Arbeitgeber, die Mitglied eines Berufsverbandes mit verbandseigener AHV-Ausgleichskasse sind, rechnen zwingend mit dieser Kasse ab. Andere Arbeitgeber rechnen zwingend mit der jeweiligen kantonalen AHV-Ausgleichskasse ab.

Wer gleichzeitig Mitglied in mehreren Berufsverbänden mit eigenen AHV-Ausgleichskassen ist, kann seine AHV-Ausgleichskasse unter diesen auswählen. Die Kassen unterscheiden sich zum Teil beträchtlich in der Höhe der Verwaltungskosten.

### Neue Sozialversicherungsnummer

Ab dem Jahr 2008 wird in der Schweiz die neue Sozialversicherungsnummer eingeführt. Diese ergänzt die bestehende AHV-Nummer und für neue Versicherte wird offiziell nur noch diese neue Nummer und keine herkömmliche AHV-Nummer mehr vergeben.

### Bisherige AHV-Versicherungsnummer

Die bisherige AHV-Versicherungsnummer beinhaltet personenspezifische Angaben, wobei der Aufbau immer gleich ist.

### Beispiel: AHV-Versicherungsnummer 123.45.678.912

Die ersten drei Zahlen, in unserem Beispiel die 123, entsprechen einem definierten Namensbeginn. Der Schlüssel dazu findet sich im Anhang.

Die zwei nächsten Zahlen, in unserem Beispiel die 45, entsprechen dem Geburtjahr, also 1945.

Die nächste Zahl, in unserem Beispiel die 6, definiert das Geschlecht und das Geburtsquartal. Die Zahlen 1 - 4 stehen für männlich, 5 - 8 für weiblich. Zudem stehen die 1 und 5 für das erste, die 2 und 6 für das zweite, die 3 und 7 für das dritte und schliesslich die 4 und 8 für das vierte Quartal im Kalenderjahr.

Die Zahlen 78 bezeichnen den Geburtstag in diesem Quartal, also der 78. Tag im 2. Quartal, wobei für jeden Monat 31 Tage gezählt werden, ungeachtet der effektiven Anzahl Tage. Mit den effektiven Tagen kann deshalb nicht gerechnet werden, weil in Schaltjahren unterschiedliche Daten mit identischen Zahlen gekennzeichnet würden.

Die letzten drei Zahlen, in unserem Beispiel die 912, enthalten die Nationalität und am Schluss eine Ordnungszahl.

Daraus lässt sich schliessen, dass die versicherte Person in diesem Beispiel weiblich und am 16. Juni 1945 geboren ist.

### Charakteristik der neuen Sozialversicherungsnummer

Die neue Sozialversicherungsnummer ist keine „sprechende" Zahlenkombination mehr und folgendermassen aufgebaut. Sie umfasst 13 Stellen mit unterschiedlichen Punktabständen. Dabei kennzeichnen die ersten drei Zahlen den Ländercode. Die Schweiz hat die Nummer 756. Dabei erhalten alle Personen, die in der Schweiz versichert sind, diese

Nummer. Die folgenden neun Zahlen sind Zufallsnummern und die letzte Zahl ist eine Prüfziffer.

Somit sind keine Rückschlüsse mehr auf die versicherte Person möglich. Hingegen soll damit die Zusammenarbeit mit den europäischen Sozialversicherungen erleichtert werden.

Jede Person, die bereits eine AHV-Nummer hat, erhält eine neue Nummer, die bei der zentralen Ausgleichsstelle (ZAS) mit der alten Nummer verkettet sein wird. Bereits ab dem 3. Quartal 2008 ist es möglich, dass für Personen nur noch die neue Nummer existiert.

Auswirkungen:
- Übernahme der neuen Nummer in bestehende Datenbanken
- Anpassung von allfälligen Programmen und der Formulare
- Sortierung von Berichten nach alter AHV-Nr. (alphabetisch) sind neu nicht mehr im gleichen Sinne möglich
- Organisation von physischen Ablagen nach AHV-Nr. muss überdacht werden

**Regelung der Arbeitgeberkontrollen**
Arbeitgeberkontrollen werden nach einheitlichen Kriterien erfolgen, nur noch an Ort und Stelle durchgeführt und sich verstärkt am Risikoprofil des Arbeitgebers orientieren.

# Invalidenversicherung

Die Invalidenversicherung bezweckt die Eingliederung resp. Wiedereingliederung von Personen, die wegen Geburtsgebrechen, Krankheits- oder Unfallfolgen behindert sind. Ist eine Ein- oder Wiedereingliederung ins Erwerbsleben oder in den Aufgabenbereich nicht möglich, so werden Rentenzahlungen vorgenommen.

Es gilt somit der Grundsatz: Eingliederung vor Rente.

Invalidität führt erst zu einer Rente, wenn die Erwerbseinbusse durch Erwerbsunfähigkeit nach Ablauf der Wartefrist von einem Jahr immer noch besteht und durchschnittlich mindestens 40% beträgt. Die Erwerbsunfähigkeit muss zudem bleibend oder von langer Dauer sein und zwischen Geburtsgebrechen, Krankheit oder Unfall und der Erwerbseinbusse muss ein kausaler Zusammenhang bestehen.

Für die Versicherungs- und Beitragspflicht gelten die gleichen Bestimmungen wie für die AHV und auch die Beitragserhebung erfolgt zusammen mit der AHV-Abrechnung. Bei unselbständig erwerbenden Personen werden die Beiträge je zur Hälfte durch die Arbeitgebenden und die Arbeitnehmenden bezahlt.

Zur rascheren Integration von gesundheitlich beeinträchtigten Personen in den Arbeitsmarkt werden finanzielle Anreize für den Arbeitgeber geschaffen. Diese umfassen folgende Massnahmen:

- Einarbeitungszuschüsse für Arbeitgeber, die eine gesundheitlich beeinträchtigte Person beschäftigen. Ziel dieser Massnahme ist die Kompensation der eingeschränkten Leistungsfähigkeit während der Anfangsphase der Integration. Der Zuschuss wird längstens während 180 Tagen ausgerichtet.
- Entschädigung des Arbeitgebers, wenn der Mitarbeitende krankheitsbedingt höhere Beiträge bei der Krankentaggeldversicherung und der Pensionskasse auslöst. Diese Entschädigung wird dann ausgerichtet, wenn der Mitarbeitende, innerhalb von zwei Jahren seit seiner Vermittlung, die Arbeit aufgrund der gleichen Krankheit aussetzen muss.
- Entschädigung für Arbeitgeber, die sich bereit erklären, gesundheitlich beeinträchtigte Personen weiterzubeschäftigen und ihnen die Teilnahme an Integrationsmassnahmen ermöglichen. Die Entschädigung beträgt maximal 60 Franken pro Tag, an dem eine Integrationsmassnahme durchgeführt wird.

## Ergänzungsleistungen zur AHV und IV

AHV- und IV-Renten reichen nicht immer aus, um die notwendigen Lebenshaltungskosten der Rentnerinnen und Rentner zu decken. In diesen Fällen besteht ein Rechtsanspruch auf zusätzliche Unterstützung durch Ergänzungsleistungen.

Der Bedarf und die Leistungshöhe werden individuell abgeklärt und festgelegt. Die Durchführung liegt bei den Kantonen. Die Finanzierung dieser Leistungen erfolgt vollumfänglich durch die öffentliche Hand. Es werden keine Lohnbeiträge erhoben.

## Erwerbsersatzordnung

Personen, die Militärdienst, Zivildienst oder Zivilschutz leisten, erhalten mit der Erwerbsersatzordnung einen Teil ihres Verdienstausfalls ersetzt.

Die Versicherung ist obligatorisch, ungeachtet ob eine Person jemals in die Lage kommen wird, Schweizerischen Militärdienst oder Zivilschutz zu leisten. Für die Beitragspflicht gelten die gleichen Bestimmungen wie für die AHV und auch die Beitragserhebung erfolgt zusammen mit der AHV-Abrechnung. Bei unselbständig erwerbenden Personen werden die Beiträge je zur Hälfte durch die Arbeitgebenden und die Arbeitnehmenden bezahlt.

### Beiträge

Leisten Arbeitnehmende während der Anstellungszeit Militärdienst, Zivildienst oder Zivilschutz, so hat der Arbeitgeber das Recht, den Anspruch auf Erwerbsersatzentschädigung selber geltend zu machen, wenn er dem Dienstleistenden für die Zeit des Dienstes Lohn ausrichtet.

Die für die Festsetzung der Erwerbsersatzentschädigung zuständige AHV-Ausgleichskasse kann die ihr angeschlossenen Arbeitgeber mit der Festsetzung der Entschädigung für ihre Mitarbeitenden betrauen, wenn diese Gewähr für die richtige Erfüllung dieser Aufgabe bieten.

Ist der Dienstleistende mit der Höhe der Erwerbsersatzentschädigung nicht einverstanden, so hat die AHV-Ausgleichskasse darüber eine schriftliche Verfügung zu erlassen. Die räumt dem Dienstleistenden damit die Möglichkeit der Beschwerdeführung ein.

Dienstleistende, die vor dem Einrücken als Arbeitnehmer tätig waren, erhalten die Erwerbsersatzentschädigung durch diesen Arbeitgeber. Voraussetzung für die Auszahlung der Erwerbsersatzentschädigung ist der Nachweis des geleisteten Dienstes mittels Meldekarte und vorschriftsgemässer Geltendmachung.

Der Arbeitgeber hat in jedem Fall die Richtigkeit der Lohnangaben auf den Meldekarten zu bestätigen, damit korrekte Bemessung der Entschädigung vorgenommen werden kann.

### Mutterschaftsversicherung

Die Erwerbsersatzordnung deckt ebenfalls den Lohnausfall bei Mutterschaft, die Mutterschaftsentschädigung. Der Lohnanspruch ist seither nicht mehr abhängig von der Dauer des jeweiligen Arbeitsverhältnisses gemäss Arbeitsrecht.

Erwerbstätige Mütter erhalten während 14 Wochen 80 Prozent des durchschnittlichen Erwerbseinkommens vor der Geburt, maximal 172.- Franken pro Tag.

Ein Kündigungsschutz besteht während der Schwangerschaft und in den ersten 16 Wochen nach der Niederkunft.

Zudem besteht nach der Niederkunft ein 8-wöchiges Arbeitsverbot.

Die Versicherungsleistungen sind Teil der Erwerbsersatzordnung. Gesonderte Beiträge werden nicht erhoben.

## Familienzulagen

Für Personen ausserhalb der Landwirtschaft besteht der Anspruch auf Familienzulagen gemäss den jeweiligen kantonalen Gesetzen. Diese umfassen Kinderzulagen und in verschiedenen Kantonen auch Ausbildungszulagen und Geburtszulagen. Die Zulagen sind unterschiedlich hoch und werden periodisch angepasst. Die Bezugsbedingungen und die Geltungsbereiche werden über die kantonalen Gesetze geregelt, welche im Einzelnen wesentliche Unterschiede enthalten.

Familienzulagen werden in der Regel allein von den Arbeitgebenden finanziert. Nur im Kanton Wallis leisten auch Arbeitnehmende Beiträge.

Arbeitgeber müssen sich einer Familienausgleichskasse anschliessen und dieser Beiträge bezahlen. In der Regel sind alle Arbeitgeber, die im einem Kanton einen Betrieb, ihren Geschäftssitz oder eine Zweigstelle haben und darin Arbeitnehmende beschäftigen, den jeweiligen kantonalen Gesetzen unterstellt. Massgebend für die Leistungen von Arbeitnehmenden ist somit nicht deren Wohnort, sondern die kantonalen Bestimmungen des Domizils des Arbeitgebers. Ausnahmen gibt es in den Kantonen Luzern, Waadt und Wallis.

Ausnahmen von Unterstellungen sind ebenfalls kantonal geregelt. In den meisten Fällen sind dies Verwaltungen und Betriebe des Bundes, und der Kantone, diplomatische Vertretungen, internationale Vertretungen und auch Betriebe, die an einen Gesamtarbeitsvertrag gebunden sind oder eine Mindestzahl von Beschäftigten aufweisen.

Folgende Übersichten über die jeweiligen kantonalen Bestimmungen finden sich im Anhang:

- Kantonalrechtliche Familienzulagen für Arbeitskräfte mit Kindern in der Schweiz (Beträge in CHF)
- Kantonalrechtliche Familienzulagen für (ausländische) Arbeitskräfte mit Kindern im Ausland
- Mindestarbeitsdauer für den Anspruch auf Familienzulagen; Anspruch bei Teilzeitarbeit
- Anspruch auf Familienzulagen bei Unterbruch der Arbeit
- Befreiung der Unterstellung in Verbindung mit einem Gesamtarbeitsvertrag und einer Mindestzahl von Versicherten
- Anspruch und Anspruchskonkurrenz
- Anspruch auf Familienzulagen für Nichterwerbstätige

Nach Annahme der entsprechenden Gesetzesvorlage werden in der Schweiz Mindesthöhen von Familienzulagen festgelegt. Das neue Gesetz tritt voraussichtlich am 01. Januar 2009 in Kraft und legt in allen Kantonen folgende Mindestzulagen pro Kind und Monat fest:

Die gesetzlichen Bestimmungen

- eine Kinderzulage von 200 Franken für Kinder bis 16 Jahren
- eine Ausbildungszulage von 250 Franken für Kinder von 16 bis 25 Jahren
- Der Anwendungsbereich des Bundesgesetzes beschränkt sich auf Arbeitnehmende und auf Nichterwerbstätige mit tiefem Einkommen.

Bis das neue Gesetz in Kraft tritt, gilt weiterhin die heutige Regelung der Familienzulagen.

## Kranken- und Krankentaggeldversicherung

### Krankenpflege

Die obligatorische Krankenpflegeversicherung versichert die Heilungskosten bei Krankheit und Unfall, sofern dafür keine Unfallversicherung aufkommt und die Kosten der Mutterschaft. Der Versicherungsaufwand wird durch Prämien und Kostenbeteiligungen gedeckt. Versicherte in wirtschaftlich bescheidenen Verhältnissen können eine Prämienverbilligung geltend machen.

Kollektivkrankenversicherungen sind gemäss Krankenversicherungsgesetz nur zulässig, wenn die gleichen Versicherungsprämien wie in der Einzelversicherung angewendet werden. Dadurch haben diese an Gewichtigkeit eingebüsst.

Die nachfolgenden Betrachtungen konzentrieren sich deshalb primär auf Kollektiv-Krankentaggeldversicherungen.

### Krankentaggeld

Die Krankentaggeldversicherung ist eine freiwillige Versicherung, sofern sie Arbeitgebern nicht durch Gesamtarbeitsverträge vorgeschrieben wird. Darin wird in der Regel auch der Beginn, die Dauer und der Umfang der Versicherung, aber auch die Beitragsaufteilung oder den Beitragsanteil des Arbeitgebers festlegt.

Ohne gleichwertige Kollektiv-Krankentaggeldversicherung gelten die Bestimmungen des Obligationenrechts über die Lohnfortzahlungspflicht bei Krankheit und Schwangerschaft. Die Dauer dieser Lohnfortzahlungspflicht richtet sich nach der Anzahl Dienstjahre.

Gleichwertig zur obligationenrechtlichen Lohnfortzahlungspflicht ist eine Krankentaggeldversicherung dann, wenn die Höhe des Taggeldes mindestens 80 Prozent des AHV-pflichtigen Jahreslohnes ausmacht, und der Arbeitgeber mindestens die Hälfte der Beiträge übernimmt.

## Unfallversicherung

Der Arbeitgeber ist in verschiedenen Bereichen mit Themen der Unfallversicherung gefordert. Einerseits sind es die generellen und brachenspezifischen Themen der Unfallverhütung und andererseits die Durchführung der Versicherung der Arbeitnehmenden, die obligatorisch gegen gesundheitliche, wirtschaftliche und immaterielle Folgen von Unfällen versichert sind.

**Obligatorische Versicherung**

Die obligatorische Unfallversicherung gilt für alle Arbeitnehmerinnen und Arbeitnehmer ab erstem Arbeitstag.

Alle Arbeitnehmenden sind gegen die Risiken eines Betriebsunfalls und einer Berufskrankheit versichert. Zudem sind alle Arbeitnehmenden, die mindestens acht Stunden pro Woche arbeiten, auch gegen Nichtbetriebsunfälle versichert.

Als Unfall gilt jede plötzliche, nicht beabsichtigte, schädigende Einwirkung eines ungewöhnlichen äusseren Faktors auf den Körper, die eine Beeinträchtigung der körperlichen oder geistigen Gesundheit oder den Tod zur Folge hat. Versichert sind

Pflege- und Sachleistungen:
- Heilbehandlungen;
- notwendige Hilfsmittel;
- Reise- und Transportkosten;

Geldleistungen:
- Invalidenrenten;
- Hinterlassenenrenten;
- Taggelder;
- Abfindungen;
- Integritäts- und Hilflosenentschädigungen

Versichert werden die Löhne aller Arbeitnehmenden bis zu einem maximal versicherbaren Lohn von CHF 126'000.-, ungeachtet ob es sich dabei um Voll- oder Teilzeitangestellte, Angestellte mit befristeten oder unbefristeten Arbeitsverträgen, Aushilfen, Praktikanten, etc. handelt.

In Abweichung zur AHV gibt es für pensionierte Arbeitnehmende keinen Freibetrag und es sind auch Löhne von Personen obligatorisch versichert, die noch nicht AHV-pflichtig sind.

Der Arbeitgeber schuldet dem Unfallversicherer den gesamten Prämienbetrag. Dabei können Prämien für die Versicherung der Nichtberufsunfälle den Arbeitnehmerinnen und Arbeitnehmern weiterbelastet und somit von deren Gehalt in Abzug gebracht werden.

Wenn ein Arbeitgeber noch keiner Unfallversicherung angeschlossen ist und deshalb ein obligatorisch zu versichernder Arbeitnehmender bei einem Unfall nicht versichert ist, so werden die gesetzlichen Versicherungsleistungen durch die Ersatzkasse gewährt.

**Freiwillige Zusatzversicherung**

Der Arbeitgeber kann für seine Arbeitnehmerinnen und Arbeitnehmer eine freiwillige Unfall-Zusatzversicherung abschliessen und dabei beispielsweise Lohnteile über dem maximal versicherten Lohn gemäss UVG von CHF 126'000.-, oder einen unfallbedingten Spitalaufenthalt in der halbprivaten oder privaten Abteilung versichern.

**SUVA oder anderer Versicherer**

Zuerst ist die Frage zu klären, ob der Arbeitgeber seinen Unfallversicherer frei wählen kann, oder ob er aus gesetzlichen Gründen verpflichtet ist, die Arbeitnehmenden seines Betriebes oder Teilen davon, zwingend der Schweizerischen Unfallversicherungsanstalt (SUVA) zu unterstellen.

Das Versicherungsverhältnis bei der SUVA wird in der obligatorischen Versicherung durch Gesetz, in der freiwilligen Versicherung durch Vereinbarung begründet. Der Arbeitgeber hat der SUVA innert vierzehn Tagen die Eröffnung oder Einstellung eines Betriebes zu melden, dessen Arbeitnehmer ihr unterstellt sind.

Das Versicherungsverhältnis bei den andern Versicherern wird begründet durch einen Vertrag zwischen dem Arbeitgeber und dem Versicherer.

Der Bundesrat kann Arbeitnehmerinnen und Arbeitnehmer von der obligatorischen SUVA-Unterstellung ausnehmen, wenn deren Arbeitgeber einer privaten Unfallversicherungseinrichtung eines Berufsverbandes angehört, die den gleichen Versicherungsschutz gewährleistet.

**Der SUVA obligatorisch unterstellte Betriebe**

Die Arbeitnehmerinnen und Arbeitnehmer der folgenden Betriebe und Verwaltungen sind obligatorisch der SUVA unterstellt:

- Betriebe des Bau- und Installationsgewerbes sowie des Leitungsbaus;
- Betriebe, die Bestandteile der Erdrinde gewinnen oder aufbereiten;
- Forstbetriebe;
- Betriebe, die Metall, Holz, Kork, Kunststoffe, Stein oder Glas maschinell bearbeiten sowie Giessereien;

- Betriebe, in denen feuer- oder explosionsgefährliche Stoffe oder Stoffe, die Berufskrankheiten hervorrufen können erzeugt, im Grossen verwendet oder im Grossen gelagert werden;
- Verkehrs- und Transportbetriebe sowie Betriebe mit unmittelbarem Anschluss an das Transportgewerbe;
- Handelsbetriebe, die mit Hilfe von Maschinen schwere Waren in grosser Menge lagern;
- Schlachthäuser mit maschinellen Einrichtungen;
- Betriebe der Getränkefabrikation;
- Betriebe der Elektrizitäts-, Gas- und Wasserversorgung sowie der Kehrichtbeseitigung und Abwasserreinigung;
- Betriebe für technische Vorbereitung, Leitung oder Überwachung von Arbeiten der vorgenannten Betriebe;
- industrielle Betriebe nach Artikel 5 des Arbeitsgesetzes vom 13. März 1964 (Siehe Anmerkung* unten);
- Lehr- und Invalidenwerkstätten;
- Betriebe, die temporäre Arbeitskräfte zur Verfügung stellen;

*Als industrielle Betriebe, im Sinne des Arbeitsgesetzes, gelten Betriebe mit fester Anlage von dauerndem Charakter für die Herstellung, Verarbeitung oder Behandlung von Gütern oder für die Erzeugung, Umwandlung oder Übertragung von Energie, sofern

- die Arbeitsweise oder die Arbeitsorganisation durch Maschinen oder andere technische Einrichtungen oder durch serienmässige Verrichtungen bestimmt werden und für die Herstellung, Verarbeitung oder Behandlung von Gütern oder für die Erzeugung, Umwandlung oder Übertragung von Energie wenigstens sechs Arbeitnehmer beschäftigt werden, oder
- die Arbeitsweise oder die Arbeitsorganisation wesentlich durch automatisierte Verfahren bestimmt werden, oder Leben oder Gesundheit der Arbeitnehmer besonderen Gefahren ausgesetzt sind.

**Bundesverwaltung, Bundesbetriebe und Bundesanstalten**

Zweige öffentlicher Verwaltungen von Kantonen, Gemeinden und öffentlich-rechtlicher Körperschaften, die vorgenannte Arbeiten ausführen.

Weitere Präzisierungen zu den aufgeführten Unternehmen im Zusammenhang mit der obligatorischen SUVA-Unterstellung finden sich im Anhang.

### Hilfs- und Nebenbetriebe

Mit einem der SUVA unterstelltem Betrieb fallen auch Hilfs- und Nebenbetriebe, die mit dem Hauptbetrieb in sachlichem Zusammenhang stehen, in den Tätigkeitsbereich der SUVA.

Fällt hingegen der Hauptbetrieb nicht in den Tätigkeitsbereich der SUVA, so sind auch die Arbeitnehmer der Hilfs- und Nebenbetriebe bei einem Versicherer nach freier Wahl zu versichern.

### Gemischte Betriebe

Als gemischter Betrieb gilt eine Mehrzahl von Betriebseinheiten desselben Arbeitgebers, die untereinander in keinem sachlichen Zusammenhang stehen. Von solchen Betrieben fallen diejenigen Betriebseinheiten in den Tätigkeitsbereich der SUVA, welche die gesetzlichen Voraussetzungen erfüllen.

### Wichtiger Merkpunkt für Ihre Praxis

Gibt es zwischen dem Hauptbetrieb und Hilfs- beziehungsweise Nebenbetrieben einen sachlichen Zusammenhang, wird für die Beurteilung einer SUVA-Unterstellung einzig auf das Unterstellungsergebnis beim Hauptbetrieb abgestellt.

Gibt es jedoch keinen sachlichen Zusammenhang, so spricht das Gesetz von gemischten Betrieben und die SUVA-Unterstellung wird für jeden Betriebsteil separat geprüft. Es kann also sein, dass bei einem gemischten Betrieb, ein Teil des Betriebes der SUVA unterstellt ist und ein anderer nicht.

### Mitwirkungspflicht

Der Arbeitgeber muss dem Unfallversicherer alle erforderlichen Auskünfte erteilen, die für die Klärung eines Unfallsachverhaltes benötigt werden. Zudem muss er die Unterlagen zur Verfügung halten und den Beauftragten des Versicherers freien Zutritt zum Betrieb gewähren.

Der Arbeitgeber muss Lohnaufzeichnungen gemäss den Weisungen des Unfallversicherers führen und dabei Löhne von Arbeitnehmern, die nur gegen Berufsunfall versichert sind, besonders kennzeichnen.

Die Aufbewahrungspflicht dieser Lohnaufzeichnungen sowie der entsprechenden Buchhaltungsunterlagen und allfälliger weiterer Belege, welche einer Revision dienen, beträgt fünf Jahre.

### Unfallprämie

Betriebe oder Betriebsteile werden in Klassen und Stufen des Prämientarifs eingeordnet und bilden darin eine Risikogemeinschaft mit anderen Betrieben oder Betriebsteilen. Dabei ist es das Ziel, dass die Kosten der Berufsunfälle und Berufskrankheiten einer Risikogemeinschaft voraussichtlich aus deren Nettoprämien bezahlt werden können.

Änderungen der Prämientarife für das Folgejahr sind den betroffenen Betrieben spätestens bis zwei Monate vor Ende des laufenden Rechnungsjahres mitzuteilen.

Änderungen der Zuteilung der Betriebe zu den Klassen und Stufen durch den Unfallversicherer für das nächste Rechnungsjahr sind den betroffenen Betrieben ebenfalls bis spätestens zwei Monate vor Ende des laufenden Kalenderjahres mitzuteilen. Bis zum gleichen Termin sind auch Anträge der Betriebe auf Änderung der Zuteilung für das nächste Rechnungsjahr einzureichen.

**Betriebs- oder Nichtbetriebsunfall**
Während Unfälle bei der Arbeit oder in der Freizeit relativ eindeutig als Betriebs- oder als Nichtbetriebsunfall zu erkennen sind, ist diese Unterscheidung bei Unfällen auf dem Arbeitsweg etwas schwieriger.

Unfälle auf dem direkten Arbeitsweg sind auf jeden Fall durch die Unfallversicherung des Arbeitgebers gedeckt.

**Arbeitspensum von mehr als acht Stunden pro Woche:**
Arbeitnehmerinnen und Arbeitnehmer mit einem Arbeitspensum von mehr als acht Stunden pro Woche sind über die Unfallversicherung des Arbeitgebers gegen Betriebs- und Nichtbetriebsunfälle versichert.

Unfälle, die sich auf dem direkten Arbeitsweg ereignen, gelten grundsätzlich als Nichtbetriebsunfälle. Wird der Arbeitsweg nicht auf dem direkten Weg zwischen Wohn- oder Aufenthaltsort und dem Arbeitsort zurückgelegt, gelten Unfälle in jedem Fall als Nichtbetriebsunfälle.

**Arbeitspensum von weniger als acht Stunden pro Woche:**
Arbeitnehmerinnen und Arbeitnehmer mit einem Arbeitspensum von weniger als acht Stunden pro Woche sind über die Unfallversicherung des Arbeitgebers lediglich gegen Betriebsunfälle versichert.

Bei diesen Personen gelten Unfälle auf dem direkten Arbeitsweg als Betriebsunfälle. Wird der Arbeitsweg nicht auf dem direkten Weg zwischen Wohn- oder Aufenthaltsort und dem Arbeitsort zurückgelegt, gelten Unfälle auch hier in jedem Fall als Nichtbetriebsunfälle. Die Versicherungsdeckung erfolgt über die Krankenversicherung oder die Unfallversicherung eines weiteren Arbeitgebers, bei dem ein Arbeitspensum von mehr als acht Stunden pro Woche geleistet wird.

## Transport durch den Arbeitgeber

Auf jeden Fall gelten Unfälle auf dem Arbeitsweg als Betriebsunfälle, wenn der Arbeitgeber den Transport organisiert oder dafür finanziell aufkommt.

## Ersatzprämie bei Nichtanschluss

Hat es ein Arbeitgeber versäumt, seine Arbeitnehmerinnen und Arbeitnehmer zu versichern, so erhebt die SUVA oder Ersatzkasse eine Ersatzprämie für die Dauer der Säumnis, längstens aber für fünf Jahre.

Wenn sich der Arbeitgeber in unentschuldbarer Art und Weise der Versicherungs- oder Prämienpflicht entzogen hat, wird die Ersatzprämie verdoppelt.

Kommt der Arbeitgeber seinen Pflichten wiederholt nicht nach, so kann eine Ersatzprämie vom drei- bis zehnfachen Prämienbetrag erhoben werden.

Ersatzprämien dürfen den Arbeitnehmerinnen und Arbeitnehmern nicht vom Lohn abgezogen werden, gehen also zu hundert Prozent zu Lasten des Arbeitgebers.

## Unfallverhütung

Die Vorschriften über die Verhütung von Berufsunfällen und Berufskrankheiten gelten für alle Betriebe, die in der Schweiz Arbeitnehmer beschäftigen.

Die Überwachung der Arbeitssicherheit und die Verhütung von Berufsunfällen und Berufskrankheiten in den Betrieben wird von der SUVA vorgenommen, wobei ihr auch die Aufgabe zukommt, die Verhütung von Berufsunfällen zu fördern.

Die Festlegung von Vorschriften durch den Bundesrat über technische, medizinische und andere Massnahmen zur Verhütung von Berufsunfällen und Berufskrankheiten in den Betrieben erfolgt nach Anhören der unmittelbar beteiligten Arbeitgeber- und Arbeitnehmerorganisationen. Der Bundesrat bestimmt auch, wer die Kosten trägt und er erlässt Vorschriften über die Mitwirkung von Arbeitsärzten und andern Spezialisten der Arbeitssicherheit in den Betrieben.

Der Arbeitgeber ist verpflichtet, zur Verhütung von Berufsunfällen und Berufskrankheiten alle Massnahmen zu treffen, die nach der Erfahrung notwendig, nach dem Stand der Technik anwendbar und den gegebenen Verhältnissen angemessen sind.

Die Arbeitnehmerinnen und Arbeitnehmer werden vom Arbeitgeber beigezogen. Sie sind verpflichtet, den Arbeitgeber in der Durchführung der Vorschriften über die Verhütung von Berufsunfällen und Berufskrankheiten zu unterstützen. Sie müssen insbesondere persönliche

Schutzausrüstungen benützen, die Sicherheitseinrichtungen richtig gebrauchen und dürfen diese, ohne Erlaubnis des Arbeitgebers, weder entfernen noch ändern.

Nach Anhören des Arbeitgebers und der unmittelbar betroffenen Versicherten können bestimmte Massnahmen zur Verhütung von Berufsunfällen und Berufskrankheiten angeordnet werden. Der Arbeitgeber hat den Zutritt zu allen Arbeitsräumen und Arbeitsplätzen des Betriebs zu gewähren und zu gestatten, Feststellungen zu machen und Proben zu entnehmen.

Versicherte, die hinsichtlich Berufsunfällen oder Berufskrankheiten durch bestimmte Arbeiten besonders gefährdet sind, können von diesen Arbeiten ausgeschlossen werden. Der Bundesrat ordnet die Entschädigung für Versicherte, die, durch den Ausschluss von ihrer bisherigen Arbeit, im Fortkommen erheblich beeinträchtigt sind und keinen Anspruch auf andere Versicherungsleistungen haben.

Bei Zuwiderhandlungen gegen Vorschriften über die Verhütung von Unfällen und Berufskrankheiten können die Betriebe jederzeit und insbesondere auch rückwirkend in eine höhere Gefahrenstufe versetzt und dementsprechend zu höheren Beitragszahlungen verpflichtet werden. Dabei gelangt ein um mindestens 20 Prozent erhöhter Prämiensatz zur Anwendung.

Solche Zuschläge und auch Verzugszinsen dürfen den Arbeitnehmerinnen und Arbeitnehmern nicht vom Lohn abgezogen werden und gehen zu 100 Prozent zu Lasten des Arbeitgebers.

Wer zudem als Arbeitgeber den Vorschriften über die Verhütung von Unfällen und Berufskrankheiten vorsätzlich oder fahrlässig zuwiderhandelt oder als Arbeitnehmer diesen Vorschriften vorsätzlich oder fahrlässig zuwiderhandelt und dadurch andere ernstlich gefährdet, wird, sofern nicht ein mit einer höheren Strafe bedrohtes Verbrechen oder Vergehen des Schweizerischen Strafgesetzbuches vorliegt, mit Gefängnis bis zu sechs Monaten oder mit Busse bestraft.

Die Kantone leisten Rechtshilfe bei der Vollstreckung rechtskräftiger Verfügungen und unaufschiebbarer Anordnungen.

Werden Leben oder Gesundheit von Arbeitnehmern durch Missachtung von Sicherheitsvorschriften schwer gefährdet, so verhindert die zuständige kantonale Behörde die Benützung von Räumen oder Einrichtungen. Sie schliesst in besonders schweren Fällen den Betrieb bis zur Behebung des sicherheitswidrigen Zustandes und sie kann die Beschlagnahmung von Stoffen und Gegenständen verfügen.

Wenn Gefahr droht, kann die verfügende Stelle Anordnungen zur Verhütung von Unfällen oder Berufskrankheiten ohne Einsprachemöglichkeit erlassen.

## Berufskrankheiten

Als schädigende Stoffe, die zu Berufskrankheiten führen können, gelten unter anderem Ameisen- und Essigsäure, Asbeststaub, Chlor, Formaldehyd, Jod, Nitroglycerin, etc. Die vollständige Liste der schädigenden Stoffe ist im Anhang zu finden.

Weiter gelten als arbeitsbedingte Erkrankungen unter anderem Erkrankungen durch physikalische Einwirkungen, Gehörschäden, Erfrierungen, Erkrankung durch ionisierende oder nicht ionisierende Strahlen, Erkrankung der Atmungsorgane, Hautkrebs und Infektionskrankheiten. Die vollständige Liste der Erkrankungen, die arbeitsbedingt entstehen können, sind im Anhang zu finden.

## Berufliche Vorsorge

Die berufliche Vorsorge soll Betagten, Hinterlassenen und Invaliden, zusammen mit der AHV- oder IV-Rente, die Fortsetzung der gewohnten Lebenshaltung ermöglichen. Versichert werden die Risiken Tod und Invalidität, gleichzeitig wird durch einen Sparprozess eine Altersvorsorge aufgebaut. Obligatorisch versichert und beitragspflichtig sind alle unselbstständig erwerbenden Personen ab einem gewissen Einkommen. Arbeitgebende zahlen mindestens die Hälfte der Beiträge der Gesamtheit ihrer Arbeitnehmerinnen und Arbeitnehmern.

### Vorsorgepflicht des Arbeitgebers

Der Arbeitgeber, der obligatorisch zu versichernde Arbeitnehmerinnen und Arbeitnehmer beschäftigt, muss eine Vorsorgeeinrichtung gründen, die im Register für die berufliche Vorsorge eingetragen ist, oder sich einer solchen anschliessen.

Der Arbeitgeber wählt eine Vorsorgeeinrichtung im Einverständnis mit seinem Personal oder einer allfälligen Arbeitnehmervertretung, genauso wie die Auflösung eines Anschlussvertrages und der Wiederanschluss an eine neue Vorsorgeeinrichtung.

Der Anschluss erfolgt ab dem Zeitpunkt, ab welchen die Versicherungspflicht entsteht, allenfalls auch rückwirkend.

Ansprüche von Arbeitnehmerinnen und Arbeitnehmern oder deren Hinterlassenen auf die gesetzlichen Leistungen bestehen auch, wenn der Anschluss des Arbeitgebers an eine Vorsorgeeinrichtung noch nicht erfolgt ist. In diesem Fall wird der Arbeitgeber von Gesetzes wegen der Stiftung Auffangeinrichtung angeschlossen. Diese erbringt die fälligen Vorsorgeleistungen. Der Arbeitgeber schuldet der Stiftung die entsprechenden Beiträge für alle dem Gesetz unterstellten Arbeitnehmerinnen und Arbeitnehmer von dem Zeitpunkt an, vom dem an er bei einer

Vorsorgeeinrichtung hätte angeschlossen sein müssen, sowie Verzugszinsen auf den Beiträgen und einen Zuschlag als Schadenersatz. Bei Tod oder Invalidität eines dem Obligatorium unterstellten Arbeitnehmenden beträgt der Zuschlag das Vierfache der Risikobeiträge für Tod und Invalidität aller dem Obligatorium unterstellten Arbeitnehmerinnen und Arbeitnehmer. Dieser Zuschlag wird von dem Moment an berechnet, vom dem an der Arbeitgeber bei einer Vorsorgeeinrichtung hätte angeschlossen sein müssen bis zum Eintreffen des Versicherungsfalles.

**Paritätisches Organ und Arbeitgeber**

Das paritätische Entscheidungsorgan der firmeneigenen Vorsorgeeinrichtung oder im Rahmen eines Anschlusses an eine Sammelstiftung besteht bei Durchführung des BVG's aus einer identischen Anzahl von Arbeitnehmer- und Arbeitgebervertretern. Eine Abweichung dieses Grundsatzes zu Gunsten einer höheren Anzahl von Arbeitnehmervertretern ist zulässig.

Handelt es sich um eine Vorsorgeeinrichtung oder ein Vorsorgewerk, das ausschliesslich über- bzw. ausserobligatorische Vorsorge betreibt, kann das Entscheidungsorgan, nach Massgabe der Beiträge, durch eine entsprechende Anzahl Arbeitnehmer- und Arbeitgebervertreter besetzt werden. Leistet beispielsweise der Arbeitgeber zwei Drittel der Beiträge an eine ausserobligatorische Vorsorge, so kann er auch zwei Drittel der Sitze im entsprechenden Entscheidungsorgan belegen.

Hingegen kann der Arbeitgeber nicht dazu verpflichtet werden, höhere Beiträge aus diejenigen zur Abdeckung der Leistungen nach den gesetzlichen Mindestvorschriften zu leisten.

Dabei ist er verpflichtet, jederzeit mindestens 50 Prozent der gesamten Vorsorgebeiträge aller seiner Arbeitnehmenden als Arbeitgeber zu leisten. Er kann jedoch nicht dazu verpflichtet werden, mehr als diese 50 Prozent zu leisten. Die verbleibenden Beiträge kann der Arbeitgeber seinen Arbeitnehmerinnen und Arbeitnehmern als Arbeitnehmerbeitrag vom Lohn abziehen.

---

**Wichtige Merkpunkte für die Praxis**

Der Arbeitgeber kann vom paritätischen Organ seiner Vorsorgeeinrichtung, bestehend aus einer identischen Anzahl Arbeitnehmer- und Arbeitgebervertretern, nicht dazu verpflichtet werden, höhere Beiträge aus diejenigen zur Abdeckung der Leistungen nach den gesetzlichen Mindestvorschriften zu leisten. Der Arbeitgeber ist verpflichtet, mindestens 50 Prozent der gesamten Vorsorgebeiträge aller seiner Arbeitnehmenden als Arbeitgeber zu leisten. Hingeben kann er nicht zu einem höheren Beitragsanteil verpflichtet werden.

Die gesetzlichen Bestimmungen

### Grundsätze der beruflichen Vorsorge

Das Bundesgesetz über die berufliche Alters-, Hinterlassenen- und Invalidenvorsorge schreibt lediglich Mindestleistungen vor. Es ist für Firmen durchaus zulässig, Personenkategorien zu bilden und diesen unterschiedliche Vorsorgeleistungen zu versichern. Was nach Einführung des BVG lediglich in Kreisschreiben der Eidgenössischen Steuerverwaltung festgehalten war, hat jetzt Eingang in die gesetzlichen Bestimmungen gefunden.

### Angemessenheit

Angemessen sind Leistungen, wenn sie 70 Prozent des letzten versicherbaren AHV-pflichtigen Einkommens vor der Pensionierung nicht übersteigen. Dies gilt für versicherte Lohnteile bis zum oberen Grenzbetrag nach BVG von CHF 79'560.-. Für Lohnteile über dem oberen Grenzbetrag sind Leistungen bis 85 Prozent angemessen.

Andererseits kann für die Beurteilung der Angemessenheit wahlweise auch die Beitragshöhe beigezogen werden. Dabei ist die Vorsorgelösung dann angemessen, wenn die gesamten reglementarischen Beiträge von Arbeitgeber und Arbeitnehmenden, die zur Finanzierung der Altersleistungen dienen, 25 Prozent aller versicherbaren AHV-pflichtigen Löhne pro Jahr nicht übersteigen.

Wenn ein Arbeitgeber sich mehreren Vorsorgeeinrichtungen anschliesst und Arbeitnehmerinnen und Arbeitnehmer gleichzeitig in mehreren Vorsorgeeinrichtungen versichert sind, so hat der Arbeitgeber selber Vorkehrungen zu treffen, dass die Angemessenheit im vorgenannten Sinne eingehalten wird. In der Praxis ist es relativ häufig anzutreffen, dass die Grundversicherung und die Kaderversicherung nicht beim gleichen Vorsorgeträger versichert wird.

### Kollektivität

Der Grundsatz der Kollektivität ist dann eingehalten, wenn das Vorsorgereglement eines oder mehrere Kollektive von Versicherten vorsieht. Die Zugehörigkeit zu einem Kollektiv muss sich dabei nach objektiven Kriterien richten, wie beispielsweise:

- Ausgeübte Funktion
- Hierarchische Stellung
- Alter
- Dienstjahre
- Lohnhöhe

Die Vorsorgeeinrichtung kann für die Versicherten jedes Kollektivs bis zu drei Vorsorgepläne zur Auswahl anbieten. Dabei muss die Summe der Beitragsanteile von Arbeitgeber und Arbeitnehmenden in Lohnprozent beim Vorsorgeplan mit den niedrigsten Beitragsanteilen mindestens zwei Drittel der Beitragsanteile beim Vorsorgeplan mit den höchsten Beitragsanteilen betragen. Der Beitragssatz des Arbeitgebers muss dabei in jedem Plan gleich hoch sein und es muss sichergestellt sein, dass der Arbeitgeber mindestens die gesetzlichen 50 Prozent der gesamten Beiträge über alle Vorsorgepläne bezahlt.

**Beispiel:**

Ein Angebot für drei Pläne innerhalb eines Kollektivs mit 10, 12 und 15 Beitragsprozenten ist zulässig. Nicht zulässig wäre ein Planangebot mit 10, 15 und 20 Beitragsprozenten.

Vorsorgeeinrichtungen dürfen innerhalb eines Vorsorgeplans unterschiedliche Anlagestrategien nur dann anbieten, wenn sie ausschliesslich Lohnteile versichern, die über dem anderthalbfachen oberen Grenzbetrag von CHF 119'340.- liegen.

### Gleichbehandlung

Die Gleichbehandlung ist dann eingehalten, wenn für alle Versicherten eines Kollektivs die gleichen reglementarischen Bestimmungen im jeweiligen Vorsorgeplan gelten.

### Planmässigkeit

Der Grundsatz der Planmässigkeit ist dann erfüllt, wenn das Vorsorgereglement folgende Punkte genau festlegt:

- Die verschiedenen Versichertenkollektive, für die unterschiedliche Vorsorgepläne gelten
- Die Vorsorgepläne, gestützt auf fachlich anerkannte Grundsätze
- Die verschiedenen Leistungen
- Die Art der Finanzierung
- Die Anspruchsvoraussetzungen

### Versicherungsprinzip

Das Versicherungsprinzip ist dann eingehalten, wenn mindestens 6 Prozent aller Beiträge zur Finanzierung für die Risiken Tod und Invalidität bestimmt sind.

### Beitragspflicht

Die Beitragspflicht beginnt bei Stellenantritt, spätestens am 1. Januar nach Vollendung des 17. Altersjahres. Die Höhe der Beiträge wird durch die Vorsorgeeinrichtung und deren reglementarischen Bestimmungen festgelegt.

Der Arbeitgeber schuldet der Vorsorgeeinrichtung sowohl den Arbeitgeber- wie auch den Arbeitnehmeranteil. Der Beitragsteil des Arbeitnehmers wird dabei im Lohn in Abzug gebracht. Die BVG-Beitragspflicht ist in den folgenden Fällen nicht mehr zu leisten:

- Anspruchserhebung auf die vollen Altersleistungen (keine Teilpensionierung)
- Beendigung des Arbeitsverhältnisses
- Unterschreitung des Mindestlohnes
- Tod oder Anspruch auf volle Invalidenleistungen, bzw. Beginn der Beitragsbefreiung bei Arbeitsunfähigkeit gemäss Vorsorgereglement

**Arbeitgeberbeitragsreserven, BVG**

Mit der Bildung und Auflösung von Arbeitgeberbeitragsreserven können Unternehmensgewinne steuerwirksam geglättet werden. Als Unternehmen dürfen Sie einen Maximalbetrag von fünf Arbeitgeber-Jahresbeiträgen in ihre Pensionskasse einzahlen. Entsprechende Einzahlungen können vollumfänglich vom Unternehmensgewinn im Einzahlungsjahr abgezogen werden.

**Beispiel: Arbeitgeber-Beitragsreserve**

**Gutes Geschäftsjahr:**

Nebst der Bezahlung der ordentlichen als Unternehmensaufwand abziehbaren Beiträge an die Pensionskasse kann eine zusätzliche Einzahlung als Arbeitgeber-Beitragsreserve getätigt und damit der ausgewiesene Unternehmensgewinn um diesen Betrag reduziert werden.

**Schwieriges Geschäftsjahr:**

Der Pensionskasse kann der Auftrag erteilt werden, die vorhandenen Arbeitgeber-Beitragsreserven teilweise oder vollständig zur Begleichung der ordentlichen laufenden Arbeitgeberbeiträge zu verwenden. Das Unternehmen braucht während dieser Zeit lediglich die vom Lohn abgezogenen Arbeitnehmerbeiträge an die Pensionskasse weiterzuleiten. Durch die damit verminderten Sozialaufwendungen wird die Unternehmenssituation im schwierigen Geschäftsjahr entlastet.

Arbeitgeberbeitragsreserven werden von den Pensionskassen in der Regel verzinst. Der Zinssatz liegt oft in der Nähe der BVG-Mindestzinssatzes (zur Zeit 2.5%).

Bei Auflösung eines Unternehmens werden allfällig noch vorhandene und nicht verwendbare Beitragsreserven auf die versicherten Personen verteilt. Solche Verteilungen sind grundsätzlich auf Wunsch des Unternehmens jederzeit möglich. Pensionskassen haben dazu einen von der Aufsichtsbehörde genehmigten Verteilschlüssel anzuwenden.

## Anpassung des Mindestzinssatzes

Der Bundesrat hat den BVG-Mindestzinssatz für das Jahr 2008 auf 2.75 Prozent festgelegt

### Kommentar

Die Verzinsung des Altersguthabens ist bei Pensionskassen im Beitragsprimat zusammen mit den Altergutschriften und dem Umwandlungssatz massgebend für die Höhe der obligatorischen Rentenleistungen der beruflichen Vorsorge. Der Mindestzinssatz wurde periodisch vom Bundesrat überprüft und mehrmals angepasst.

| Periode | Mindestzinssatz |
|---|---|
| 01.01.1985 bis 31.12.2002 | 4.00 Prozent |
| 01.01.2003 bis 31.12.2003 | 3.25 Prozent |
| 01.01.2004 bis 31.12.2004 | 2.25 Prozent |
| 01.01.2005 bis 31.12.2007 | 2.50 Prozent |
| Ab 01.01.2008 | 2.75 Prozent |

## Arbeitslosenversicherung

### Arbeitslosigkeit

Arbeitnehmerinnen und Arbeitnehmer erhalten Leistungen bei Arbeitslosigkeit und bei Insolvenz des Arbeitgebenden. Anspruchsvoraussetzung ist eine gewisse Mindestbeitragszeit oder eine nachgewiesene gesetzliche Befreiung derselben.

Alle unselbstständig erwerbenden Personen sind beitragspflichtig. Die Beiträge werden je zur Hälfte durch die Arbeitgebenden und die Arbeitnehmenden bezahlt.

### Kurzarbeit und Schlechtwetterentschädigung

Arbeitgeber können Leistungen bei Kurzarbeit und auch bei witterungsbedingten Arbeitsausfällen geltend machen. Anspruch auf Entschädigung besteht, wenn eine vollständige oder teilweise Einstellung der Arbeit in einem Betrieb infolge unvermeidbaren wirtschaftlichen oder unvorhersehbaren witterungsbedingten Einflüssen erfolgt. Der Arbeitsausfall darf zudem lediglich temporären Charakter haben und durch die Auszahlung von Kurzarbeitsentschädigungen müssen voraussichtlich Arbeitplätze erhalten bleiben.

Die gesetzlichen Bestimmungen

**Verhütung von Arbeitslosigkeit**

Im Weiteren gewährt die Versicherung Beiträge für Massnahmen zur Verhütung von Arbeitslosigkeit, sogenannte arbeitsmarktliche Massnahmen.

## Militärversicherung

Versichert sind alle Personen, die während des Militär-, des Zivilschutz- oder des Zivildienstes verunfallen oder krank werden. Die Leistungen der Militärversicherung umfassen Pflegeleistungen und Kostenvergütungen und Geldleistungen.

Finanziert werden diese Leistungen durch den Bund. Ausser für Militärpersonal besteht keine Beitragspflicht.

## Sozialhilfe

Die Sozialhilfe (Fürsorge) ist nicht Teil der Sozialversicherungen. Trotzdem ist sie als deren Ergänzung hier erwähnenswert.

Sie funktioniert nach dem Bedarfsprinzip und sorgt dafür, dass in jedem Fall ein Existenzminimum gewährleistet ist. Das gilt insbesondere dann, wenn Personen durch Lücken des Sozialversicherungsnetzes fallen. Die Sozialhilfe fällt vorwiegend in den Kompetenzbereich der Kantone. Es werden keine lohnabhängigen Beiträge erhoben.

## Wichtige Hinweise für die folgenden Geschäftsfälle

| Eintritt | • AHV-Anmeldung (Alter, Zuständigkeit gemäss bilateralen Abkommen, Freibeträge für Personen im Nebenerwerb und nach Pensionierung) |
|---|---|
| | • Pensionskassenanmeldung (Alter, befristete Arbeitsverträge, Weiterarbeit nach Pensionierung, Befreiungen, anderer Haupterwerb) |
| | • Anspruch auf Familienzulagen (Anspruchsbeginn und –ende, Anspruchskonkurrenz, Leistungsvoraussetzungen bei Teilzeitbeschäftigten) |
| **Lohnänderungen** | • AHV/IV/EO und ALV: Jährliche nachschüssige AHV-Lohnbescheinigung (für Schlussabrechnung der AHV-, IV-, EO- und ALV-Schlussabrechnung) |
| | • Unfallversicherung: Jährliche nachschüssige Lohnsummenmeldung an Unfallversicherer |
| | • Krankentaggeldversicherung: Jährliche nachschüssige Lohnsummenmeldung an Kollektiv-Krankentaggeldversicherer |
| | • Pensionskasse: Jährliche vorschüssige Lohnmeldung an die Pensionskasse |
| | • Pensionskasse: Allenfalls unterjährige Lohnmeldungen bei gewichtigen Veränderungen in Einzelfällen |
| **Austritte** | • Ende von Familienzulagen Pensionskassenabmeldung Abgangsentschädigung |

Die gesetzlichen Bestimmungen

| | | |
|---|---|---|
| **Unbezahlter Urlaub** | • | Unterbruch von Familienzulagen |
| **Arbeitsunterbrüche oder Dienstaustritte aus gesundheitlichen Gründen** | • | Lohnfortzahlung gemäss Obligationenrecht, Einzel- oder Gesamtarbeitsvertrag |
| | • | Meldungen (Unfallversicherer oder Krankentaggeldversicherer, Familienausgleichskasse, Pensionskasse, eventuell auch eidgenössische Invalidenversicherung) |
| | • | Kündigungsschutz |
| **Pensionierungen** | • | Abgangsentschädigung |
| | • | Abmeldungen, bzw. Leistungsanmeldungen (AHV, Pensionskasse) |
| | • | Kapitaloptionsfrist bei Pensionskasse |
| **Todesfälle** | • | Lohnfortzahlung |
| | • | Meldungen an AHV und Pensionskasse, bei einem Unfalltod auch dem Unfallversicherer |
| **Militärdienst** | • | EO-Meldewesen (Meldekarte) |
| | • | Lohnfortzahlung |
| | • | Kündigungsschutz |
| **Mutterschaft** | • | Mutterschaftsurlaub |
| | • | Kündigungsschutz |
| | • | Arbeitsverbot direkt nach Niederkunft |

# Stellenantritt

Tritt eine neue Mitarbeiterin oder ein neuer Mitarbeiter eine Stelle an sind folgende Themen von Bedeutung.

## Alters- Hinterlassenenvorsorge (AHV)

Die AHV ist eine Volksversicherung. Personen, die in der Schweiz arbeiten oder wohnen, sind versichert. Nebst Arbeitnehmenden sind auch selbständig erwerbende und nichterwerbstätige Personen versichert. Die nachfolgenden Ausführungen betrachten die Bestimmungen betreffend der Arbeitnehmenden.

### Beachten: Selbständigerwerbend oder angestellt

Die Entscheidung, ob jemand als Selbständigerwerbender Arbeiten ausführt oder ob es sich um ein Angestelltenverhältnis handelt, fällt immer die zuständige AHV-Ausgleichskasse.

Eine rechtzeitige Prüfung lohnt sich im Zweifelsfall immer. Nichts ist unangenehmer, als plötzlich – eventuell nach Jahren – Sozialversicherungsbeiträge mit Verzugszinsen und auch Beiträge an die berufliche Vorsorge nachzuzahlen und sich zudem im schlimmsten Fall auch mit strafrechtlichen Anschuldigungen auseinandersetzen zu müssen.

Als selbständig erwerbend gilt eine Person, wenn sie, im überwiegenden Masse, folgende Bedingungen erfüllt:

- Arbeit und Auftritt unter eigenem Namen
- Arbeit auf eigene Rechnung
- Eigene Infrastruktur
- Tragen des Inkassorisikos
- Tragen des wirtschaftlichen Risikos
- Selbständiger Entscheid über die Organisation
- Tätigkeit für mehrere Auftraggeber

### Beginn und Ende der Beitragspflicht

Die Beitragspflicht von Arbeitnehmerinnen und Arbeitnehmern beginnt am 1. Januar des Jahres, im welchem sie 18 Jahre alt werden und dauert solange sie eine Erwerbstätigkeit ausüben. Nach Erreichen des ordentlichen Rentenalters vermindert sich das AHV-pflichtige Einkommen um einen Freibetrag.

Dabei spielt es keine Rolle, ob es sich um eine befristete oder unbefristete Anstellung, eine Vollzeit- oder Teilzeitbeschäftigung, einen Temporäreinsatz oder einen Aushilfseinsatz handelt.

**Anmeldung**

Die Zustellung des AHV-Ausweises (graue Versicherungskarte) an die zuständige AHV-Ausgleichskasse gilt als explizite Anmeldung. Eine solche hat immer dann zu erfolgen, wenn auf dem AHV-Ausweis des Arbeitnehmenden die Nummer der abrechnenden AHV-Ausgleichskasse noch nicht eingetragen ist. Ein neuer AHV-Ausweis ist dann anzufordern, wenn der Arbeitnehmende diesen verloren hat oder noch gar keinen besitzt. Letzteres kann dann der Fall sein, wenn der ARbeitnehmende erstmals ins Erwerbsleben eintritt oder erstmals in der Schweiz einer Erwerbstätigkeit nachgeht. Neue AHV-Ausweise sind mit einem entsprechenden Formular anzufordern. Im Anhang und auf der CD findet sich ein solches.

Die explizite Anmeldung ist zur Ergänzung der Nummer der abrechnenden AHV-Ausgleichskasse erforderlich. Alle auf dem AHV-Ausweis geführten Kassen führen zugunsten der versicherten Person ein individuelles Beitragskonto (IK). Zudem hat es den betrieblichen Vorteil, dass die neue Mitarbeiterin oder der neue Mitarbeiter bereits auf der nächsten auszufüllenden Lohnbescheinigung aufgeführt sein wird.

Zudem könnte die neue Mitarbeiterin oder der neue Mitarbeiter im Zeitpunkt der Ausfüllung der Lohnbescheinigung die Stelle bereits wieder aufgegeben haben, ohne dass die AHV-Versicherungsnummer noch präsent wäre. Diese Gefahr besteht vor allem bei sehr kurzen Arbeitseinsätzen. Der Aufwand für nachträgliches Recherchieren der AHV-Versicherungsnummer kann damit vermieden werden.

**Beachten: Fehlende oder falsche AHV-Nummer**

Fehlt auf einer Lohnbescheinigung die AHV-Versicherungsnummer oder ist diese falsch und kann die AHV-Ausgleichskasse die versicherte Person aufgrund ihres Namens nicht identifizieren, werden die entsprechenden Einkommen auf Sammelkonti, sogenannte OVA (ohne Versicherungsausweis) gebucht. Nur wenn Versicherte regelmässig bei ihrer AHV-Ausgleichskasse Auszüge ihres individuellen Kontos verlangen, können fehlende Einträge festgestellt werden. Damit ihnen die entsprechenden Einkommen angerechnet werden, müssen sie ihren Anspruch mittels Lohnabrechnungen oder anderen Dokumenten belegen. Nur so kann vermieden werden, dass Beitragslücken entstehen.

Beitragslücken sind dann besonders gravierend, wenn für ein ganzes Jahr keine Einträge vorhanden sind. Dann nämlich kommt bei der Berechnung der Rente nicht mehr die maximale Rentenskala (Rentenskala 44), sondern eine reduzierte Skala zur Anwendung, was eine wesentliche Verringerung der Rentenleistung nach sich zieht.

## Beitragserhebung

Die zuständige AHV-Ausgleichskasse erhebt die Beiträge an die AHV/IV/EO und ALV unterjährig pauschal und akonto auf der Basis der Vorjahreszahlen. Eine Beitrags-Schlussabrechnung (eigentlich Differenzabrechnung) wird aufgrund der eingereichten Lohnbescheinigung erst im Folgejahr erstellt. Die dafür auszufüllende Lohnbescheinigung mit allen der AHV bereits bekannten Arbeitnehmenden wird der Firma in der Regel im November zugestellt. Der Arbeitgeber seinerseits hat die Lohnbescheinigung bis Ende Januar des Folgejahres der Ausgleichskasse ausgefüllt und unterschrieben zurückzusenden. Name und AHV-Nummer von neuen Mitarbeiterinnen und Mitarbeiter sind zusammen mit deren im laufenden Jahr bezahlten Löhne zu ergänzen.

**Beiträge in Prozent der AHV-pflichtigen Lohnsumme**

|       | Arbeitgeberbeitrag | Arbeitnehmerbeitrag | Total  |
|-------|--------------------|--------------------|--------|
| AHV   | 4.20%              | 4.20%              | 8.40%  |
| IV    | 0.70%              | 0.70%              | 1.40%  |
| EO    | 0.15%              | 0.15%              | 0.30%  |
| Total | 5.05%              | 5.05%              | 10.10% |

### Beachten: Verzugszinsen

Verspätete Zahlung von AHV/IV/EO Beiträgen lohnt sich nicht. Verzugszinsen werden in Abweichung zum Schuldbetreibungs- und Konkursgesetz (SchKG) nicht erst nach Mahnung, sondern bereits ab Fälligkeit der Rechnung erhoben. Dieses Vorgehen der AHV-Ausgleichskasse ist gesetzeskonform.

### Erhöhung des Personalbestandes

Wird der Personalbestand in einem Jahr deutlich erhöht, so ist daran zu denken, dass mit der Schlussabrechnung (eigentlich Differenzabrechnung) eine massive Nachzahlung fällig werden kann. Diese kann vermieden werden, indem mit der AHV-Ausgleichskasse bereits im laufenden Jahr eine Anpassung der Pauschalbeiträge vereinbart wird.

### Reduktion des Personalbestandes

Wird der Personalbestand in einem Jahr deutlich reduziert, so kann mit der AHV-Ausgleichskasse eine angemessene Reduktion der unterjährigen Pauschalbeiträge vereinbart werden. Bei Verzicht auf eine solche Vereinbarung wird allenfalls benötigtes Investitionskapital erst nach Erstellung der Beitragsschlussabrechnung im Folgejahr mit Rückzahlung der zuviel bezahlten Beiträge verfügbar.

## Massgebender Lohn für die Bemessung der AHV/IV/EO-Beiträge

Zum massgebenden Lohn gehören, soweit es sich nicht um Unkostenentschädigungen handelt, jedes Entgelt auf bestimmte oder unbestimmte Zeit geleistete Arbeit:

- Zeitlohn
- Stücklohn
- Akkordlohn
- Prämienlohn
- Ortszulagen
- Teuerungs- oder andere Zulagen
- Provisionen
- Kommissionen
- Gratifikationen
- Treueprämien
- Leistungsprämien
- Regelmässige Naturalbezüge
- Naturalleistungen, wie Kost und Logis, etc.
- Ferienentschädigungen
- Feiertagsentschädigungen und ähnliche Bezüge
- Überzeitentschädigungen
- Trinkgelder, soweit sie einen wesentlichen Bestandteil des Arbeitsentgeltes darstellen
- Arbeitgeberleistungen für den Lohnausfall infolge Unfall, Krankheit und Militärdienst
- Leistungen des Arbeitgebers in der Übernahme von Arbeitnehmerbeiträgen an die AHV/IV/EO, Arbeitslosenkasse, sowie der Steuern
- Leistungen des Arbeitgebers an Arbeitnehmerinnen und Arbeitnehmer bei Beendigung des Arbeitsverhältnisses, soweit sie nicht von der Beitragspflicht befreit sind
- Entgelte der Kommanditäre, die aus einem Arbeitsverhältnis zur Kommanditgesellschaft fliessen
- Gewinnanteile der Arbeitnehmerinnen und Arbeitnehmer, soweit sie den Zins auf allfälligen Kapitaleinlagen übersteigen
- Tantiemen, feste Entschädigungen und Stitzungsgelder an die Mitglieder der Verwaltung und der geschäftsführenden Organe
- Allenfalls Arbeitnehmeraktien

**Nicht zum massgebenden Lohn gehören:**
- Reglementarische Beiträge des Arbeitgebers an steuerbefreite Vorsorgeeinrichtungen (DBG SR 642.11)
- Beiträge des Arbeitgebers an die Kranken- und Unfallversicherung, sofern alle Arbeitnehmerinnen und Arbeitnehmer gleich behandelt werden
- Beiträge des Arbeitgebers an Familienausgleichskassen, sofern alle Arbeitnehmerinnen und Arbeitnehmer gleich behandelt werden
- Zuwendungen des Arbeitgebers beim Tod Angehöriger von Arbeitnehmern
- Zuwendungen des Arbeitgebers an Hinterlasse von Arbeitnehmern
- Zuwendungen des Arbeitgebers bei Firmenjubiläen, Verlobung, Hochzeit oder Bestehen von beruflichen Prüfungen
- Leistungen des Arbeitgebers an Arzt-, Arznei-, Spital-, oder Kurkosten, sofern diese nicht durch die obligatorische Krankenpflegeversicherung gedeckt sind und alle Arbeitnehmerinnen und Arbeitnehmer gleich behandelt werden
- AHV-Freibeträge für Erwerbstätige im Nebenerwerb
- AHV-Freibeträge für Erwerbstätige im AHV-Rentenalter

**Arbeitnehmeraktien**

Arbeitnehmeraktien gehören zum massgebenden Lohn für die Bemessung der AHV/IV/EO-Beiträge, soweit deren Wert den Erwerbspreis übersteigt und die Arbeitnehmerin oder der Arbeitnehmer über die Aktie verfügen kann. Bei gebundenen Arbeitnehmeraktien bestimmen sich Wert und Zeitpunkt der Einkommensrealisierung nach den Vorschriften der direkten Bundessteuer.

**Erwerbstätige im Nebenerwerb**

Sofern eine Person ein anderweitiges hauptberufliches Einkommen erzielt, können Einkommen aus Nebenerwerb bis CHF 2'200.- jährlich von der AHV-Beitragspflicht ausgenommen werden, sofern sowohl Arbeitgeber und versicherte Person damit einverstanden sind.

Dieser Freibetrag bis CHF 2'200.- gilt auch für Nebenerwerb, der als selbständigerwerbende Person ausgeführt wird.

Höhere Einkommen sind vollumfänglich beitragspflichtig.

## Berechungsbeispiele aus der Praxis

| Situation: | Resultat: |
|---|---|
| Einkommen aus Nebenerwerb in einem Kalenderjahr: CHF 1'850.- | Das Einkommen ist geringer als der Freibetrag von CHF 2'200.- und kann somit von der Beitragspflicht ausgenommen werden. |
| Einkommen aus Nebenerwerb in einem Kalenderjahr: CHF 4'280.- | Das Einkommen ist grösser als der Freibetrag von CHF 2'200.-. Beitragspflichtig ist somit das gesamte Einkommen von CHF 4'280.-. |

**Anstellung und Beschäftigung von pensioniertem Personal**

Sofern eine Person bereits das ordentliche Rentenalter der AHV erreicht hat (Alter 65 für Männer und Alter 64 für Frauen) so kann für jedes weiterhin erzielte Einkommen ein jährlicher Freibetrag von CHF 16'800.- abgezogen werden. Die AHV-Ausgleichskassen berechnen den Freibetrag auf den jeweiligen monatlichen Einkommen. Das heisst, Einkommen werden der Beitragspflicht unterstellt, wenn sie den monatlichen Betrag von CHF 1'400.00 übersteigen. Dies gilt auch dann, wenn das entsprechende gesamte Jahreseinkommen weniger als CHF 16'800.- beträgt.

Der Freibetrag wird pro Arbeitgeber angewendet, ungeachtet ob weitere Arbeitgeber bestehen. Hingegen kann er nicht bei Personen angewendet werden, die sich im vorzeitigen Ruhestand befinden.

## Berechungsbeispiele aus der Praxis

| Situation: | Resultat: |
|---|---|
| Monatliches Einkommen als Pensionierter (Alter 68):<br><br>CHF 1'000.- | Das Einkommen ist geringer als der monatliche Freibetrag von CHF 1'400.00. Es besteht keine Beitragspflicht. |
| Monatliches Einkommen als Pensionierter (Alter 68):<br><br>CHF 2'000.- | Das Einkommen ist höher als der monatliche Freibetrag von CHF 1'400.00. Es besteht eine Beitragspflicht für den Differenzbetrag von CHF 600.00. |
| Gesamtes Einkommen als Pensionierter (Alter 68) innerhalb eines Jahres:<br><br>CHF 1'000.- im April<br><br>CHF 1'500.- im Mai | Das Einkommen im April ist tiefer als der monatliche Freibetrag von CHF 1'400.00. Es besteht keine Beitragspflicht.<br><br>Das Einkommen im Mai ist höher als der monatliche Freibetrag von CHF 1'400.00. Es besteht eine Beitragspflicht für den Differenzbetrag von CHF 100.00. |
| Monatliches Einkommen als vorzeitig Pensionierter (Alter 62):<br><br>CHF 1'000.- | Das ordentliche Pensionierungsalter ist noch nicht erreicht. Der Freibetrag findet keine Anwendung und das gesamte Einkommen ist beitragspflichtig. |

**Anstellung von teilinvalidem Personal**

Bei Anstellung oder Wiederanstellung einer teilinvaliden Person unterliegt das ganze Erwerbseinkommen der Beitragspflicht der AHV/IV/EO. Die Wiederanstellung der Arbeitnehmerin oder des Arbeitnehmers in dem Betrieb, in welchem vor Eintritt des Gesundheitsschadens gearbeitet wurde, ist für den Betroffenen oft die einzige, meistens aber auch die sinnvollste und produktivste Möglichkeit, sich wiederum in das Berufsleben zu integrieren.

| Wichtiger Merkpunkt für die Praxis |
|---|
| Bezügerinnen und Bezüger einer vollen IV-Rente können eine allfällige Resterwerbsfähigkeit verwerten und einer entsprechenden Arbeit nachgehen. Das Erwerbseinkommen unterliegt der Beitragspflicht von AHV/IV/EO. |

## Invalidenvorsorge

Neue Mitarbeiterinnen oder neue Mitarbeiter sind analog den Ausführungen zur AHV ab erstem Arbeitstag auch in der Invalidenvorsorge (IV) versichert.

### Beiträge

Die Beiträge werden zusammen mit den AHV-Beiträgen von der zuständigen AHV-Ausgleichskasse erhoben. Die Beitragshöhe beträgt für Arbeitnehmende 1.4 Prozent, wobei sich Arbeitgeber und Arbeitnehmende den Beitrag je hälftig teilen. Freibeträge gelten sinngemäss wie in der AHV für geringen Nebenerwerb und für erwerbstätige Personen nach Erreichen des ordentlichen Pensionierungsalters.

### Berufliche Massnahmen

IV-Stellen unterstützen versicherte Personen, die ihre bisherige Tätigkeit aus gesundheitlichen Gründen nicht mehr ausüben können bei der Integration oder Reintegration in einen Betrieb.

Auch für den Arbeitgeber ergeben sich Vorteile, die durchaus zu einer win-win-Situation für Arbeitgebende und Arbeitnehmende führen können:

- Verkürzung oder Wegfallen der Einarbeitungszeit
- Entlastung der Kosten der Pensionskasse
- Entlastung der Kosten von Unfall- oder Krankentaggeldversicherungen

Stellenantritt

- Finanzielle Entlastung des Arbeitgebers während der Wiedereinführungszeit durch Unterstützungszahlungen der IV, als Teil einer Eingliederungsmassnahme
- Finanzielle Entlastung des Arbeitgebers während der Wiedereinführungszeit durch Einarbeitungszuschüsse der IV, als Teil einer Eingliederungsmassnahme
- Entschädigung des Arbeitgebers durch die IV, wenn der Mitarbeitende krankheitsbedingt höhere Beiträge bei der Krankentaggeldversicherung und der Pensionskasse auslöst, sofern der Mitarbeitende aufgrund der gleichen Krankheit und innerhalb von zwei Jahren seit seiner Vermittlung die Arbeit aussetzen muss
- Entschädigung für Arbeitgeber, die gesundheitlich beeinträchtigte Personen weiterzubeschäftigen und ihnen die Teilnahme an Integrationsmassnahmen ermöglichen
- Kostenübernahme der invaliditätsbedingt notwendigen Anpassungen des Arbeitsplatzes durch die IV

Vor allem bei firmeneigenen Pensionskassen werden die Kosten für einen Invaliditätsfall sofort sichtbar. Ein solcher Fall kostet die Pensionskasse rasch zwischen 500'000 und einer Million Franken. Dieser Betrag ist im Leistungsfall versicherungstechnisch sofort an den entsprechenden Leistungsfall zu binden.

Bei vollständiger Rückdeckung der Risiken Tod und Invalidität bei einer Lebensversicherungsgesellschaft, sei es als Mitglied einer Sammelstiftung oder auch mit einer firmeneigenen Pensionskasse verwischen diese Kosten, da Lebensversicherungsgesellschaften firmenübergreifende Kollektivtarife anwenden und Leistungsfälle im Moment finanziell kaum bemerkbar erledigen. Bei einer Häufung von Leistungsfällen in einem Unternehmen ist aber damit zu rechnen, dass die Lebensversicherungsgesellschaften die Höhe der Risikoprämien des entsprechenden Unternehmens überprüfen und gegebenenfalls anpassen. Eine Wiedereingliederung von erkrankten oder verunfallten Mitarbeiterinnen und Mitarbeiter kann diese Situationen deutlich entschärfen.

Zudem sind erfolgreiche Wiedereingliederungen, ergänzt mit einem klaren Absenzmanagement im Unternehmen immer auch taugliche Argumente anlässlich der Prämienverhandlungen mit dem Kollektiv-Krankentaggeldversicherer.

Unternehmen, die behinderte Personen beschäftigen möchten, sollten prüfen, ob sie das entsprechende Umfeld für eine Integration einer behinderten Person sicherstellen. Dabei gilt beispielsweise zu beachten, dass Arbeitsplätze von Vorteil überschaubar sind und wenig Umstellungen notwendig machen. Dann sind kleinere Führungs- und Betriebseinheiten oft besser in der Lage, auf mögliche besondere Bedürfnisse einzugehen. Weiter sind sehr oft Angebote von Teilzeitarbeit sehr willkommen. Wichtig ist eine offene Information der anderen Angestellten zur Förderung des Verständnisses. Eine regelmässige Beurteilung der Arbeitsleistung sorgt für eine realistische Betrachtung und Erwartungshaltung auf beiden Seiten.

**Wichtiger Merkpunkt für die Praxis**

Erfolgreiche Wiedereingliederungen von erkrankten oder verunfallten Mitarbeiterinnen und Mitarbeitern entlasten die Kosten für die berufliche Vorsorge massiv und sind zusammen mit einem klaren Absenzmanagement taugliche Argumente anlässlich der Prämienverhandlungen mit Kollektiv-Krankentaggeldversicherern.

**Ergänzungsleistungen**

Ergänzungsleistungen zur AHV und IV werden ausschliesslich durch Beiträge von Bund und Kantonen finanziert.

Die Arbeitgeber sind auch nicht in die Durchführung der Versicherung involviert.

**Erwerbsersatzordnung**

Neue Mitarbeiterinnen oder neue Mitarbeiter sind analog den Ausführungen zur AHV ab erstem Arbeitstag auch in der Erwerbsersatzordnung (EO) versichert.

**Beiträge**

Die Beiträge werden zusammen mit den AHV-Beiträgen von der zuständigen AHV-Ausgleichskasse erhoben. Die Beitragshöhe beträgt für Arbeitnehmende 0.3 Prozent, wobei sich Arbeitgeber und Arbeitnehmende den Beitrag je hälftig teilen. Freibeträge gelten sinngemäss wie in der AHV für geringen Nebenerwerb und für erwerbstätige Personen nach Erreichen des ordentlichen Pensionierungsalters.

## Berufliche Vorsorge

Die nachfolgenden Informationen beziehen sich auf die gesetzlichen Mindestbestimmungen nach Bundesgesetz über die berufliche Alters-, Hinterlassenen- und Invalidenvorsorge (BVG).

Inhaltliche Abweichungen zu umhüllenden und weitergehenden Vorsorgelösungen der einzelnen Firmen sind deshalb wahrscheinlich und nicht auszuschliessen. In der Folge wird auf die gesetzlichen Mindestbestimmungen eingegangen, mit Hinweis auf die in der Praxis gängigen Abweichungen. Die Pensionskassen bieten ihren angeschlossenen Firmen kassenspezifische Formulare für das Meldewesen.

Stellenantritt

## Unbefristete Anstellung von Personen

Die berufliche Alters-, Hinterlassenen- und Invalidenvorsorge ergänzt die Leistungen der AHV und IV. Deshalb ist nach BVG versichert, wer einen gewissen Jahreslohn überschreitet. Der versicherte Lohn wird zudem so festgesetzt, dass er in einem bestimmten Rahmen dem AHV-pflichtigen Einkommen abzüglich dem Betrag von 7/8-tel der maximalen jährlichen AHV-Altersrente entspricht.

Obligatorisch dem BVG unterstellt sind weiter sämtliche Arbeitnehmerinnen und Arbeitnehmer, ab dem 1. Januar des Jahres in welchem sie 18 Jahre alt werden, bzw. das 17. Altersjahr vollendet haben. Bis zur Vollendung des 24. Altersjahres sind nur die Risiken Tod und Invalidität obligatorisch versichert. Der Sparprozess für die Altersleistungen beginnt am 1. Januar des Jahres in welchem sie 25 Jahre alt werden, bzw. das 24. Altersjahr vollendet haben. Für das Jahr 2008 gelten folgende BVG-Grenzbeträge:

Versicherungspflicht für Arbeitnehmerinnen und Arbeitnehmer ab einem AHV-pflichtigen Jahreslohn von CHF 19'890.- Wird diese Schwelle von CHF 19'890.- überschritten, so beträgt der versicherte Jahreslohn gemäss BVG dem Differenzbetrag zwischen der dreifachen maximalen AHV-Altersrente von CHF 26'520.-, also CHF 79'560.- abzüglich dem Koordinationsabzug nach BVG von CHF 23'205.-, mindestens aber CHF 3'315.-.

**Übersicht gemäss BVG für voll arbeitsfähige Arbeitnehmende oder solche mit einem IV-Grad von weniger als 40%**

| | |
|---|---|
| Eintrittsschwelle; minimaler Jahreslohn | CHF 19'890 |
| Koordinationsabzug | CHF 23'205 |
| Maximaler BVG-rentenbildender Jahreslohn | CHF 79'560 |
| Minimaler koordinierter (versicherter) Jahreslohn | CHF 3'315 |
| Maximaler koordinierter (versicherter) Jahreslohn | CHF 56'355 |

Bei teilinvaliden Arbeitnehmenden gelten für die Berechnung der koordinierten, bzw. versicherten Löhne gekürzte BVG-Grenzwerte in Anlehnung an die Rentenleistung (Viertels-, halbe, Dreiviertels- oder volle Rente) der eidgenössischen Invalidenversicherung (IV).

Die konkreten BVG-Grenzwerte nach IV-Grad sowie verschiedene Berechnungsbeispiele zur Bestimmung des versicherten Lohnes finden sich im Anhang.

## Unterjährige Ein- oder Austritte von Arbeitnehmenden

Ist ein Arbeitnehmer für eine kürzere Zeitdauer als ein Jahr bei einem Arbeitgeber beschäftigt, so gilt als versicherbarer Jahreslohn der Lohn, der bei einer ganzjährigen Beschäftigung erzielt würde. Gemeldete Löhne, welche den reglementarischen maximalen versicherbaren Verdienst übersteigen, werden von der Pensionskasse bei der Berechnung des versicherten Verdienstes selbständig berücksichtigt.

**Reglementarische Unterstellungskriterien von Personen**
Die Berechungsbeispiele des versicherten Jahreslohnes im Anhang basieren auf den gesetzlichen Mindestvorschriften. In der Praxis sind oft Vorsorgelösungen anzutreffen, welche den versicherten Jahreslohn anders definieren. So kann es sein, dass die Eintrittsschwelle tiefer angesetzt wird oder ganz wegfällt. Oft wird auch mit einem geringeren Koordinationsabzug gerechnet oder es wird gar keiner angewendet. In diesen Fällen entspricht der AHV-pflichtige Jahreslohn auch dem versicherten Lohn in der beruflichen Vorsorge. Ebenfalls regelmässig sind Lösungen anzutreffen, bei denen die Obergrenze des versicherbaren AHV-Jahreslohns viel höher angesetzt wird.

In der Vorsorgelandschaft sind auch Vorsorgelösungen anzutreffen, bei denen der Sparprozess der Altersleistungen nicht wie das BVG-Obligatorium es vorsieht, ab Vollendung des 24. Altersjahres, sondern bereits früher beginnt, bei denen andere Sparbeiträge erhoben werden, oder bei denen das sogenannte Leistungsprimat zur Anwendung gelangt. Im Leistungsprimat werden die Vorsorgeleistungen im Prozent des versicherten Lohnes festgelegt.

Auf jeden Fall müssen die Vorsorgeeinrichtungen, welche im Register für berufliche Vorsorge eingetragen sind und somit das BVG durchführen, zum Nachweis verpflichtet, dass die gesetzlichen Mindestvorschriften jederzeit erfüllt werden.

**Nicht obligatorisch versicherte Personen**
Nicht obligatorisch versichert sind folgende Arbeitnehmerinnen und Arbeitnehmer:

- Arbeitnehmerinnen und Arbeitnehmer, deren Arbeitgeber gegenüber der AHV nicht beitragspflichtig sind;
- Arbeitnehmerinnen und Arbeitnehmer mit einem befristeten Arbeitsvertrag von höchstens drei Monaten. Bei Verlängerung des Arbeitsverhältnisses über drei Monate hinaus, beginnt die Versicherungspflicht im Zeitpunkt, in dem die Verlängerung vereinbart wird;
- Arbeitnehmerinnen und Arbeitnehmer im Nebenerwerb, die bereits für eine hauptberufliche Erwerbstätigkeit obligatorisch versichert sind oder im Hauptberuf eine selbständige Erwerbstätigkeit ausüben;

- Arbeitnehmerinnen und Arbeitnehmer, die im Sinne der IV zu mindestens 70% invalid sind;
- Arbeitnehmerinnen und Arbeitnehmer, die nicht oder voraussichtlich nicht dauernd in der Schweiz erwerbstätig sind und im Ausland genügend versichert sind. Sie werden von der zuständigen Vorsorgeeinrichtung, auf ihr Gesuch hin, von der Beitragspflicht befreit.

**Wichtiger Merkpunkt für die Praxis**

Wird eine Probezeit vereinbart, beginnt die Versicherungspflicht gleichwohl mit Antritt des Arbeitsverhältnisses.

Der versicherte Mindestlohn von CHF 3'315.- gilt auch bei teilinvaliden Arbeitnehmerinnen und Arbeitnehmern.

Bei unterjährigen Arbeitsverhältnissen wird zur Berechnung des versicherten Lohnes der theoretische AHV-pflichtige Jahreslohn beigezogen.

Vertraglich festgelegte oder wohlerworbene Ansprüche auf Gratifikationen und 13. und allfällige weitere Monatslohnzahlungen sind Bestandteil des jeweiligen versicherbaren Jahreslohnes.

Webtipp: Weitere fundierte Informationen und Übersichtstafeln zum BVG finden sich unter www.bvg.ch.

**Befristete Anstellung von Personen**

Wird ein befristeter Arbeitsvertrag vereinbart, der weniger als drei Monate dauert, so ist der Arbeitnehmende nicht obligatorisch dem BVG unterstellt. Falls das Vorsorgereglement dies so vorsieht, kann eine Unterstellung trotzdem zwingend sein oder falls es das Vorsorgereglement zulässt, kann für diese Zeit eine freiwillige Versicherung erfolgen.

Wird später eine Verlängerung des Arbeitsverhältnisses vereinbart, wodurch die Dauer des befristeten Arbeitsverhältnisses die Gesamtdauer von drei Monaten übersteigt, so beginnt die Versicherungspflicht im Zeitpunkt dieser neuen Vereinbarung.

## Versicherungen bei befristeten Arbeitsverhältnissen

| Befristeter Arbeitsvertrag von zwei Monaten | Nicht obligatorisch zu versichern |
|---|---|
| Befristeter Arbeitsvertrag von vier Monaten | Obligatorisch zu versichern |
| Befristeter Arbeitsvertrag von zwei Monaten. Am Ende des ersten Monats wird eine Verlängerung des Vertrages um weitere zwei Monate vereinbart | Ab zweitem Monat obligatorisch zu versichern |
| Befristeter Arbeitsvertrag von zwei Monaten. Am Ende des ersten Monats wird eine Verlängerung des Vertrages um einen weiteren Monat vereinbart | Nicht obligatorisch zu versichern, da die Gesamtdauer von drei Monaten nicht überschritten wird |
| Befristeter Arbeitsvertrag von vier Monaten, wobei zwei Monate (November und Dezember) ins alte Jahr und zwei Monate (Januar und Februar) ins neue Jahr fallen | Obligatorisch zu versichern. Es kommt allein auf die Vertragsdauer an. Der Jahreswechsel unterbricht diese Betrachtungsweise nicht. |

**Anstellung von Aushilfspersonen**

Aushilfspersonen sind je nach Vorsorgereglement zu versichern. Es gibt Vorsorgelösungen, die gerade auch die Unterstellung von Arbeitnehmerinnen und Arbeitnehmer im Zeitpensum bezwecken. Nach BVG obligatorisch versichert sind Aushilfspersonen dann, wenn:

- der AHV-pflichtige Jahreslohn, beziehungsweise der zeitlich auf einen Jahreslohn hochgerechnete AHV-pflichtige Jahreslohn die Eintrittsschwelle von CHF 19'890.- übersteigt;
- die Anstellungsdauer länger als drei Monate dauert;
- die Person von ihrem Alter her der Versicherungspflicht untersteht;
- die Person, die eine Aushilfstätigkeit ausübt, nicht in einer anderen hauptberuflichen Erwerbstätigkeit der obligatorischen Versicherung untersteht oder hauptberuflich selbständigerwerbend ist;
- die Person im Sinne der IV nicht vollinvalid (ab einem IV-Grad von 70%) ist.

Stellenantritt

**Teilzeitarbeitspensum bei mehreren Firmen**

Im Grundsatz kann eine Vorsorgeeinrichtung reglementarisch vorsehen, dass nur Lohnteile versichert werden, die aufgrund einer Arbeitsleistung beim angeschlossenen Arbeitgeber erzielt werden.

Genauso ist es möglich, dass das Vorsorgereglement die Versicherung von weiteren Lohnteilen anderer Arbeitgeber zulässt. In diesen Fällen ist es sinnvoll, das Beitragsinkasso und das Vorgehen bei nicht einbringbaren Beitragsteilen aus versicherten Lohnanteilen von solchen Drittfirmen genau zu definieren.

In der Praxis, wird aus Gründen der Durchführbarkeit, die Versicherungsmöglichkeit von solchen weiteren Lohnteilen anderer Arbeitgeber in der Regel ausgeschlossen. In diesen Fällen sind in der firmeneigenen Vorsorgelösung nur die gemäss Reglement definierten Löhne zu versichern und die entsprechenden Beiträge zu leisten.

Arbeitnehmende, die beispielsweise bei zwei Firmen zu je 50% arbeiten, müssen damit rechnen, dass bei beiden Vorsorgeeinrichtungen der volle Koordinationsabzug vorgenommen wird.

Das folgende Berechnungsbeispiel zeigt, wie deutlich sich diese Umsetzung auswirken kann.

**Berechungsbeispiele aus der Praxis**

| | |
|---|---|
| Ein Arbeitgeber Jahreslohn CHF 60'000.- Lohndefinition nach BVG | CHF 60'000.- abzüglich CHF 23'205.- CHF 36'795.- versicherter Lohn |
| Zwei Arbeitgeber mit Jahreslohn von jeweils CHF 30'000.- Lohndefinition nach BVG | CHF 30'000.- abzüglich CHF 23'205.- CHF 6'795.- pro Arbeitgeber (mal zwei) CHF 13'590.- versicherter Lohn |

**Freiwillige Versicherung**

Aus vorgenannten Gründen kann es für Arbeitnehmerinnen und Arbeitnehmer durchaus sinnvoll sein, sich freiwillig für den gesamten Verdienst gemäss BVG versichern zu können. Schliessen die Vorsorgereglemente der jeweiligen Arbeitgeber die Versicherung fremder Lohnteile aus, räumt das Gesetz den Arbeitnehmerinnen und Arbeitnehmern die Versicherungsmöglichkeit bei der Stiftung Auffangeinrichtung ein.

**Wichtiger Merkpunkt für die Praxis**

Der Arbeitgeber ist nur dann verpflichtet, Beiträge an die freiwillige Versicherung des Arbeitnehmenden bei der Stiftung Auffangeinrichtung zu leisten, wenn er vorgängig vom diesem über dessen Beitritt zur freiwilligen Versicherung informiert wurde. Auf jeden Fall ist der Arbeitgeber erst für die Versicherungszeit nach erfolgter Mitteilung beitragspflichtig.

Für die Bestimmung des koordinierten Lohnes werden die gesamten Einkünfte des Versicherten berücksichtigt. Ist der Arbeitnehmende auch obligatorisch versichert, so bestimmt sich der koordinierte Lohn bei der freiwilligen Versicherung so, dass der Lohnteil, der bereits obligatorisch versichert ist, vom gesamten koordinierten Lohn in Abzug gebracht wird.

Der Arbeitgeber ist allenfalls auch für die freiwillige Versicherung seiner Arbeitnehmerinnen und Arbeitnehmer beitragspflichtig. Dabei kann der Versicherte vom Arbeitgeber nur dann verlangen, dass dieser sich an den Beiträgen beteiligt, wenn er ihn über seinen Beitritt zur freiwilligen Versicherung informiert hat. Der Arbeitgeber ist erst für die Versicherungszeit nach erfolgter Mitteilung beitragspflichtig.

Dabei werden die Beiträge jedes Arbeitgebers in Prozenten des koordinierten Lohnes berechnet und der koordinierte Lohn wird entsprechend der ausgerichteten Löhne auf die Arbeitgeber aufgeteilt.

Untersteht der Arbeitnehmende für einen Lohnteil bereits der obligatorischen Versicherung, so muss der Arbeitgeber für die freiwillige Versicherung nur Beiträge bezahlen, die einen koordinierten Lohn betreffen, der durch die obligatorische Versicherung nicht bereits abgedeckt ist.

Ist der koordinierte Lohn der obligatorischen Versicherung grösser als der Teil des koordinierten Lohnes aus der freiwilligen Versicherung, der auf diesen Arbeitgeber entfällt, so wird der koordinierte Lohn bei dem anderen Arbeitgeber anteilmässig um diesen Betrag reduziert.

Versichert die Vorsorgeeinrichtung, in welcher der Arbeitnehmende für einen Lohnteil obligatorisch versichert ist, mehr als den koordinierten Lohn nach BVG ab, so kann der Arbeitgeber verlangen, dass der überschiessende versicherte Lohn zur Bestimmung des Anteils am gesamten koordinierten Lohn, den er in der freiwilligen Versicherung zu decken hat, angerechnet wird. Im Anhang finden sich Berechnungsbeispiele zu diesem Thema.

Die Stiftung Auffangeinrichtung übergibt Versicherten, die bei mehreren Arbeitgebern arbeiten, am Ende des Kalenderjahres eine Abrechnung über die geschuldeten Beiträge und zudem Bescheinigungen für

Stellenantritt

jeden der beteiligten Arbeitgeber. Diese Bescheinigungen geben dem Arbeitgeber Auskunft über:

- den vom Arbeitgeber ausgerichteten Lohn, wie er der Auffangeinrichtung gemeldet wurde;
- den koordinierten Lohn, der dem gemeldeten Lohn entspricht;
- den Beitragssatz in Prozenten des koordinierten Lohnes;
- den vom Arbeitgeber geschuldeten Beitrag.

Die Stiftung Auffangeinrichtung betreibt zurzeit drei Zweigstellen. Diese befinden sich in Lausanne, Manno und in Zürich. Zusätzlich verfügt die Stiftung Auffangeinrichtung über eine Durchführungsstelle (Administration Freizügigkeitskonten), welche die unzustellbaren Freizügigkeitsleistungen verwaltet.

Die Zweigstelle in Lausanne ist verantwortlich für die Durchführung der beruflichen Vorsorge und der beruflichen Vorsorge für Arbeitslose in der französischsprachigen Schweiz.

- Die Zweigstelle in Manno ist verantwortlich für die Durchführung der beruflichen Vorsorge und der beruflichen Vorsorge für Arbeitslose in der italienischsprachigen Schweiz.
- Die Zweigstelle in Zürich ist verantwortlich für die Durchführung der beruflichen Vorsorge und der beruflichen Vorsorge für Arbeitslose in der deutschsprachigen Schweiz.
- Die Administration Freizügigkeitskonten ist verantwortlich für die Verwaltung der Freizügigkeitskonten der Stiftung Auffangeinrichtung BVG. Die Verwaltung erfolgt für die ganze Schweiz zentral in Zürich.

**Teilzeitpensum neben selbständigerwerbender Tätigkeit**

Sind Arbeitnehmende im Haupterwerb selbständigerwebend, so können sie für die nebenberufliche Tätigkeit von der obligatorischen Versicherung ausgenommen werden.

Wird eine freiwillige Versicherung über alle Einkommensteile, sowohl aus selbständiger wie auch aus unselbständiger Erwerbstätigkeit angestrebt, gelten die Ausführungen zum Thema über Arbeitnehmerinnen und Arbeitnehmer, die bei mehreren Firmen im Teilzeitpensum tätig sind, sinngemäss.

| | |
|---|---|
| Auf CD-ROM | Bei der Mitarbeiterinformation zum Thema berufliche Vorsorge können auch die Powerpoint-Vorlagen auf der beiliegenden CD-ROM bei der praktischen Umsetzung nützlich sein. |

## Unfallversicherung

### Unbefristete oder befristete Anstellung von Personen

Die erste zu versichernde Person eines Betriebes muss sofort einer Unfallversicherung gemeldet werden.

Danach sind neu angestellte Personen nicht mehr speziell anzumelden. Die Unfallversicherung ist eine anonyme Versicherung: Das heisst, dass die Identifikation der versicherten Person erst im Leistungsfall erfolgt. Die Löhne der Arbeitnehmerinnen und Arbeitnehmer werden im Rahmen einer alljährlichen nachschüssigen Lohnmeldung dem Unfallversicherer mitgeteilt.

Versichert werden die Löhne aller Arbeitnehmenden bis zu einem maximalen versicherbaren Lohn von CHF 126'000.-, ungeachtet ob es sich dabei um Voll- oder Teilzeitangestellte, Angestellte mit befristeten oder unbefristeten Arbeitsverträgen, Aushilfen, Praktikanten, etc. handelt.

In Abweichung zur AHV gibt es für pensionierte Arbeitnehmende keinen Freibetrag und es sind auch Löhne von Personen obligatorisch versichert, die noch nicht AHV-pflichtig sind.

### Lohnmeldung

In der Unfallversicherung sind die Arbeitnehmerinnen und Arbeitnehmer mit ihren Lohnangaben wie in der AHV am Ende das Kalenderjahres gesammelt zu melden. Dabei sind dem Unfallversicherer mit dieser Jahresmeldung diejenigen Arbeitnehmerinnen und Arbeitnehmer besonders zur Kenntnis zu bringen, die weniger als acht Stunden pro Woche arbeiten und deshalb lediglich für Betriebsunfälle (Berufsunfälle und Berufskrankheiten), nicht aber für Nichtbetriebsunfälle versichert sind.

### Wichtige Merkpunkte für die Praxis

Unterschiede der jährlichen Lohnmeldung an den Unfallversicherer gegenüber derjenigen an die AHV:

- Kein Freibetrag für erwerbstätige Altersrentner
- Versicherter Jahreslohn auf CHF 126'000.- maximiert

Kennzeichnung aller Arbeitnehmenden mit einer Beschäftigung von weniger als 8 Stunden pro Woche anlässlich der jährlichen Lohnmeldung (keine Versicherung für Nichtbetriebsunfälle).

### Anstellung von Aushilfspersonen

Sofern eine Person ein anderweitiges hauptberufliches Einkommen erzielt, können Einkommen aus Nebenerwerb bis CHF 2'200.- jährlich und pro Arbeitgeber von der Versicherungs- und Beitragspflicht der Unfallversicherung ausgenommen werden.

Der Arbeitnehmende muss dem Versicherer den Verzicht zusammen mit der Zustimmung des Arbeitgebers schriftlich mitteilen. Übersteigt das Einkommen den Betrag von jährlich CHF 2'200.-, so ist es vollumfänglich versicherungs- und beitragspflichtig.

Für Aushilfspersonen gilt, dass sie bei einem Arbeitspensum von mindestens acht Stunden pro Woche, nicht nur für Berufsunfälle und Berufskrankheiten, sondern auch für Nichtbetriebsunfälle obligatorisch versichert sind.

**Teilzeitarbeit bei mehreren Unternehmen**

Für Teilzeitangestellte gilt, dass sie bei einem Arbeitspensum von mindestens acht Stunden pro Woche, nicht nur für Berufsunfälle und Berufskrankheiten, sondern auch für Nichtbetriebsunfälle obligatorisch versichert sind. Dabei ist es ohne Belang, ob sie weitere Teilzeitbeschäftigungen im Angestelltenverhältnis oder als Selbständigerwerbende ausführen. Einzig wenn alle Teilzeitbeschäftigungen im Anstellungsverhältnis jeweils weniger als acht Stunden pro Woche dauern und damit lediglich die Berufsunfälle und Berufskrankheiten versichert sind, ist die Unfalldeckung in der Krankenversicherung einzuschliessen.

Sofern eine teilzeitbeschäftigte Person ein anderweitiges hauptberufliches Einkommen erzielt, können Einkommen aus Nebenerwerb bis CHF 2'200.- jährlich und pro Arbeitgeber von der Versicherungs- und Beitragspflicht der Unfallversicherung ausgenommen werden.

Der Arbeitnehmende muss dem Versicherer den Verzicht zusammen mit der Zustimmung des Arbeitgebers schriftlich mitteilen.

Übersteigt das Einkommen den Betrag von jährlich CHF 2'200.-, so ist es vollumfänglich versicherungs- und beitragspflichtig.

**Krankentaggeldversicherung**

Bei der Krankentaggeldversicherung sind neue Mitarbeiterinnen oder neue Mitarbeiter ab Stellenantritt versichert und auch beitragspflichtig. Hingegen sind sie nicht explizit anzumelden. Die Identifikation der versicherten Person erfolgt unterjährig erst im Leistungsfall. Ansonsten erfolgt sie mit der alljährlichen nachschüssigen Lohnmeldung aller Arbeitnehmerinnen und Arbeitnehmer an den Krankenversicherer.

Versichert werden die Löhne aller Arbeitnehmenden gemäss vertraglicher Vereinbarung, ungeachtet ob es sich dabei um Voll- oder Teilzeitangestellte, Angestellte mit befristeten oder unbefristeten Arbeitsverträgen, Aushilfen, Praktikanten, etc. handelt.

Die Arbeitgeberin oder der Arbeitgeber schuldet dem Krankenversicherer die gesamte Prämie. Der Arbeitnehmeranteil kann den Arbeitnehmerinnen und Arbeitnehmern weiterbelastet und somit von deren Gehalt in Abzug gebracht werden.

In Abweichung zur AHV gibt es für pensionierte Arbeitnehmende keinen Freibetrag und es sind auch die Löhne der Arbeitnehmenden versichert, die noch nicht AHV-pflichtig sind. Anders als in der Unfallversicherung gibt es auch kein gesetzliches Maximum der versicherbaren AHV-Löhne.

## Erwerbsersatzordnung

Neue Mitarbeiterinnen oder neue Mitarbeiter sind analog den Ausführungen zur AHV ab erstem Arbeitstag auch beitragspflichtig für die Erwerbsersatzordnung (EO).

### Beiträge

Die Beiträge werden zusammen mit den AHV-Beiträgen von der zuständigen AHV-Ausgleichskasse erhoben. Die Beitragshöhe beträgt für Arbeitnehmende 0.3 Prozent, wobei sich Arbeitgeber und Arbeitnehmende den Beitrag je hälftig teilen.

Freibeträge gelten sinngemäss, wie in der AHV, für geringen Nebenerwerb bis CHF 2'200.- im Jahr pro Arbeitgeber. Ebenso gilt der Freibetrag von monatlich CHF 1'400.-, respektive von jährlich CHF 16'800.- bei Einkommen von einer Person nach Erreichen des ordentlichen Rentenalters der AHV (Alter 65 für Männer und Alter 64 für Frauen).

## Mutterschaftsversicherung

Neue Mitarbeiterinnen oder neue Mitarbeiter sind ab erstem Arbeitstag über die obligatorische Erwerbsersatzordnung (EO) versichert.

### Beiträge

Die Beiträge von 0.3 Prozent des AHV-Lohnes für die Erwerbsersatzordnung decken auch die Leistungen der Mutterschaftsversicherung ab und werden zusammen mit den AHV-Beiträgen von der zuständigen AHV-Ausgleichskasse erhoben. Arbeitgeber und Arbeitnehmende teilen sich den Beitrag je hälftig. Freibeträge gelten sinngemäss wie in der AHV für geringen Nebenerwerb und für erwerbstätige Personen nach Erreichen des ordentlichen Pensionierungsalters.

Stellenantritt

## Familienzulagen

Die Zulagen sind je nach Kanton nicht nur unterschiedlich hoch, sondern auch die Anspruchsvoraussetzungen bei Teilzeitarbeit werden unterschiedlich gehandhabt. Zudem existieren unterschiedliche Regelungen, wenn beide Elternteile ganz oder teilweise erwerbstätig sind. Dies gilt auch für geschiedene Eltern.

Für die Geltendmachung von Familienzulagen existieren umfangreiche und detaillierte Formulare der zuständigen Kassen, welche die spezifischen Bedingungen der jeweiligen Kantone berücksichtigen.

Folgende Übersichten über die jeweiligen kantonalen Bestimmungen finden sich im Anhang:

- Kantonalrechtliche Familienzulagen für Arbeitskräfte mit Kindern in der Schweiz (Beträge in CHF)
- Kantonalrechtliche Familienzulagen für (ausländische) Arbeitskräfte mit Kindern im Ausland
- Mindestarbeitsdauer für den Anspruch auf Familienzulagen; Anspruch bei Teilzeitarbeit
- Anspruch auf Familienzulagen bei Unterbruch der Arbeit
- Befreiung der Unterstellung in Verbindung mit einem Gesamtarbeitsvertrag und einer Mindestzahl von Versicherten
- Anspruch und Anspruchskonkurrenz
- Anspruch auf Familienzulagen für Nichterwerbstätige

**Anspruch**

Anspruch haben Arbeitnehmende im Dienste eines Arbeitgebers, der dem Gesetz unterstellt ist. Er entsteht in der Regel am ersten Tag des Monats, in welchem das Kind geboren wird. Er erlischt am Ende des Monats, in dem das Kind die Altersgrenze erreicht, die Ausbildung abschliesst oder stirbt. Die Höhe des Anspruchs richtet sich in den meisten Kantonen nach Massgabe der geleisteten Arbeitszeit.

**Auszahlung**

Familienzulagen werden in der Regel durch den Arbeitgeber zusammen mit dem Lohn ausbezahlt. Dabei sind die Familienzulagen ziffernmässig auszuscheiden und als solche zu bezeichnen.

**Beiträge**

Einzig im Kanton Wallis leisten auch Arbeitnehmende Beiträge an die Familienausgleichskassen. In allen anderen Kantonen werden die Beiträge allein durch die Arbeitgeber finanziert.

## Militärversicherung

Bei Stellenantritt einer Arbeitnehmerin oder eines Arbeitnehmers sind keine Massnahmen notwendig.

## Arbeitslosenversicherung

Neue Mitarbeiterinnen oder neue Mitarbeiter sind analog den Ausführungen zur AHV ab erstem Arbeitstag auch der Arbeitslosenversicherung unterstellt.

### Beiträge

Die Beiträge werden zusammen mit den AHV-Beiträgen von der zuständigen AHV-Ausgleichskasse erhoben. Die Beitragshöhe beträgt für Arbeitnehmende 2 Prozent bis zu einem Jahreslohn von CHF 126'000, wobei sich Arbeitgeber und Arbeitnehmende den Beitrag je hälftig teilen. Lohnteile über CHF 126'000.- sind weder versichert noch beitragspflichtig.

# Änderung von Arbeitspensum und Entlöhnung

Änderung von Arbeitspensum und Entlöhnung

Es werden die Auswirkungen und das Meldeverfahren bei Änderungen der Entlöhnung und allenfalls einer damit verbundenen Anpassung des Arbeitspensums zum Jahreswechsel, aber auch unterjährig betrachtet.

## Alters- und Hinterlassenenvorsorge

### Meldung von Lohn- und Arbeitspensum

In der Alters- und Hinterlassenvorsorge (AHV) werden versicherte Personen und deren Löhne rückwirkend betrachtet. Der Arbeitgeber meldet seiner AHV-Ausgleichskasse mit der Lohnbescheinigung sämtliche Arbeitnehmende und deren AHV-pflichtigen Löhne eines Jahres.

Eine Änderung des Arbeitspensums, beziehungsweise das Arbeitspensum generell, ist für die AHV nicht von Belang und deshalb auch nicht zu melden.

Ebenso sind unterjährige Änderungen von Löhnen nicht, beziehungsweise erst mit der jährlichen Lohnbescheinigung zu melden.

## Invalidenvorsorge

### Meldung von Lohn- und Arbeitspensum

Basis für alle zukünftigen Leistungsbemessungen der Invalidenversicherung (IV) sind die AHV-pflichtigen Löhne, welche der Arbeitgeber seiner AHV-Ausgleichskasse mittels Lohnbescheinigung jährlich meldet.

Genau wie bei der AHV sind unterjährige Lohnänderungen nicht, beziehungsweise erst mit der jährlichen Lohnbescheinigung zu melden.

Bezieht eine Arbeitnehmerin oder ein Arbeitnehmer Leistungen der Invalidenversicherung, können Veränderungen des Lohnes und des Arbeitspensums durchaus Auswirkungen auf die Leistungen der Versicherung haben. Die entsprechende Meldepflicht obliegt hier dem Leistungsbezüger und nicht dem Arbeitgeber.

## Ergänzungsleistungen

### Meldung von Lohn- und Arbeitspensum

Eine angestellte Person, die eine Rente der AHV oder IV und zusätzlich Ergänzungsleistungen bezieht, hat eine Lohnänderung selbständig der zuständigen EL-Stelle zu melden.

Der Arbeitgeber hat keine entsprechende Meldepflicht, ungeachtet ob er von einem allfälligen Bezug von Ergänzungsleistungen Kenntnis hat oder nicht.

## Berufliche Vorsorge

### Lohn- und Arbeitspensum ändern auf Jahresbeginn

Die meisten reglementarischen Bestimmungen legen fest, dass der voraussichtliche Jahreslohn bereits zu Beginn des Versicherungsjahres der Pensionskasse zu melden ist. Dies im Gegensatz zu den Lohnmeldungen an die AHV, welche erst am Ende des betreffenden Jahres erfolgen.

Es gilt hier anzumerken, dass es auch Pensionskassen mit unterjährigen vorschüssigen wie auch nachschüssigen Meldepflichten gemäss den jeweiligen Vorsorgereglementen gibt. Bei einer unterjährigen Anstellung ist bei Eintritt der Lohn anzugeben, der bei einer ganzjährigen Anstellung verdient würde.

Je nach Pensionskasse kann nebst dem Lohn auch das Arbeitspensum von Relevanz sein. So kann, je nach Vorsorgereglement, bei der Festlegung des versicherten Lohnes der Beschäftigungsgrad mitberücksichtigt werden. Die Pensionskassen stellen ihren angeschlossenen Firmen kassenspezifische Formulare für das Meldewesen zur Verfügung.

### Lohn- und Arbeitspensum ändern unterjährig

Ändert sich der Beschäftigungsgrad oder kommt es aus anderen Gründen zu einer Änderung des Lohnes so hat dies keinen zwingenden Einfluss auf die berufliche Vorsorge in diesem Versicherungsjahr. Die berufliche Vorsorge sieht keine zwingende unterjährige Anpassung der versicherten Jahreslöhne vor, wenn Löhne unterjährig verändert werden. Diese Aussage ist dann nicht haltbar, wenn, anlässlich der Lohnmeldung anfangs Jahr, die unterjährige Lohnänderung bereits bekannt war. In diesem Fall war sie bei der entsprechenden Meldung bereits zu berücksichtigen.

So bleibt, trotz unterjähriger Lohnanpassungen, der bisherige versicherte Lohn in der beruflichen Vorsorge bis zum Ende des laufenden Jahres bestehen. Dementsprechend bleiben auch die versicherten Leistungen und die Beiträge gleich. Eine Anpassung erfolgt erst auf den nächsten ersten Januar mit der Meldung des voraussichtlichen Jahreslohnes für das neue Jahr.

Selbstverständlich dürfen die Pensionskassen in ihren Vorsorgereglementen andere Meldebestimmungen festlegen, die auch Einfluss auf die unterjährigen versicherten Löhne haben können.

Ist eine unterjährige Anpassung des versicherten Lohnes erwünscht, auch wenn keine entsprechenden Bestimmungen bestehen, so kann die Pensionskasse angefragt werden, ob sie eine entsprechende Meldung trotzdem verarbeiten würde. In der Praxis nehmen Pensionskassen im Beitragsprimat Lohnänderungen von mehr als 10 Prozent in der Regel problemlos entgegen und verarbeiten diese. Hingegen werden unterjährige Lohnänderungen bei Pensionskassen im Leistungsprimat selten berücksichtigt, weil die Berechnungen oft auf der Basis von Jahressalären ausgehen.

**Rückwirkende Lohnmeldungen**
Rückwirkende Anpassungen des versicherten Lohnes werden von Pensionskassen in der Regel nicht oder nur während einer sehr kurzen Zeitdauer akzeptiert.

Begehren auf rückwirkende Erhöhung des versicherten Lohnes bergen für Pensionskassen die Gefahr in sich, dass sich der Gesundheitszustand der versicherten Person verschlechtert haben könnte und deshalb höhere versicherte Leistungen angestrebt werden. Das würde dem Versicherungsprinzip widersprechen. Ein Haus, das bereits brennt, kann nicht mehr höher versichert werden.

Rückwirkende Senkungen des versicherten Lohnes bedeuten für Pensionskassen für bestimmte Invaliditäts- und Hinterlassenenleistungen im Risiko gestanden zu haben. Da die Leistungen bis zum Senkungsbegehren offensichtlich nicht beansprucht wurden, sollen dann rückwirkend die anwartschaftlichen Leistungen und die Beiträge dafür gesenkt werden. Prämien für Zusatzversicherungen in der Krankenkasse können auch nicht zurück verlangt werden, wenn sie nicht beansprucht wurden. In der beruflichen Vorsorge gilt das gleiche Prinzip.

Deshalb sind Vorsorgeausweise bei Erhalt immer sofort auf deren Richtigkeit zu prüfen, insbesondere die Höhe des gemeldeten und allenfalls des versicherten Lohnes. Allfällige Fehler sind umgehend zu melden und korrigieren zu lassen.

| **Wichtige Merkpunkte für die Praxis** |
| --- |

- Lohnänderungen in der beruflichen Vorsorge werden anfangs Jahr für das laufende Jahr gemeldet
- Unterjährige Lohnänderungen sind nicht zwingend zu melden und haben dementsprechend keinen Einfluss auf die Beiträge und versicherten Leistungen
- Unterjährige Lohnänderungen können nach Rücksprache mit der Pensionskasse allenfalls gemeldet werden, vor allem, wenn sich der Lohn um mehr als 10 Prozent verändert
- Rückwirkende Anpassungen des versicherten Lohnes werden kaum akzeptiert und sind deshalb zu vermeiden oder in einem zeitlich engen Rahmen zu halten

## Unfallversicherung

In der Unfallversicherung werden versicherte Personen und deren Löhne rückwirkend betrachtet. Der Arbeitgeber meldet der Unfallversicherung sämtliche Arbeitnehmende und deren Löhne am Ende jedes Jahres.

Eine Änderung des Arbeitspensums, beziehungsweise das Arbeitspensum generell, ist für die Unfallversicherung unterjährig nicht von Belang und deshalb auch nicht zu melden. Bei Eintritt eines Versicherungsfalles hat eine entsprechende Meldung mit weiteren Angaben umgehend zu erfolgen.

## Krankenversicherung

In der Krankentaggeldversicherung werden versicherte Personen und deren Löhne rückwirkend betrachtet. Der Arbeitgeber meldet der Unfallversicherung sämtliche Arbeitnehmende und deren Löhne am Ende jedes Jahres.

Eine Änderung des Arbeitspensums, beziehungsweise das Arbeitspensum generell, ist für die Krankentaggeldversicherung unterjährig nicht von Belang und deshalb auch nicht zu melden.

Bei Eintritt eines Versicherungsfalles hat eine entsprechende Meldung mit weiteren Angaben umgehend zu erfolgen.

## Erwerbsersatzordnung

### Meldung von Lohn- und Arbeitspensum

Basis für Beiträge und Leistungen sind die AHV-pflichtigen Löhne, welche der Arbeitgeber seiner AHV-Ausgleichskasse mittels Lohnbescheinigung jährlich meldet. Es sind keine anderweitigen Meldungen über den Lohn oder das Arbeitspensum zu machen.

## Mutterschaftsversicherung

### Meldung von Lohn- und Arbeitspensum

Basis für Beiträge und Leistungen sind die AHV-pflichtigen Löhne, welche der Arbeitgeber seiner AHV-Ausgleichskasse mittels Lohnbescheinigung jährlich meldet. Es sind keine anderweitigen Meldungen über den Lohn oder das Arbeitspensum zu machen. Leistungen der Mutterschaftsversicherung werden bis auf weiteres aus dem Erwerbsersatzfonds bezahlt und sind mit dem Beitrag von 0.3 AHV-Lohnprozenten an die Erwerbsersatzordnung abgegolten.

## Familienzulagen

### Beiträge
Die Beitragspflicht besteht auf der AHV-pflichtigen Lohnsumme.

### Leistungen
Je nach kantonaler Gesetzgebung kann sich bei Änderung des Arbeitspensums auch der Anspruch auf Familienzulagen ändern. Die jeweiligen kantonalen Bestimmungen finden sich im Anhang. Es kommen immer die Bestimmungen des Geschäftsdomizils des Arbeitgebers und nicht der Wohnort der Arbeitnehmerin oder des Arbeitnehmers zur Anwendung.

Die Zulagen sind je nach Kanton nicht nur unterschiedlich hoch, sondern auch die Anspruchsvoraussetzungen bei Teilzeitarbeit werden unterschiedlich gehandhabt. Zudem existieren unterschiedliche Regelungen, wenn beide Elternteile ganz oder teilweise erwerbstätig sind. Dies gilt auch für geschiedene Eltern.

Für die Geltendmachung von Familienzulagen existieren umfangreiche und detaillierte Formulare der zuständigen Kassen, welche die spezifischen Bedingungen der jeweiligen Kantone berücksichtigen. Folgende Übersichten über die jeweiligen kantonalen Bestimmungen finden sich im Anhang:

- Kantonalrechtliche Familienzulagen für Arbeitskräfte mit Kindern in der Schweiz (Beträge in CHF)
- Kantonalrechtliche Familienzulagen für (ausländische) Arbeitskräfte mit Kindern im Ausland
- Mindestarbeitsdauer für den Anspruch auf Familienzulagen; Anspruch bei Teilzeitarbeit
- Anspruch auf Familienzulagen bei Unterbruch der Arbeit
- Befreiung der Unterstellung in Verbindung mit einem Gesamtarbeitsvertrag und einer Mindestzahl von Versicherten
- Anspruch und Anspruchskonkurrenz
- Anspruch auf Familienzulagen für Nichterwerbstätige

### Anspruch
Bei Änderung des Arbeitspensums kann ein Anspruch neu entstehen oder ein bestehender Anspruch kann sich in der Höhe verändern oder ganz wegfallen. Die Höhe des Anspruchs richtet sich in den meisten Kantonen nach Massgabe der geleisteten Arbeitszeit.

**Auszahlung**
Familienzulagen werden in der Regel durch den Arbeitgeber zusammen mit dem Lohn ausbezahlt. Dabei sind die Familienzulagen ziffernmässig auszuscheiden und als solche zu bezeichnen.

**Militärversicherung**
Es sind keine Massnahmen erforderlich.

**Arbeitslosenversicherung**

### Meldung von Lohn- und Arbeitspensum
Basis für Beiträge und Leistungen sind die AHV-pflichtigen Löhne bis zu einem Maximum von CHF 126'000.-, welche der Arbeitgeber seiner AHV-Ausgleichskasse mittels Lohnbescheinigung jährlich meldet. Es sind keine anderweitigen Meldungen über den Lohn oder das Arbeitspensum zu machen.

# Arbeitsunterbruch infolge Krankheit

## Lohnfortzahlungspflicht infolge Krankheit

Bei Krankheit von Arbeitnehmenden richtet sich deren Anspruch auf Lohnfortzahlung oder Krankentaggeldleistungen nach den im Arbeitsvertrag vereinbarten Modalitäten. Wurde diesbezüglich nichts vereinbart, besteht eine Lohnfortzahlungspflicht gemäss Obligationenrecht. Diese dauert im ersten Dienstjahr drei Wochen und ab dem zweiten Dienstjahr eine angemessen längere Dauer.

Die heute angewendeten Definitionen dieser angemessenen Dauer sind im Anhang unter dem Titel „Übersicht Lohnfortzahlung" festgehalten.

### Kündigungsschutz

Bei einer Arbeitsunfähigkeit infolge Krankheit geniessen Arbeitnehmerinnen und Arbeitnehmer einen zeitlich beschränkten Kündigungsschutz gemäss Obligationenrecht. Dieser beträgt:

- bei einem unterjährigen Arbeitsverhältnis, nach Ablauf der Probezeit, solange die Arbeitsunfähigkeit dauert, jedoch längstens 30 Tage
- vom 2. bis 5. Arbeitsjahr solange die Arbeitsunfähigkeit dauert, jedoch längstens 90 Tage und
- ab dem 5. Arbeitsjahr solange die Arbeitsunfähigkeit dauert, jedoch längstens 180 Tage.

Nach Ablauf dieser Sperrfrist kann auch bei Weiterbestehen der Arbeitsunfähigkeit gemäss den ordentlichen Kündigungsfristen gekündigt werden.

Diese Sperrfristen und damit der Kündigungsschutz gelten nicht, wenn die Arbeitnehmerin oder der Arbeitnehmer während der Arbeitsunfähigkeit selbst kündigt.

Erfolgt die Krankheit während einer laufenden Kündigungsfrist, verlängert sich die Kündigungsfrist um die Sperrfrist nur dann, wenn die Kündigung durch den Arbeitgeber, nicht aber wenn sie durch die Arbeitnehmerin oder den Arbeitnehmer erfolgt ist.

## Alters- und Hinterlassenenvorsorge

### Anmeldung
Eine Meldung des Arbeitsunterbruchs an die AHV ist nicht notwendig.

### Beiträge
Wird bei einem krankheitsbedingten Arbeitsausfall einer Arbeitnehmerin oder eines Arbeitnehmers freiwillig oder gemäss Lohnfortzahlungs-

pflicht nach Obligationenrecht Lohn ausgerichtet, so ist dieser AHV-beitragspflichtig.

Taggelder einer Krankentaggeldversicherung sind hingegen nicht AHV-beitragspflichtig. Bezieht der Arbeitgeber das Krankentaggeld und zahlt dafür weiterhin den vollen Lohn aus, so ist zu berücksichtigen, dass nur der Differenzbetrag zur Taggeldleistung AHV-beitragspflichtig ist. Anlässlich der jährlichen Lohnmeldung mittels AHV-Lohnbescheinigung sind Taggeldleistungen nicht als Lohn zu deklarieren.

## Invalidenvorsorge

### Anmeldung
Ist die Dauer eines krankheitsbedingten Arbeitsausfalls unklar oder bestehen Zweifel über die spätere Weiterarbeit im gleichen Tätigkeitsgebiet und im gleichen zeitlichen Umfang aufgrund dieser Krankheit, ist der zuständigen IV-Stelle Meldung zu erstatten, damit diese eine Früherfassung und allenfalls Frühinterventionen durchführen kann. Damit soll eine raschere Reintegration in das Erwerbsumfeld erreicht werden.

### Anmeldung
Es ist sinnvoll, bei Ungewissheit über Dauer und Verlauf eines länger dauernden krankheitsbedingten Arbeitsausfalls, zwecks möglicher sachlicher und finanzieller Reintegrationsunterstützung, eine Anmeldung bei der IV vorzunehmen. Mit Inkrafttreten der Bestimmungen der 5. IV-Revision werden grundsätzlich frühzeitigere Anmeldungen angestrebt. Damit soll eine raschere Reintegration in das Erwerbsumfeld erreicht werden.

### Beiträge
Wird bei einem krankheitsbedingten Arbeitsausfall einer Arbeitnehmerin oder eines Arbeitnehmers freiwillig oder gemäss Lohnfortzahlungspflicht nach Obligationenrecht Lohn ausgerichtet, so ist dieser IV-beitragspflichtig.

Taggelder einer Krankentaggeldversicherung sind hingegen nicht IV-beitragspflichtig.

Bezieht der Arbeitgeber das Krankentaggeld und zahlt dafür weiterhin den vollen Lohn aus, so ist zu berücksichtigen, dass nur der Differenzbetrag zur Taggeldleistung IV-beitragspflichtig ist.

Anlässlich der jährlichen Lohnmeldung mittels AHV-Lohnbescheinigung sind Taggeldleistungen nicht als Lohn zu deklarieren.

## Berufliche Vorsorge

### Beiträge

Pensionskassenbeiträge sind auf den versicherten Löhnen gemäss den jeweiligen Vorsorgereglementen geschuldet. Wird infolge Arbeitsunfähigkeit, beziehungsweise Beendigung der Lohnfortzahlungspflicht infolge einer Arbeitsunfähigkeit kein Lohn mehr bezahlt, sehen viele Pensionskassen in den Reglementen spezielle Bestimmungen für diese Fälle vor. Oft wird bei längerer Arbeitsunfähigkeit nach drei Monaten eine Beitragsbefreiung gewährt.

Die Pensionskassen stellen ihren angeschlossenen Firmen kassenspezifische Formulare für das Meldewesen zur Verfügung.

### Beitragsbefreiung

Die Beitragsbefreiung der Pensionskasse ist eine konkrete Leistung, welche die Altersvorsorge weiterführt. Davon profitieren Arbeitgeber und Arbeitnehmende nach Massgabe der Beitragsaufteilung gleichermassen.

Wird die verunfallte Person zu einem späteren Zeitpunkt wieder arbeitsfähig, so wird mit der Beitragsbefreiung vermieden, dass in der Zeit zwischen dem Unfall und dem Wiedererlangen der Arbeitsfähigkeit eine Lücke in der Bildung der Altersvorsorge entsteht.

Ist eine Taggeldversicherung abgeschlossen worden, die während zwei Jahren mindestens 80 Prozent des entgangenen Bruttolohnes ersetzt, so kann mittels reglementarischer Bestimmung die Beitragsbefreiung an die Pensionskasse ebenfalls während zwei Jahren aufgeschoben werden.

### Wichtiger Merkpunkt für die Praxis

Der Aufschub der Beitragsbefreiung bei Arbeits- oder Erwerbsunfähigkeit macht nur dann Sinn, wenn dadurch die Risikobeiträge an die Pensionskasse angemessen günstiger werden oder wenn sich dadurch der Verwaltungsaufwand und somit die Verwaltungskosten entsprechend verringern.

### Reduktion des versicherten Lohnes

Reduziert sich bei einer versicherten Person infolge einer Krankheit vorübergehend das Erwerbseinkommen, kann diese eine entsprechende Reduktion des versicherten Lohnes verlangen. Der Arbeitgeber hingegen kann in dieser Situation keine Reduktion des versicherten Lohnes durchsetzen.

Als Konsequenz einer von der versicherten Person verlangten Reduktion des versicherten Verdienstes verringern sich einerseits seine persönlichen Beiträge – das kann die Hauptmotivation des Versicherten sein, eine Reduktion zu verlangen - andererseits verringern sich auch die Beiträge des Arbeitgebers. Dementsprechend wird der Betrag des Alterssparens und auch die anwartschaftlichen Risikoleistungen bei Tod oder Invalidität dem tieferen versicherten Lohn angepasst. Führt die Arbeitsunfähigkeit, aufgrund welcher die Reduktion des versicherten Lohnes verlangt wurde, zu einer dauernden Erwerbsunfähigkeit oder zum Tode, so hat sie keinen Einfluss auf die Vorsorgeleistungen. Dies deshalb, weil als Bemessungsgrundlage für die Leistungen die Vorsorgesituation im Zeitpunkt des Eintritts der Arbeitsunfähigkeit gilt.

Hat diese Arbeitunfähigkeit hingegen nur kurzfristigen Charakter und erkrankt der Versicherte während der Zeit des reduzierten versicherten Lohnes an einer anderen, nicht kausal zusammenhängenden Krankheit, sieht die Situation anders aus. Sollte diese neue Krankheit nämlich zu einer dauernden Erwerbsunfähigkeit oder zum Tode führen, so werden die Vorsorgeleistungen aufgrund des, bei Beginn dieser Arbeitsunfähigkeit zugrunde liegenden, tieferen versicherten Lohnes bemessen.

**Leistungen**
Die Beitragsbefreiung der Pensionskasse ist somit bereits eine substanzielle und wichtige Leistung einer Pensionskasse. Zudem erbringt die Pensionskasse Invaliden- und Hinterlassenenrenten in Ergänzung von AHV, beziehungsweise IV. Die reglementarische Leistungserbringung kann zusammen mit den Leistungen der AHV oder IV auf 90 Prozent des mutmasslich entgangenen Verdienstes beschränkt werden.

**Anmeldung**
Eine Meldung der Arbeitsunfähigkeit macht spätestens zu dem Zeitpunkt Sinn, wenn die reglementarisch festgelegte Beitragsbefreiung erwirkt werden kann, in der Regel also drei Monaten nach Eintritt der Arbeitsunfähigkeit. Andererseits macht eine sofortige Meldung bei Eintritt der Arbeitsunfähigkeit keinen Sinn, weil damit für Arbeitgeber und Pensionskasse lediglich administrativer Aufwand produziert wird, ohne dass die Voraussetzungen für einen Leistungsanspruch bereits gegeben wären.

## Krankenversicherung

Hat der Arbeitgeber eine Taggeldversicherung abgeschlossen, die gegenüber der obligationenrechtlichen Lohnfortzahlungspflicht gleichwertig ist, so ist ab Beginn der Taggeldzahlung kein Lohn mehr geschuldet.

## Arbeitsunterbruch infolge Krankheit

Gleichwertig zur obligationenrechtlichen Lohnfortzahlungspflicht ist eine Krankentaggeldversicherung dann, wenn die Höhe des Taggeldes mindestens 80 Prozent des AHV-pflichtigen Jahreslohnes ausmacht und der Arbeitgeber mindestens die Hälfte der Versicherungsprämie übernimmt.

Taggeldzahlungen stellen keinen Lohn dar. Dementsprechend sind auch keine Abzüge für die Sozialversicherungen mehr vorzunehmen. Ausnahme bildet hier die berufliche Vorsorge, deren Beitragsbefreiung nach einer Wartefrist gemäss Vorsorgereglement beginnt.

Bezahlt der Arbeitgeber weiterhin den vollen Lohn aus und bezieht seinerseits die Leistungen der Taggeldversicherung, so sind auf dem Differenzbetrag weiterhin die entsprechenden Sozialversicherungsbeiträge abzuziehen.

Ohne gleichwertige Krankentaggeldversicherung gelten die Bestimmungen des Obligationenrechts über die Lohnfortzahlungspflicht bei Krankheit und Schwangerschaft. Die Dauer dieser Lohnfortzahlungspflicht richtet sich nach der Anzahl Dienstjahre.

### Erwerbsersatzordnung (EO)

**Anmeldung**

Eine Meldung des Arbeitsunterbruchs an die Erwerbsersatzordnung ist nicht notwendig.

**Beiträge**

Wird bei einem krankheitsbedingten Arbeitsausfall einer Arbeitnehmerin oder eines Arbeitnehmers freiwillig oder gemäss Lohnfortzahlungspflicht nach Obligationenrecht Lohn ausgerichtet, so ist dieser EO-beitragspflichtig.

Taggelder einer Krankentaggeldversicherung sind hingegen nicht EO-beitragspflichtig.

Bezieht der Arbeitgeber das Krankentaggeld und zahlt dafür weiterhin den vollen Lohn aus, so ist zu berücksichtigen, dass nur der Differenzbetrag zur Taggeldleistung EO-beitragspflichtig ist.

Anlässlich der jährlichen Lohnmeldung mittels AHV-Lohnbescheinigung sind Taggeldleistungen nicht als Lohn zu deklarieren.

## Mutterschaftsversicherung

### Anmeldung
Eine Meldung des Arbeitsunterbruchs an die Mutterschaftsversicherung ist nicht notwendig.

### Krankheit während der Schwangerschaft
Erkrankt die schwangere Arbeitnehmerin vor der Niederkunft, so werden die entsprechenden Arbeitsausfälle wie andere Arbeitsausfälle infolge von Krankheit behandelt.

### Krankheit während dem Mutterschaftsurlaub
Erkrankt die Arbeitnehmerin während des Mutterschaftsurlaubs und ist sie nach dessen Ablauf aufgrund dieser Krankheit immer noch arbeitsunfähig, wird der Arbeitsausfall wie andere Arbeitsausfälle infolge einer Krankheit behandelt.

### Beiträge
Die Mutterschaftsversicherung wird zur Zeit noch ohne eigenständige Lohnbeiträge über die Erwerbsersatzordnung finanziert.

## Familienzulagen

### Abmeldung
Eine Meldung an die Familienausgleichskasse bei Arbeitsunterbruch infolge von Krankheit ist nicht erforderlich.

### Beiträge
Die Beitragspflicht besteht auf der AHV-pflichtigen Lohnsumme.

### Leistungen
Bei Arbeitsunterbrüchen infolge Krankheit werden die Familienzulagen in der Regel eine gewisse Zeit weiter ausgerichtet.

Im Anhang findet sich die Übersicht „Anspruch auf Familienzulagen bei Unterbruch der Arbeit" mit den jeweiligen kantonalen Bestimmungen.

## Militärversicherung

Ansprüche an die Militärversicherung sind zeitlich restriktiv gehalten. Ist nicht klar, wann eine Krankheit begonnen hat, ist die Krankheit während dem Dienst sofort und nach Abschluss des Militärdienstes so rasch wie möglich zu melden.

## Arbeitslosenversicherung

Bei Arbeitsunterbrüchen infolge von Krankheit ist gegenüber der Arbeitslosenversicherung nichts zu unternehmen. Im Falle einer Auflösung des Arbeitsverhältnisses während einem solchen Arbeitsunterbruch sind die arbeitsrechtlichen Bestimmungen, beziehungsweise die entsprechenden Ausführungen in diesem Ratgeber zu konsultieren.

# Arbeitsunterbruch durch Unfall

## Lohnfortzahlungspflicht

Bei einem Arbeitsausfall von Arbeitnehmenden infolge eines Unfalls richtet sich deren Anspruch auf Lohnfortzahlung nach den im Arbeitsvertrag vereinbarten Modalitäten. Ist nichts vereinbart, besteht eine Lohnfortzahlungspflicht gemäss Obligationenrecht. Diese dauert im ersten Dienstjahr drei Wochen und ab dem zweiten Dienstjahr eine angemessen längere Dauer.

Die Unfallversicherung zahlt ab 3. Tag der Arbeitsunfähigkeit ein Taggeld in der Höhe von 80 % des versicherten Lohnes. Taggeldzahlungen stellen keinen Lohn dar. Dementsprechend sind auch keine Abzüge für die Sozialversicherungen mehr vorzunehmen. Ausnahme bildet hier die berufliche Vorsorge, deren Beitragsbefreiung nach einer Wartefrist gemäss Vorsorgereglement erfolgt.

Bezahlt der Arbeitgeber weiterhin den vollen Lohn aus und bezieht seinerseits die Leistungen der Taggeldversicherung, so sind auf der Differenz weiterhin die Sozialversicherungsbeiträge abzuziehen.

## Kündigungsschutz

Bei einer Arbeitsunfähigkeit infolge Unfall geniessen Arbeitnehmerinnen und Arbeitnehmer einen zeitlich beschränkten Kündigungsschutz gemäss Obligationenrecht. Dieser beträgt:

- bei einem unterjährigen Arbeitsverhältnis, nach Ablauf der Probezeit, solange die Arbeitsunfähigkeit dauert, jedoch längstens 30 Tage,
- vom 2. bis 5. Arbeitsjahr, solange die Arbeitsunfähigkeit dauert, jedoch längstens 90 Tage und
- ab dem 5. Arbeitsjahr, solange die Arbeitsunfähigkeit dauert, jedoch längstens 180 Tage.

Nach Ablauf dieser Sperrfrist kann auch bei Weiterbestehen der Arbeitsunfähigkeit gemäss den ordentlichen Kündigungsfristen gekündigt werden.

Diese Sperrfristen und damit der Kündigungsschutz gelten nicht, wenn die Arbeitnehmerin oder der Arbeitnehmer während der Arbeitsunfähigkeit selbst kündigt.

Erfolgt der Unfall während einer laufenden Kündigungsfrist, verlängert sich die Kündigungsfrist um die Sperrfrist nur dann, wenn die Kündigung durch den Arbeitgeber, nicht aber wenn sie durch die Arbeitnehmerin oder den Arbeitnehmer erfolgt ist.

## Alters- und Hinterlassenenvorsorge

### Anmeldung
Eine Meldung des Arbeitsunterbruchs an die AHV ist nicht notwendig.

### Beiträge
Taggelder der Unfallversicherung sind nicht AHV-beitragspflichtig. Bezieht der Arbeitgeber das Taggeld des Unfallversicherers und zahlt dafür weiterhin den vollen Lohn aus, so ist zu berücksichtigen, dass nur der Differenzbetrag zur Taggeldleistung AHV-beitragspflichtig ist.
Anlässlich der jährlichen Lohnmeldung mittels AHV-Lohnbescheinigung sind Taggeldleistungen nicht als Lohn zu deklarieren.

## Invalidenvorsorge

### Beiträge
Taggelder der Unfallversicherung sind analog zur AHV nicht beitragspflichtig. Zahlt der Arbeitgeber weiterhin den vollen Lohn aus, so ist auch hier nur der Differenzbetrag zur Taggeldleistung IV-beitragspflichtig.

### Anmeldung
Die Unfallversicherung deckt die Kosten der Heilbehandlung und erbringt bei bleibenden oder lange dauernden Gesundheitsbeeinträchtigungen und entsprechenden Erwerbsausfällen Leistungen in Ergänzung oder alternativ zur Invalidenversicherung.

Ist die Dauer eines krankheitsbedingten Arbeitsausfalls unklar oder bestehen Zweifel über die spätere Weiterarbeit im gleichen Tätigkeitsgebiet und im gleichen zeitlichen Umfang aufgrund dieser Krankheit, ist der zuständigen IV-Stelle Meldung zu erstatten, damit diese eine Früherfassung und allenfalls Frühinterventionen durchführen kann. Damit soll eine raschere Reintegration in das Erwerbsumfeld erreicht werden.

Es ist deshalb sinnvoll, bei Ungewissheit über Dauer und Verlauf eines länger dauernden unfallbedingten Arbeitsausfalls, zwecks möglicher sachlicher und finanzieller Reintegrationsunterstützung, eine Anmeldung bei der IV vorzunehmen. Mit Inkrafttreten der Bestimmungen der 5. IV-Revision werden grundsätzlich frühzeitigere Anmeldungen angestrebt. Damit soll eine raschere Reintegration in das Erwerbsumfeld erreicht werden.

### Berufskrankheiten

Arbeitsunterbrüche infolge von Berufskrankheiten gelten als Unfall. Eine Liste der möglichen Berufskrankheiten oder von schädigenden Stoffen, die zu einer Berufskrankheit führen können, sind im Anhang beigelegt.

## Berufliche Vorsorge

### Beiträge

Pensionskassenbeiträge sind auf den versicherten Löhnen gemäss den jeweiligen Vorsorgereglementen geschuldet. Oft wird bei längerer Arbeitsunfähigkeit nach drei Monaten eine Beitragsbefreiung gewährt.

Die Pensionskassen stellen ihren angeschlossenen Firmen kassenspezifische Formulare für das Meldewesen zur Verfügung.

### Beitragsbefreiung

Die Beitragsbefreiung der Pensionskasse führt die Altersvorsorge während der Zeit der Arbeitsunfähigkeit einer versicherten Person ohne Lohnbeiträge weiter. Davon profitieren Arbeitgeber und Arbeitnehmende nach Massgabe der Beitragsaufteilung gleichermassen.

### Reduktion des versicherten Lohnes

Reduziert sich bei einer versicherten Person infolge eines Unfalles vorübergehend das Erwerbseinkommen, kann diese eine entsprechende Reduktion des versicherten Lohnes verlangen. Der Arbeitgeber hingegen kann in dieser Situation keine Reduktion des versicherten Lohnes durchsetzen.

Als Konsequenz einer von der versicherten Person verlangten Reduktion des versicherten Verdienstes verringern sich einerseits seine persönlichen Beiträge – das kann die Hauptmotivation des Versicherten sein, eine Reduktion zu verlangen - andererseits verringern sich auch die Beiträge des Arbeitgebers. Dementsprechend wird der Betrag des Alterssparens und auch die anwartschaftlichen Risikoleistungen bei Tod oder Invalidität dem tieferen versicherten Lohn angepasst. Führt die Arbeitsunfähigkeit, aufgrund welcher die Reduktion des versicherten Lohnes verlangt wurde, zu einer dauernden Erwerbsunfähigkeit oder zum Tode, so hat sie keinen Einfluss auf die Vorsorgeleistungen. Dies deshalb, weil als Bemessungsgrundlage für die Leistungen die Vorsorgesituation zum Zeitpunkt des Eintritts der Arbeitsunfähigkeit gilt.

Hat diese Arbeitunfähigkeit hingegen nur kurzfristigen Charakter und erkrankt der Versicherte während der Zeit des reduzierten versicherten Lohnes an einer anderen, nicht kausal zusammenhängenden

Krankheit, sieht die Situation anders aus. Sollte diese neue Krankheit nämlich zu einer dauernden Erwerbsunfähigkeit oder zum Tode führen, so werden die Vorsorgeleistungen aufgrund des, bei Beginn dieser Arbeitsunfähigkeit zugrunde liegenden, tieferen versicherten Lohnes bemessen.

**Leistungen**
Nebst einer Beitragsbefreiung der Altersvorsorge erbringt die Pensionskasse Invaliden- und Hinterlassenenrenten in Ergänzung von AHV, beziehungsweise IV und Unfallversicherung. Die reglementarische Leistungserbringung kann zusammen mit den Leistungen der AHV, IV und Unfallversicherung auf 90 Prozent des mutmasslich entgangenen Verdienstes beschränkt werden. Deshalb ist die Ausrichtung von Pensionskassenleistungen im Rahmen eines Unfalles eher selten anzutreffen.

**Anmeldung**
Eine Unfallmeldung macht spätestens zu dem Zeitpunkt Sinn, wenn die reglementarisch festgelegte Beitragsbefreiung erwirkt werden kann, in der Regel also drei Monate nach dem Unfallereignis.

Andererseits macht eine sofortige Unfallmeldung zum Zeitpunkt des Unfalles keinen Sinn, weil damit für Arbeitgeber und Pensionskasse lediglich administrativer Aufwand produziert wird, ohne dass die Voraussetzungen für einen Leistungsanspruch bereits gegeben wären.

## Unfallversicherung

**Meldeformulare**
Die Unfallversicherer geben für die Meldung von Unfällen und Berufskrankheiten unentgeltlich Formulare ab. Arbeitgeber und behandelnde Ärzte füllen diese vollständig und wahrheitsgetreu aus und stellen diese unverzüglich dem zuständigen Versicherer zu. Diese Angaben sind erforderlich:

- zur Abklärung des Unfallherganges oder der Entstehung einer Berufskrankheit;
- für die medizinische Abklärung der Folgen eines Unfalles oder einer Berufskrankheit;
- für die Festsetzung der Leistungen;
- für die Beurteilung der Arbeitssicherheit;
- zur Führung von Statistiken.

Ausser in Bagatellfällen erhält die verunfallte Person einen Unfallschein. Dieser ist nach Abschluss der ärztlichen Behandlung dem Arbeitgeber zur Weiterleitung an den Unfallversicherer zu übergeben.

**Anmeldung von Betriebsunfällen**

Der Arbeitgeber meldet Betriebsunfälle und Berufskrankheiten dem zuständigen Unfallversicherer. Dabei überprüft er deren Ursache und Hergang. Als Berufsunfälle gelten auch Unfälle, die der versicherten Person zustossen:

- auf Geschäfts- und Dienstreisen nach Verlassen der Wohnung und bis zur Rückkehr in diese, ausser wenn sich der Unfall während der Freizeit ereignet;
- bei Betriebsausflügen, die der Arbeitgeber organisiert oder finanziert;
- beim Besuch von Schulen und Kursen, die nach Gesetz oder Vertrag vorgesehen oder vom Arbeitgeber gestattet sind, ausser wenn sich der Unfall während der Freizeit ereignet;
- bei Transporten mit betriebseigenen Fahrzeugen auf dem Arbeitsweg, die der Arbeitgeber organisiert und finanziert.
- auf dem Arbeitsweg für Arbeitnehmerinnen und Arbeitnehmer, die weniger als acht Stunden pro Woche arbeiten und damit für Nichtbetriebsunfälle nicht versichert sind.

**Anmeldung von Nichtbetriebsunfällen**

Für Arbeitnehmerinnen und Arbeitnehmer, die mehr als acht Stunden pro Woche arbeiten, meldet der Arbeitgeber auch Nichtbetriebsunfälle.

Dazu müssen verunfallte Arbeitnehmerinnen und Arbeitnehmer oder deren Angehörige den Unfall ihrem Arbeitgeber oder dem Versicherer unverzüglich melden und Auskunft geben über:

- Zeit, Ort, Hergang und Folgen des Unfalles;
- den behandelnden Arzt oder die Heilanstalt;
- betroffene Haftpflichtige und Versicherungen.

Bei Nichtberufsunfällen nimmt der Arbeitgeber die Angaben des Versicherten in die Unfallmeldung auf.

**Beiträge**

Taggelder der Unfallversicherung sind gegenüber der Unfallversicherung nicht beitragspflichtig.

Bezieht der Arbeitgeber das Taggeld des Unfallversicherers und zahlt dafür weiterhin den vollen Lohn aus, so ist zu berücksichtigen, dass nur der Differenzbetrag zur Taggeldleistung für die Sozialversicherungen beitragspflichtig ist.

## Krankenversicherung

### Anmeldung
Eine Meldung des unfallbedingten Arbeitsausfalls an die Krankentaggeldversicherung ist nicht notwendig.

### Beiträge
Taggelder der Unfallversicherung sind gegenüber der Krankentaggeldversicherung nicht beitragspflichtig.

Bezieht hingegen der Arbeitgeber das Taggeld des Unfallversicherers und zahlt dafür weiterhin den vollen Lohn aus, so ist zu berücksichtigen, dass der Differenzbetrag zwischen Lohn und Taggeldleistung beitragspflichtig ist.

## Erwerbsersatzordnung (EO)

### Anmeldung
Eine Meldung des unfallbedingten Arbeitsausfalls an die Erwerbsersatzordnung ist nicht notwendig.

### Beiträge
Taggelder einer Unfallversicherung sind nicht EO-beitragspflichtig.

Wird hingegen bei einem unfallbedingten Arbeitsausfall einer Arbeitnehmerin oder eines Arbeitnehmers freiwillig oder gemäss Lohnfortzahlungspflicht nach Obligationenrecht weiterhin der volle Lohn ausgerichtet, so ist der Differenzbetrag zur Taggeldleistung EO-beitragspflichtig.

## Mutterschaftsversicherung

### Anmeldung
Eine Meldung des Arbeitsunterbruchs an die Mutterschaftsversicherung ist nicht notwendig.

### Unfall während der Schwangerschaft
Verunfallt die schwangere Arbeitnehmerin vor der Niederkunft, so werden die entsprechenden Arbeitsausfälle wie andere Arbeitsausfälle infolge eines Unfalls behandelt.

### Unfall während dem Mutterschaftsurlaub
Verunfallt die Arbeitnehmerin während des Mutterschaftsurlaubs und ist sie nach dessen Ablauf aufgrund dieses Unfalls immer noch arbeitsunfähig, wird der Arbeitsausfall wie andere Arbeitsausfälle infolge eines Unfalls behandelt.

### Beiträge
Die Mutterschaftsversicherung wird zurzeit noch ohne eigenständige Lohnbeiträge über die Erwerbsersatzordnung finanziert.

## Familienzulagen

### Abmeldung
Eine Meldung an die Familienausgleichskasse bei Arbeitsunterbruch infolge Unfall ist nicht erforderlich.

### Beiträge
Die Beitragspflicht besteht auf der AHV-pflichtigen Lohnsumme.

### Leistungen
Bei Arbeitsunterbrüchen infolge Unfall werden die Familienzulagen in der Regel eine gewisse Zeit weiter ausgerichtet.

Im Anhang findet sich die Übersicht „Anspruch auf Familienzulagen bei Unterbruch der Arbeit" mit den jeweiligen kantonalen Bestimmungen.

## Militärversicherung

Ansprüche an die Militärversicherung sind zeitlich restriktiv gehalten. Gesundheitliche Probleme sind während dem Dienst sofort und nach Abschluss des Militärdienstes so rasch wie möglich zu melden. Dafür umfasst die Militärversicherung Leistungen sowohl bei Krankheit als auch bei Unfall.

Unfälle fallen nur dann unter den Zuständigkeitsbereich der Militärversicherung, wenn sie während dem Dienst und auf dem direkten Weg zwischen Wohnort und Dienstort geschehen.

## Arbeitslosenversicherung

Bei Arbeitsunterbrüchen infolge von Unfall ist gegenüber der Arbeitslosenversicherung nichts zu unternehmen. Im Falle einer Auflösung des Arbeitsverhältnisses während einem solchen Arbeitsunterbruch sind die arbeitsrechtlichen Bestimmungen, beziehungsweise die entsprechenden Ausführungen in diesem Ratgeber zu konsultieren.

### Beiträge

Taggelder der Unfallversicherung sind analog der AHV nicht beitragspflichtig. Zahlt der Arbeitgeber weiterhin den vollen Lohn aus, so ist auch hier nur der Differenzbetrag zur Taggeldleistung ALV-beitragspflichtig.

# Arbeitsunterbruch infolge Mutterschaft

## Lohnfortzahlungspflicht während der Schwangerschaft

Bei gesundheitlich bedingten Arbeitsunterbrüchen infolge der Schwangerschaft einer Arbeitnehmenden richtet sich deren Anspruch auf Lohnfortzahlung nach den im Arbeitsvertrag vereinbarten Modalitäten. Wurde diesbezüglich nichts vereinbart, besteht eine Lohnfortzahlungspflicht gemäss Obligationenrecht. Diese dauert im ersten Dienstjahr drei Wochen und ab dem zweiten Dienstjahr eine angemessen längere Dauer.

Die heute angewendeten Definitionen dieser angemessenen Dauer sind im Anhang unter dem Titel „Übersicht Lohnfortzahlung" festgehalten.

### Kündigungsschutz

Ein Kündigungsschutz besteht während der ganzen Schwangerschaft und in den ersten 16 Wochen nach der Niederkunft.

### Lohnersatz während dem Mutterschaftsurlaub

Die Mutterschaftsentschädigung richtet sich nach den Bestimmungen der Erwerbsersatzordnung und beträgt 80 Prozent des durchschnittlichen Erwerbseinkommens vor der Geburt, maximal 172.- Franken pro Tag. Der bezahlte Mutterschaftsurlaub dauert 98 Tage oder 14 Wochen. Der Anspruch erlischt vorzeitig, wenn die Arbeit vor Ablauf des 14-wöchigen Urlaubs wieder aufgenommen wird.

Sehen Gesamtarbeitsverträge weitergehende Regelungen vor, so bleiben diese bestehen.

### Krankheit während dem Mutterschaftsurlaub

Erkrankt oder verunfallt die schwangere Arbeitnehmerin vor der Niederkunft, so werden die entsprechenden Arbeitsausfälle wie andere Arbeitsausfälle infolge von Krankheit oder Unfall behandelt.

### Unfall während dem Mutterschaftsurlaub

Erkrankt oder verunfallt die schwangere Arbeitnehmerin vor der Niederkunft, so werden die entsprechenden Arbeitsausfälle wie andere Arbeitsausfälle infolge von Krankheit oder Unfall behandelt.

## Alters- und Hinterlassenenvorsorge

### Anmeldung

Eine Meldung des Mutterschaftsurlaubs an die AHV ist nicht notwendig.

## Beiträge

Mutterschaftsentschädigungen sind AHV/IV/EO- und auch ALV-beitragspflichtig.

## Invalidenvorsorge

### Anmeldung

Eine Meldung des Mutterschaftsurlaubs an die IV ist nicht notwendig.

### Beiträge

Mutterschaftsentschädigungen sind AHV/IV/EO- und auch ALV-beitragspflichtig.

## Erwerbsersatzordnung

### Anmeldung

Eine Meldung des Mutterschaftsurlaubs an die Erwerbsersatzordnung ist nicht notwendig.

### Beiträge

Mutterschaftsentschädigungen sind AHV/IV/EO- und auch ALV-beitragspflichtig.

## Berufliche Vorsorge

Die Mutterschaftsversicherung regelt die Finanzierung der BVG-Beiträge nicht.

Deshalb ist in den Vorsorgereglementen der Pensionskasse die Höhe der Beiträge des Arbeitgebers und der Arbeitnehmer festzulegen, sobald der Arbeitgeber keinen Lohn mehr entrichtet.

Die Pensionskassen stellen ihren angeschlossenen Firmen kassenspezifische Formulare für das Meldewesen zur Verfügung.

Besteht kein Arbeitsvertrag mehr und ist die Arbeitnehmerin arbeitslos, so würde sie grundsätzlich für die BVG-Risiken Tod und Invalidität im Rahmen der Arbeitslosenversicherung versichert sein.

Effektiv beziehen Mütter bei dieser Sachlage keine Taggelder der Arbeitslosenversicherung mehr, die der BVG-Beitragszahlung für die Risiken Tod und Invalidität unterliegen, weil die Mutterschaftsentschädigung die Entschädigung der Arbeitslosenversicherung ersetzt.

Diese Deckungslücke wird durch die Stiftung Auffangeinrichtung gedeckt. Die Adresse findet sich im Anhang. Untersteht somit eine Person nicht mehr der Arbeitslosenversicherung, weil sie Mutterschaftsentschädigung bezieht, so profitiert sie weiterhin von einer Deckung der Risiken Tod und Invalidität während 98 Tagen. Diese Versicherungsdeckung bei der Stiftung Auffangeinrichtung ist kostenlos.

Wird vor Ablauf dieser Frist ein neues Arbeitsverhältnis eingegangen, ist die neue Vorsorgeeinrichtung zuständig.

Will hingegen die Versicherte die Deckung des Risikos Alter weiterführen, um Versicherungslücken zu vermeiden, kann sie sich bei der Stiftung Auffangeinrichtung freiwillig versichern lassen.

## Unfallversicherung

### Anmeldung
Eine Meldung des Mutterschaftsurlaubs an die Unfallversicherung ist nicht notwendig.

### Beiträge
Mutterschaftsentschädigungen sind AHV-beitragspflichtig und damit auch der Beitragspflicht der Unfallversicherung unterstellt.

## Krankenversicherung

### Anmeldung
Eine Meldung des Mutterschaftsurlaubs an die Krankentaggeldversicherung ist nicht notwendig.

### Beiträge
Mutterschaftsentschädigungen sind AHV-beitragspflichtig und damit auch der Beitragspflicht der Krankentaggeldversicherung unterstellt.

## Mutterschaftsversicherung

### Beiträge
Die Mutterschaftsentschädigungen werden über den Beitrag an die Erwerbsersatzordnung finanziert.

Die Mutterschaftsentschädigung selber ist AHV/IV/EO- und auch ALV-beitragspflichtig.

Bezahlt der Arbeitgeber während des Mutterschaftsurlaubes den vollen Lohn, so hat er Anspruch auf die Entschädigung.

### Fernbleiben von der Arbeit

Schwangere Mitarbeiterinnen dürfen nur mit deren Einverständnis beschäftigt werden. Sie dürfen der Arbeit fernbleiben unter Voraussetzung, dass sie dies dem Arbeitgeber melden. Allerdings erhalten sie dafür auch keinen Lohn. Lediglich wenn eine Schwangere aus medizinischen Gründen arbeitsunfähig ist und deshalb der Arbeit fernbleibt, besteht ein Lohnanspruch.

### Kündigungsschutz

Nach Ablauf der Probezeit darf einer Angestellten während der Schwangerschaft und in den ersten 16 Wochen nach der Niederkunft nicht gekündigt werden. Schwangere oder Mütter dürfen während dieser Zeit jedoch ihrerseits das Arbeitsverhältnis kündigen.

### Arbeitsverbot

Die Bestimmungen des Obligationenrechts halten fest, dass die Arbeitnehmerin acht Wochen nach der Niederkunft der Arbeit fernbleiben muss. Selbst wenn sie es ausdrücklich wünscht, darf sie während dieser Zeit nicht beschäftigt werden.

### Geltendmachung des Anspruches

Leistungsberechtigte machen ihren Anspruch bei der zuständigen Ausgleichskasse geltend. Unterlassen sie dies, so ist der Arbeitgeber dazu befugt, soweit er der leistungsberechtigten Person während der Dauer des Anspruchs einen Lohn ausrichtet.

Für Arbeitnehmerinnen wird die Entschädigung durch den Arbeitgeber ausbezahlt, falls keine besonderen Gründe für eine Auszahlung durch die Ausgleichskasse vorliegen.

### Umfang des Mutterschaftsurlaubs

Der Mutterschaftsurlaub nach dem Obligationenrecht dauert 14 Wochen. Die Bestimmungen des Obligationenrechts halten für die ersten acht Wochen nach der Niederkunft ein Arbeitsverbot fest. Selbst wenn die Arbeitnehmerin es ausdrücklich wünscht, darf sie während dieser Zeit nicht beschäftigt werden.

Sehen Gesamtarbeitsverträge weitergehende Regelungen vor, so bleiben diese bestehen. Der Arbeitgeber darf den 14-wöchigen Mutterschaftsurlaub weder kürzen noch mit einem Vormutterschaftsurlaub kompensieren. Der Ferienanspruch darf nicht gekürzt werden, wenn eine Arbeitnehmerin den Mutterschaftsurlaub bezieht.

### Lohnersatz während dem Mutterschaftsurlaub

Die Mutterschaftsentschädigung richtet sich nach den Bestimmungen der Erwerbsersatzordnung und beträgt 80 Prozent des durchschnittlichen Erwerbseinkommens vor der Geburt, maximal 172.- Franken pro Tag. Der Anspruch erlischt vorzeitig, wenn die Arbeit vor Ablauf des 14-wöchigen Urlaubs wieder aufgenommen wird.

Sehen Gesamtarbeitsverträge weitergehende Regelungen vor, so bleiben diese bestehen.

**Krankheit während dem Mutterschaftsurlaub**

Erkrankt oder verunfallt die schwangere Arbeitnehmerin vor der Niederkunft, so werden die entsprechenden Arbeitsausfälle wie andere Arbeitsausfälle infolge von Krankheit oder Unfall behandelt.

**Unfall während dem Mutterschaftsurlaub**

Erkrankt oder verunfallt die schwangere Arbeitnehmerin vor der Niederkunft, so werden die entsprechenden Arbeitsausfälle wie andere Arbeitsausfälle infolge von Krankheit oder Unfall behandelt.

## Familienzulagen

**Abmeldung**

Eine Meldung an die Familienausgleichskasse bei Arbeitsunterbruch infolge von Mutterschaft ist nicht erforderlich.

**Beiträge**

Die Beitragspflicht besteht auf der AHV-pflichtigen Lohnsumme.

**Leistungen**

Bei Arbeitsunterbrüchen infolge Mutterschaft werden die Familienzulagen in der Regel eine gewisse Zeit weiter ausgerichtet.

Im Anhang findet sich die Übersicht „Anspruch auf Familienzulagen bei Unterbruch der Arbeit" mit den jeweiligen kantonalen Bestimmungen.

## Militärversicherung

**Anmeldung**

Eine Meldung des Arbeitsunterbruchs an die Mutterschaftsversicherung ist nicht notwendig.

## Arbeitslosenversicherung

Arbeitslose schwangere Personen haben Anspruch auf Mutterschaftsentschädigung. Während dieser Zeit wird keine Entschädigung der Arbeitslosenversicherung bezahlt.

# Arbeitsunterbruch infolge Militärdienst

## Generelle Betrachtungsweise

Es werden die Auswirkungen und das Meldeverfahren bei temporären Arbeitsunterbrüchen infolge von Militärdienst, Zivildienst und Zivilschutz betrachtet.

### Arbeitsrechtliches

Arbeitnehmende sind für die Dauer des Militär-, Zivil- oder Zivilschutzdienstes vom Betrieb freizustellen. Zudem darf einem Arbeitnehmenden während der Dienstzeit nicht gekündigt werden. Wenn zudem die Dienstleistung mehr als 12 Tage dauert, so darf auch vier Wochen vorher und nachher nicht gekündigt werden.

Während der Dienstleistung ist der Lohn weiterhin auszuzahlen. Die Dauer der Lohnfortzahlungspflicht richtet sich nach der Dauer des Arbeitsverhältnisses. Es findet die gleiche Skala Anwendung, wie bei einer Verhinderung infolge Krankheit oder Unfall. Arbeitgebende haben während der Zeit der Lohnfortzahlung Anspruch auf die zeitgleiche Entschädigung der Erwerbsersatzordnung. Die entsprechende Tabelle befindet sich im Anhang unter dem Titel „Übersicht Lohnfortzahlung".

## Alters- und Hinterlassenenvorsorge

Während des Dienstes wird eine Erwerbsersatzentschädigung durch die EO geleistet. Diese ist nicht AHV-beitragspflichtig. Bezahlt der Arbeitgeber während des Dienstes den vollen Lohn, so hat er Anspruch auf die Entschädigung. Beiträge an die AHV sind nur auf der Differenz zwischen Lohn und Entschädigung zu zahlen. Dies ist beim Ausfüllen der jährlichen AHV-Lohnbescheinigung an die zuständige AHV-Ausgleichskasse zu berücksichtigen.

## Invalidenvorsorge

Während des Dienstes wird eine Erwerbsersatzentschädigung durch die Erwerbsersatzordnung geleistet. Diese ist nicht AHV-beitragspflichtig. Bezahlt der Arbeitgeber während des Dienstes den vollen Lohn, so hat er Anspruch auf die Entschädigung. Beiträge an die IV sind nur auf der Differenz zwischen Lohn und Entschädigung zu zahlen.

## Erwerbsersatzordnung (EO)

Während des Dienstes wird eine Erwerbsersatzentschädigung durch die Erwerbsersatzordnung bezahlt. Diese ist nicht AHV-beitragspflichtig.

Leisten Arbeitnehmende während der Anstellungszeit Militärdienst, Zivildienst oder Zivilschutz, so hat der Arbeitgeber das Recht den Anspruch auf Erwerbsersatzentschädigung selbst geltend zu machen, wenn er dem Dienstleistenden für die Zeit des Dienstes Lohn ausrichtet. Bezahlt der Arbeitgeber während des Dienstes den vollen Lohn, so sind Beiträge an die Erwerbsersatzordnung nur auf der Differenz zwischen Lohn und Entschädigung zu zahlen.

Die für die Festsetzung der Erwerbsersatzentschädigung zuständige AHV-Ausgleichskasse kann die ihr angeschlossenen Arbeitgeber mit der Festsetzung der Entschädigung für ihre Mitarbeitenden betrauen, wenn diese Gewähr für die richtige Erfüllung dieser Aufgabe bieten.

Ist der Dienstleistende mit der Höhe der Erwerbsersatzentschädigung nicht einverstanden, so hat die AHV-Ausgleichskasse darüber eine schriftliche Verfügung zu erlassen. Die räumt dem Dienstleistenden damit die Möglichkeit der Beschwerdeführung ein.

Dienstleistende, die vor dem Einrücken als Arbeitnehmer tätig waren, erhalten die Erwerbsersatzentschädigung durch diesen Arbeitgeber. Voraussetzung für die Auszahlung der Erwerbsersatzentschädigung ist der Nachweis des geleisteten Dienstes mittels Meldekarte und deren Geltendmachung.

Der Arbeitgeber hat in jedem Fall die Richtigkeit der Lohnangaben auf den Meldekarten zu bestätigen, damit eine korrekte Bemessung der Entschädigung vorgenommen werden kann.

**Berufliche Vorsorge**

Während dem Militärdienst, Zivildienst oder Zivilschutz bleibt die berufliche Vorsorge grundsätzlich solange unverändert weiter bestehen, als auch die freiwillige oder arbeitsrechtliche Lohnfortzahlung des Arbeitgebers weiter besteht.

Mit Wegfall der Lohnfortzahlung bei länger dauernden Dienstleistungen kann eine Abmeldung aus der Pensionskasse erfolgen. In diesem Fall besteht eine gesetzliche Nachdeckung während längstens eines Monats. Diese umfasst die Risikodeckung bei Invalidität und Tod. Die Pensionskasse kann für die Nachdeckung Beiträge von den betroffenen versicherten Personen verlangen. In der Praxis wird dies aufgrund des unverhältnismässigen Verwaltungsaufwandes kaum gemacht.

Die Pensionskassen stellen ihren angeschlossenen Firmen kassenspezifische Formulare für das Meldewesen zur Verfügung.

## Unfallversicherung

Die Entschädigung der Erwerbsersatzordnung ist gegenüber der Unfallversicherung nicht beitragspflichtig. Bezahlt der Arbeitgeber während des Dienstes den vollen Lohn, so hat er Anspruch auf die Entschädigung. Beiträge an die Unfallversicherung sind nur auf der Differenz zwischen Lohn und Entschädigung zu zahlen. Dies ist bei der jährlichen Lohnmeldung an die Unfallversicherung zu berücksichtigen.

## Krankenversicherung

Die Entschädigung der Erwerbsersatzordnung ist gegenüber der Krankentaggeldversicherung nicht beitragspflichtig. Zahlt der Arbeitgeber während des Dienstes den vollen Lohn, so hat er Anspruch auf die Entschädigung. Beiträge an die Krankentaggeldversicherung sind nur auf der Differenz zwischen Lohn und Entschädigung zu zahlen. Dies ist bei der jährlichen Lohnmeldung an den Krankentaggeldversicherer zu berücksichtigen.

## Mutterschaftsversicherung

Mutterschaft ist ein Verhinderungsgrund zum Leisten von Militärdienst, Zivildienst oder Zivilschutz.

Das Leisten von Militärdienst, Zivildienst oder Zivilschutz während einer Schwangerschaft würde, bei einem bestehenden Arbeitsverhältnis mit Lohnfortzahlung, die Versicherungsvoraussetzungen nicht beeinträchtigen.

## Familienzulagen

### Abmeldung
Eine Meldung an die Familienausgleichskasse bei Militärdienst ist nicht erforderlich.

### Beiträge
Die Beitragspflicht besteht auf der AHV-pflichtigen Lohnsumme.

### Leistungen
Bei Arbeitsunterbrüchen infolge Militärdienst oder gleichgestellten Dienstleistungen werden die Familienzulagen in der Regel eine gewisse Zeit weiter ausgerichtet.

Im Anhang findet sich die Übersicht „Anspruch auf Familienzulagen bei Unterbruch der Arbeit" mit den jeweiligen kantonalen Bestimmungen.

## Militärversicherung

### Anmeldung

Eine Anmeldung an die Militärversicherung während des Militärdienstes, des Zivildienstes oder des Zivilschutzes ist nicht notwendig.

Leisten Arbeitnehmende Militärdienst, Zivildienst oder Zivilschutz, so sind sie gegen die Risiken Krankheit und Unfall über die Militärversicherung gedeckt. Bei Dienstleistungen, die länger als 60 Tage dauern, kann die Krankenversicherungsprämie für die Dauer der Dienstleistung sistiert werden.

## Arbeitslosenversicherung

Während Militärdienst, Zivildienst oder Zivilschutz bestehen keine Ansprüche auf Leistungen der Arbeitslosenversicherung.

# Arbeitsunterbruch bei Kurzarbeit oder Schlechtwetter

Arbeitgeber können Leistungen bei Kurzarbeit und auch bei witterungsbedingten Arbeitsausfällen geltend machen. Anspruch auf Entschädigung besteht, wenn eine vollständige oder teilweise Einstellung der Arbeit in einem Betrieb infolge unvermeidbaren wirtschaftlichen oder unvorhersehbaren witterungsbedingten Einflüssen erfolgt. Der Arbeitsausfall darf zudem lediglich temporären Charakter haben und durch die Auszahlung von Kurzarbeitsentschädigungen müssen voraussichtlich Arbeitsplätze erhalten bleiben..

## Alters- und Hinterlassenenvorsorge

### Beiträge
Bei Entschädigungsleistungen der Arbeitslosenversicherung infolge von Kurzarbeit oder auf Schlechtwetterentschädigungen sind AHV/IV/EO- und auch Arbeitslosenversicherungsbeiträge auf den vollen bisherigen Löhnen (100% Lohn) zu entrichten.

Anlässlich der jährlichen Lohnmeldung mittels AHV-Lohnbescheinigung sind somit die ungekürzten Lohnsummen zu deklarieren.

### Invalidenvorsorge
Bei Entschädigungsleistungen der Arbeitslosenversicherung infolge von Kurzarbeit oder auf Schlechtwetterentschädigungen sind AHV/IV/EO- und auch Arbeitslosenversicherungsbeiträge auf den vollen bisherigen Löhnen (100% Lohn) zu entrichten.

Anlässlich der jährlichen Lohnmeldung mittels AHV-Lohnbescheinigung sind somit die ungekürzten Lohnsummen zu deklarieren.

### Berufliche Vorsorge
Die versicherten Löhne bleiben unverändert und dementsprechend bleibt auch die Beitrags- und Leistungshöhe unverändert.

### Unfallversicherung
Bei Entschädigungsleistungen der Arbeitslosenversicherung infolge von Kurzarbeit oder auf Schlechtwetterentschädigungen sind Unfallversicherungsbeiträge auf den vollen bisherigen Löhnen (100% Lohn) zu entrichten.

Anlässlich der jährlichen Lohnmeldung sind somit die ungekürzten Lohnsummen zu deklarieren.

### Krankenversicherung
Basis für die Bemessung der Beiträge an die Krankentaggeldversicherung ist in der Regel die AHV-Lohnsumme. In dieser Konstellation dienen die vollen Löhne trotz Kurzarbeitsentschädigung oder Schlecht-

wetterentschädigung durch die Arbeitslosenversicherung als Bemessungsgrundlage.

## Erwerbsersatzordnung

Bei Entschädigungsleistungen der Arbeitslosenversicherung infolge von Kurzarbeit oder auf Schlechtwetterentschädigungen sind AHV/IV/EO- und auch Arbeitslosenversicherungsbeiträge auf den vollen bisherigen Löhnen (100% Lohn) zu entrichten.

Anlässlich der jährlichen Lohnmeldung mittels AHV-Lohnbescheinigung sind somit die ungekürzten Lohnsummen zu deklarieren. Diese sind AHV/IV/EO-pflichtig.

Der Arbeitgeber meldet seiner AHV-Ausgleichskasse mit der Lohnbescheinigung sämtliche Arbeitnehmende und deren AHV-pflichtigen Löhne eines Jahres.

## Mutterschaftsversicherung

Während der Leistungsdauer der Mutterschaftsentschädigung entfällt ein Anspruch auf Leistungen der ALV infolge Kurzarbeit des Betriebes.

Wurde das Arbeitsverhältnis während der Schwangerschaft von der Arbeitnehmerin gekündigt, besteht, wie bei anderen gekündigten oder befristeten Arbeitsverhältnissen, kein Anspruch auf Leistungen der Arbeitslosenversicherung.

## Familienzulagen

### Abmeldung
Eine Meldung an die Familienausgleichskasse bei Entschädigung der Arbeitslosenversicherung infolge von Kurzarbeit oder bei Schlechtwetterentschädigung ist nicht erforderlich.

### Beiträge
Die Beitragspflicht bei Kurzarbeit- oder Schlechtwetterentschädigung der Arbeitslosenversicherung bleibt auf dem vertraglichen Bruttolohn bestehen.

### Leistungen
Bei Arbeitsunterbrüchen, infolge von Kurzarbeit oder schlechtem Wetter und entsprechendem Entschädigungsanspruch an die Arbeitslosenversicherung, werden die Familienzulagen in der Regel eine gewisse Zeit weiter ausgerichtet.

Im Anhang findet sich die Übersicht „Anspruch auf Familienzulagen bei Unterbruch der Arbeit" mit den jeweiligen kantonalen Bestimmungen.

## Militärversicherung

Für Arbeitnehmer, die sich im Militärdienst, Zivildienst oder Zivilschutz befinden, besteht während dieser Zeit kein Anspruch auf Kurzarbeits- oder Schlechtwetterentschädigungen der Arbeitslosenversicherung.

## Arbeitslosenversicherung

### Leistungen an Arbeitgeber

Arbeitgeber können Leistungen bei Kurzarbeit und auch bei witterungsbedingten Arbeitsausfällen geltend machen. Im Weiteren gewährt die Versicherung Beiträge an Massnahmen zur Verhütung von Arbeitslosigkeit, sogenannte arbeitsmarktliche Massnahmen.

Anspruch auf Entschädigungen bei Kurzarbeit und bei witterungsbedingten Arbeitsausfällen besteht, wenn eine vollständige oder teilweise Einstellung der Arbeit in einem Betrieb infolge unvermeidbaren wirtschaftlichen oder unvorhersehbaren witterungsbedingten Einflüssen erfolgt. Der Arbeitsausfall darf zudem lediglich temporären Charakter haben und durch die Auszahlung von Kurzarbeitsentschädigungen müssen voraussichtlich Arbeitsplätze erhalten bleiben.

Bei Kurzarbeits- oder Schlechtwetterentschädigungen unterstehen die vollen Löhne der Beitragspflicht an die Arbeitslosenversicherung.

### Leistungen an Arbeitnehmende

Arbeitnehmerinnen und Arbeitnehmer erhalten Leistungen bei Arbeitslosigkeit und bei der Insolvenz des Arbeitgebenden.

Anspruchsvoraussetzung ist eine gewisse Mindestbeitragszeit oder eine nachgewiesene gesetzliche Befreiung derselben.

Alle unselbstständig erwerbenden Personen sind beitragspflichtig. Die Beiträge werden je zur Hälfte durch die Arbeitgebenden und die Arbeitnehmenden bezahlt.

### Kurzarbeit

Anspruch auf Kurzarbeitsentschädigung besteht, wenn eine vollständige oder teilweise Einstellung der Arbeit in einem Betrieb infolge unvermeidbaren wirtschaftlichen Gründen erfolgt. Der Arbeitsausfall darf zudem lediglich temporären Charakter haben und durch die Auszahlung von Kurzarbeitsentschädigungen müssen voraussichtlich Arbeitsplätze erhalten bleiben.

Kurzarbeitsentschädigungen werden an den Arbeitgeber ausbezahlt. Dabei werden Entschädigungen infolge von Kurzarbeit auch für Arbeitnehmerinnen und Arbeitnehmer ausbezahlt, die selber keinen Anspruch auf Arbeitslosenentschädigung hätten.

Hingegen besteht kein Anspruch auf Kurzarbeitsentschädigung für Arbeitnehmerinnen und Arbeitnehmer, die in einem gekündigten oder befristeten Arbeitsverhältnis stehen. Ebenfalls kein Anspruch besteht bei Personen, die am Unternehmen beteiligt oder Mitglieder des Entscheidungsgremiums sind.

Die Höhe der Kurzarbeitsentschädigung beträgt 80 Prozent des Verdienstausfalles.

Innerhalb von zwei Jahren wird längstens während 18 Monaten Kurzarbeitsentschädigung ausbezahlt.

Ein entsprechendes Leistungsgesuch ist mindestens 10 Tage vor Beginn der Kurzarbeit der kantonalen Amtsstelle schriftlich einzureichen. Dafür und auch für die Geltendmachung der Entschädigung können bei der Arbeitslosenkasse oder der zuständigen kantonalen Amtsstelle entsprechende Formulare bezogen werden.

**Schlechtwetterentschädigung**

Anspruch auf Schlechtwetterentschädigung besteht infolge wetterbedingter vollständiger oder teilweiser Einstellung der Arbeit in Betrieben, die in bestimmten Erwerbszweigen tätig sind. Ein Arbeitsausfall gilt als wetterbedingt, wenn infolge schlechter Witterung die Arbeit, trotz genügender Schutzvorkehrungen, technisch unmöglich oder wirtschaftlich unvertretbar ist oder den Arbeitnehmenden nicht zugemutet werden kann.

Nur in den folgenden, extrem witterungsabhängigen Branchen besteht Anspruch auf Schlechtwetterentschädigung:

- Ausbeutung von Lehmgruben
- Baumschulen
- Berufsfischerei
- Geleise- und Freileitungsbau
- Hoch- und Tiefbau
- Landschaftsgartenbau
- Reine Reb-, Pflanzen-, Obst- und Gemüsebaubetriebe, wenn die normalerweise anfallenden Arbeiten wegen aussergewöhnlicher Trockenheit oder Nässe nicht verrichtet werden können
- Sägereien

- Sand- und Kiesgewinnung
- Steinhauer- und Steinbruchgewerbe
- Torfabbau
- Transportgewerbe, soweit Fahrzeuge ausschliesslich für den Transport von Aushub oder Baumaterial von und zu Baustellen oder für den Abtransport von Sand oder Kies von der Abbaustelle verwendet werden
- Waldwirtschaft
- Ziegelei
- Zimmerei

Schlechtwetterentschädigungen werden dem Arbeitgeber ausbezahlt, der seinerseits wiederum in der Höhe der Entschädigung den Arbeitnehmenden Lohn ausrichtet. Auf diesem Lohn sind Sozialversicherungsbeiträge zu bezahlen.

Die Höhe der Schlechtwetterentschädigung beträgt 80 Prozent des Verdienstausfalles.

Dabei werden Schlechtwetterentschädigungen auch für Arbeitnehmerinnen und Arbeitnehmer ausbezahlt, die selbst keinen Anspruch auf Arbeitslosenentschädigung hätten.

Ein entsprechendes Leistungsgesuch ist spätestens am fünften Tag des folgenden Kalendermonats der zuständigen kantonalen Amtsstelle schriftlich einzureichen. Dafür und auch für die Geltendmachung der Entschädigung können bei einer Arbeitslosenkasse oder der zuständigen kantonalen Amtsstelle entsprechende Formulare bezogen werden.

# Arbeitsunterbruch bei unbezahltem Urlaub

# Arbeitsunterbruch bei unbezahltem Urlaub

Die Möglichkeit von unbezahltem Urlaub ist immer Bestandteil von vertraglichen Vereinbarungen zwischen Arbeitgeber und Arbeitnehmenden. Dabei wird im Grundsatz ein bestehender Arbeitsvertrag zeitlich unterbrochen und nach dem Unterbruch unverändert fortgesetzt.

## Alters- und Hinterlassenenvorsorge

Während eines unbezahlten Urlaubs sind mangels Lohnzahlung auch keine Beiträge an die AHV zu entrichten. Leistungsrelevante Deckungslücken entstehen erst, wenn während eines ganzen Kalenderjahres keine Beiträge an die AHV eingezahlt werden. In der Schweiz wohnhafte Personen sind bei der AHV jedoch als Nichterwerbstätige obligatorisch versichert und entrichten Beiträge, sofern deren Ehegatten oder eingetragenen Partner nicht mindestens den doppelten Mindestbetrag entrichten.

Zur Vermeidung von Betragslücken, beziehungsweise von fehlenden Beitragsjahren, kann bei entsprechend längerem Auslandsaufenthalt eine freiwillige Versicherung sinnvoll sein.

## Invalidenvorsorge

Die Ausführungen zur AHV gelten für die Invalidenversicherung sinngemäss.

## Erwerbsersatzordnung

Die Ausführungen zur AHV gelten für die Erwerbsersatzordnung sinngemäss.

## Berufliche Vorsorge

Die Beitragsunterstellung und auch die Leistungsansprüche richten sich nach den reglementarischen Bestimmungen der zuständigen Pensionskasse. Dabei läuft die Versicherung bis zur Abmeldung des Versicherten weiter.

Die Pensionskassen stellen ihren angeschlossenen Firmen kassenspezifische Formulare für das Meldewesen zur Verfügung.

Wird die Arbeitnehmerin oder der Arbeitnehmer infolge des unbezahlten Urlaubs aus der Pensionskasse abgemeldet, so besteht eine gesetzliche Nachdeckung während längstens eines Monats. Diese umfasst die gesetzlichen Invaliditäts- und Hinterlassenenleistungen. Die Pensionskasse kann für die Nachdeckung Beiträge von den betroffenen versicherten Personen verlangen. In der Praxis wird dies aufgrund des unverhältnismässigen Verwaltungsaufwandes kaum gemacht.

Es gibt Pensionskassen, die in ihren Vorsorgereglementen die Möglichkeit vorsehen, dass die Arbeitnehmerinnen und Arbeitnehmer, welche einen unbezahlten Urlaub beziehen, für diese Zeit in der Pensionskasse verbleiben können. Da es sich dabei um eine freiwillige Weiterführung der beruflichen Vorsorge handelt, ist im Rahmen des Vorsorgereglements festzulegen, welche Leistungen angeboten werden, wie hoch die entsprechenden Beiträge sind und wie lange die freiwillige Versicherung längstens dauern darf. Die Beiträge werden in der Regel allein von der Arbeitnehmerin oder dem Arbeitnehmer bezahlt.

Das Angebot einer freiwilligen Versicherung bei der Pensionskasse des Arbeitgebers stellt eher die Ausnahme dar. Fehlt ein solches, so können sich die Arbeitnehmerinnen und Arbeitnehmer für die Zeit des unbezahlten Urlaubs bei der Stiftung Auffangeinrichtung freiwillig weiterversichern lassen. Die Adresse findet sich im Anhang.

## Unfallversicherung

Während eines unbezahlten Urlaubs entfällt mangels Lohnzahlung der Leistungsanspruch auf Leistungen der Unfallversicherung des Arbeitgebers. Gleichzeitig sind auch keine Beiträge mehr zu entrichten.

Arbeitnehmerinnen und Arbeitnehmer haben hingegen die Möglichkeit, beim Unfallversicherer des Arbeitgebers eine Abredeversicherung für längstens 180 Tage abzuschliessen. Mit dieser Abredeversicherung bleibt der Versicherungsschutz nach UVG in dieser Zeit aufrechterhalten. Die Versicherungsprämie ist relativ moderat.

Nach Ablauf der Abredeversicherung oder bei einem Verzicht auf eine solche, sind die Heilungskosten infolge eines Unfalls bei der obligatorischen Krankenversicherung einzuschliessen.

## Krankenversicherung

Sobald bei einem unbezahlten Urlaub die Deckung der Unfallversicherung wegfällt, sind die Heilungskosten infolge eines Unfalls bei der obligatorischen Krankenversicherung einzuschliessen. Bei Auslandsaufenthalten sollte die Notwendigkeit von Deckungserweiterungen bei Heilungs- Bergungs- und Transportkosten abgeklärt werden.

Zudem ist es möglich, die wegfallenden versicherten Taggeldleistungen der Unfallversicherung teilweise mit einer Taggeldversicherung im Rahmen der Krankenversicherung zu kompensieren. Das ist mit Taggeldversicherungen nach Krankenversicherungsgesetz und solchen nach Versicherungsvertragsgesetz möglich. Beide Möglichkeiten sind relativ kostspielig.

Bei Wegfallen der Deckung der Unfallversicherung entfallen auch die versicherten Rentenleistungen bei Unfallinvalidität und Unfalltod. Diese sind im Rahmen der Krankenversicherung nicht versicherbar. Eine Kompensation kann im Rahmen einer Lebensversicherung angestrebt werden.

Beiträge an eine Krankentaggeldversicherung des Arbeitgebers entfallen während der Zeit, in der auch das Einkommen wegfällt.

## Mutterschaftsversicherung

Werden bei unbezahltem Urlaub die Versicherungsvoraussetzungen infolge Unterschreitung der Mindesterwerbsdauer nicht erfüllt, besteht auch kein Anspruch auf Leistungen der Mutterschaftsversicherung.

Die Mutterschaftsversicherung wird über die Beiträge an die Erwerbsersatzordnung (EO) auf der Grundlage des AHV-pflichtigen Einkommens finanziert. Daraus folgt, dass während des unbezahlten Urlaubs keine Beiträge an die Erwerbsersatzordnung und somit an die Mutterschaftsversicherung zu zahlen sind.

## Familienzulagen

### Abmeldung

Bei unbezahltem Urlaub ist keine Austrittsmeldung notwendig, ausser wenn die Arbeitnehmerin oder der Arbeitnehmer Leistungen der Familienausgleichskasse bezieht.

### Beiträge

Mit Wegfall des Erwerbseinkommens entfällt auch die Beitragspflicht.

### Leistungen

Der Anspruch auf Familienzulagen hängt in den meisten Kantonen von der Existenz eines Erwerbseinkommens ab. Ausnahmen davon sind im Anhang in der Übersicht „Anspruch auf Familienzulagen bei Unterbruch der Arbeit" ersichtlich. Zudem richten die Kantone Freiburg, Genf, Jura, Schaffhausen und Wallis Familienzulagen auch für nichterwerbstätige Personen aus. Die jeweiligen Anspruchsvoraussetzungen dieser 5 Kantone sind im Anhang festgehalten (Anspruch auf Familienzulagen für Nichterwerbstätige).

In der Regel werden jedoch bei unbezahltem Urlaub keine Familienzulagen ausgerichtet. Allenfalls besteht ein Anspruch durch den zweiten Elternteil, falls dieser erwerbstätig ist.

## Militärversicherung

Leisten Arbeitnehmende während eines unbezahlten Urlaubs Militärdienst, Zivildienst oder Zivilschutz, so haben sie einen direkten Anspruch auf Erwerbsersatzentschädigung.

Während der Dienstleistung sind die Arbeitnehmenden über die Militärversicherung gedeckt. Bei Dienstleistungen, die länger als 60 Tage dauern, kann die Krankenversicherungsprämie für die Dauer der Dienstleistung sistiert werden.

## Arbeitslosenversicherung

Während eines freiwilligen unbezahlten Urlaubs einer Arbeitnehmerin oder eines Arbeitnehmers besteht kein Anspruch auf Leistungen der Arbeitslosenversicherung, da das Arbeitsverhältnis grundsätzlich weiter besteht.

# Stellenaustritt ohne gesundheitlichen Hintergrund

## Kündigungsfristen

Während der vereinbarten Probezeit von maximal drei Monaten beträgt die Kündigungsfrist sieben Tage auf das Ende einer Arbeitswoche.

Wenn durch Einzelarbeitsvertrag oder Gesamtarbeitsvertrag keine anderen Fristen vereinbart wurden, gelten die gesetzlichen Kündigungsfristen. Dabei kann im ersten Dienstjahr auf das Ende des nächstfolgenden Monats gekündigt werden. Hat das Arbeitsverhältnis mehr als ein Jahr gedauert, kann auf das Ende der nächstfolgenden zwei Monate und bei einem Arbeitsverhältnis von über neun Jahren auf das Ende der nächstfolgenden drei Monate gekündigt werden.

Nach Ablauf der Probezeit stehen Arbeitnehmerinnen während der Schwangerschaft und bis 16 Wochen nach der Niederkunft unter einem Kündigungsschutz von Seiten des Arbeitgebers. Hingegen können sie selbst das Arbeitsverhältnis, unter Einhaltung der Kündigungsfrist, auch während dieser Zeit kündigen.

### Befristete Arbeitsverhältnisse

Befristete Arbeitsverhältnisse enden auf den vereinbarten Zeitpunkt, ohne dass diese zu kündigen sind.

### Kündigende Partei

Ausser in der Arbeitslosenversicherung spielt es keine Rolle, ob die Kündigung durch den Arbeitgeber oder die Arbeitnehmerin, beziehungsweise den Arbeitnehmer ausgesprochen wurde.

## Alters- Hinterlassenenvorsorge

### Abmeldung

Die Beitragspflicht an die AHV endet mit Auflösung des Arbeitsverhältnisses. Eine spezielle Austrittsmeldung ist nicht vorzunehmen. Allenfalls sollte bei den austretenden Arbeitnehmerinnen und Arbeitnehmern sichergestellt werden, dass die Anmeldung an die AHV erfolgt ist. Sind Arbeitnehmende im Zeitpunkt des Dienstaustritts mindestens 50 Jahre alt und hat das Arbeitsverhältnis mehr als 20 Jahre gedauert, besteht ein Anspruch auf eine Abgangsentschädigung.

## Abgangsentschädigung

### Entstehung

Anspruch auf Abgangsentschädigungen gemäss Obligationenrecht haben Arbeitnehmerinnen und Arbeitnehmer nach dem 50igsten Altersjahr, sofern das Dienstverhältnis länger als 20 Jahre gedauert hat.

Die Höhe der Abgangsentschädigung kann im Arbeitsvertrag oder durch einen Gesamt- oder Normalarbeitsvertrag geregelt werden. Sie entspricht mindestens dem Bruttolohn von zwei Monaten. Bei Fehlen eines Vertrages wird bei Uneinigkeit der Betrag vom Richter festgelegt, wobei dieser maximal dem Bruttolohn von acht Monaten entsprechen darf. Die Entschädigung ist nicht geschuldet, wenn der Arbeitgeber dadurch in eine Notlage kommen würde.

### Sozialversicherungsrelevanz in der AHV

Grundsätzlich gehören alle Leistungen des Arbeitgebers an seine Arbeitnehmenden und somit auch Abgangsentschädigungen zum massgebenden Lohn im Sinne der AHV. Vor dem Hintergrund der Förderung von freiwilligen Arbeitgeberleistungen zugunsten von Personen, die in der beruflichen Vorsorge nicht oder nur ungenügend versichert sind, hat der Gesetzgeber zwei Ausnahmen vorgesehen:

- Sozialleistungen bei ungenügender beruflicher Vorsorge
- Sozialleistungen bei Entlassungen aus betrieblichen Gründen

Die beitragsrechtliche Behandlung von Leistungen des Arbeitgebers bei Beendigung des Arbeitsverhältnisses ist wie folgt geregelt: Sozialleistungen des Arbeitgebers bei Beendigung des Arbeitsverhältnisses können unter gewissen Umständen vom massgebenden Lohn ausgenommen werden. Dies betrifft freiwillige Leistungen des Arbeitgebers an Arbeitnehmende, die in der beruflichen Vorsorge nicht oder lückenhaft versichert sind, und Abgangsentschädigungen für Personen, die aus betrieblichen Gründen (Betriebsschliessungen, -zusammenlegungen und -restrukturierungen) entlassen werden.

### Sozialleistungen bei ungenügender beruflicher Vorsorge

Leistungen des Arbeitgebers bei Beendigung eines mehrjährigen Arbeitsverhältnisses sind für jedes Jahr, in dem der Arbeitnehmende nicht in der beruflichen Vorsorge versichert war, bis zur Höhe der im Zeitpunkt der Auszahlung geltenden halben minimalen monatlichen Altersrente vom massgebenden Lohn ausgenommen. Damit sollen freiwillige Arbeitgeberleistungen zugunsten dieser Personengruppe gefördert werden.

### Erfasster Personenkreis

Dabei handelt es sich um Personen, die aufgrund eines kleinen Einkommens durch kein Arbeitsverhältnis in der obligatorischen beruflichen Vorsorge versichert sind. Das Alter der Personen oder die Anzahl Dienstjahre spielt dabei keine Rolle. Es ist auch nicht notwendig, dass eine Person während der Tätigkeit für den Arbeitgeber überhaupt nie in der beruflichen Vorsorge versichert war. So profitieren von dieser Ausnahmebestimmung auch Personen, die aufgrund eines schwankenden Arbeitspensums nur während einzelnen Jahren der beruflichen Vorsorge unterstanden.

### Ungenügende berufliche Vorsorge

Die Vorsorge ist ungenügend, wenn ein mehrjähriges Arbeitsverhältnis bestanden hat und dabei mindestens ein volles fehlendes Versicherungsjahr in der beruflichen Vorsorge entstanden ist.

Es werden also primär jene Arbeitnehmenden begünstigt, die insgesamt, über mehrere Jahre hinweg betrachtet, über einen ungenügenden Schutz in der beruflichen Vorsorge verfügen.

Hingegen greift diese Regelung bei kurzfristigen Arbeitsverhältnissen oder bei kurzfristiger unterjähriger Nichtunterstellung in der beruflichen Vorsorge nicht.

Ebenfalls nicht vom massgebenden Lohn ausgenommen wird eine zusätzliche Vorsorgeleistung des Arbeitgebers an Arbeitnehmer, die zwar aufgrund ihres tiefen Einkommens nicht obligatorisch versi-chert, jedoch einer freiwilligen beruflichen Vorsorge angeschlossen sind.

### Höhe der beitragsfreien Leistung

Die Höhe der beitragsfreien Leistung ist berechnet sich nach der Anzahl der fehlenden Versicherungsjahre. Für jedes fehlende Versicherungsjahr kann ein Betrag in der Höhe der Hälfte der monatlichen Mindestrente der AHV vom massgebenden Lohn ausgenommen werden.

Zahlt der Arbeitgeber seine Leistung in Rentenform aus, so werden die Renten nach Tabellen des Bundesamtes für Sozialversicherungen kapitalisiert. Übersteigt der kapitalisierte Wert der Leistung den beitragsfreien Betrag, so werden auf dem überschiessenden Teil die Beiträge abgerechnet.

### Sozialleistungen bei Entlassungen aus betrieblichen Gründen

AHV-Beitragsrechtlich privilegiert werden alle Sozialleistungen, die der Arbeitgeber bei Entlassungen aus betrieblichen Gründen ausrichtet, also explizit auch solche bei Entlassungen infolge von Restrukturierungen. Dabei werden Leistungen bis zur Höhe des doppelten Betrages der maximalen jährlichen AHV-Altersrente vom massgebenden Lohn ausgenommen.

Diese Bestimmung ist auch auf Frühpensionierungen anwendbar, die vom Arbeitgeber aus betrieblichen Gründen ausgesprochen werden. Nicht Gegenstand der Privilegierung sind hingegen andere Leistungen des Arbeitgebers bei Betriebsumstrukturierungen, die nicht in Zusammenhang mit Entlassungen stehen.

**Umschreibung der betrieblichen Gründe**

Als betriebliche Gründe gelten Betriebsschliessungen, -zusammenlegungen und -restrukturierungen. Eine Betriebsrestrukturierung liegt vor:

- wenn die Voraussetzungen für eine Teilliquidation der Vorsorgeeinrichtung, welche die obligatorische berufliche Vorsorge durchführt, erfüllt sind; oder
- im Falle einer durch Sozialplan geregelten kollektiven Entlassung.

**Betriebsrestrukturierung**

Eine Restrukturierung wird angenommen, wenn die Voraussetzungen für eine Teilliquidation der Vorsorgeeinrichtung, welche die obligatorische berufliche Vorsorge durchführt, erfüllt sind. Dies ist bei einer erheblichen Verminderung der Belegschaft oder einer Restrukturierung vermutungsweise der Fall. Die Teilliquidationsreglemente der Vorsorgeeinrichtungen umschreiben im Einzelnen, wann eine Verminderung der Belegschaft erheblich ist und wann eine Restrukturierung angenommen wird.

Wird keine Teilliquidation der Vorsorgeeinrichtung vorgenommen, so findet allenfalls das zweite Kriterium Anwendung. Dabei regelt ein Sozialplan die Arbeitgeberleistungen bei einer kollektiven Entlassung. Darauf gestützt liegt eine kollektive Entlassung dann vor, wenn eine grössere Anzahl von Arbeitnehmenden im Rahmen einer Umstrukturierungsmassnahme entlassen wird. Dieses Kriterium kommt somit bei Betrieben ab einer gewissen Grösse zu tragen. Die Einschränkung auf kollektive Entlassungen mit vorliegendem Sozialplan soll gewähren, dass es zu keiner Beitragsbefreiung kommt, wenn nur einzelne Arbeitnehmer eine Arbeitgeberleistung erhalten.

**Kreis der Entlassenen**

Von der Beitragsprivilegierung profitieren alle, die den Betrieb infolge der oben erwähnten betrieblichen Vorgänge verlassen müssen, unabhängig davon, ob die Personen in den vorzeitigen Ruhestand treten oder ob sie eine andere Stelle annehmen.

### Höhe der beitragsfreien Leistung

Beitragsfrei sind die Abgangsentschädigungen nur, soweit sie die Höhe der doppelten maximalen jährlichen Altersrente nicht übersteigen. Durch diese Obergrenze werden nur Leistungen privilegiert, die betragsmässig als Sozialleistungen angesehen werden können. Diese Obergrenze gilt unabhängig vom konkreten Verdienst der betroffenen Arbeitnehmenden.

**Wichtiger Praxishinweis:**

Grundsätzlich gehören Abgangsentschädigungen des Arbeitgebers an seine Arbeitnehmenden zum massgebenden Lohn im Sinne der AHV. Vor dem Hintergrund der Förderung von freiwilligen Arbeitgeberleistungen zugunsten von Personen, die in der beruflichen Vorsorge nicht oder nur ungenügend versichert sind, hat der Gesetzgeber zwei Ausnahmen vorgesehen:

- Sozialleistungen bei ungenügender beruflicher Vorsorge
- Sozialleistungen bei Entlassungen aus betrieblichen Gründen

## Invalidenvorsorge

### Abmeldung

Die Beitragspflicht an die Invalidenversicherung endet mit Auflösung des Arbeitsverhältnisses. Eine spezielle Austrittsmeldung ist nur dann vorzunehmen, wenn die Invalidenversicherung IV-bedingte Arbeitsplatzanpassungen vorgenommen hat. Damit kann die Invalidenversicherung nach erfolgtem Dienstaustritt wieder über diese Hilfsmittel verfügen.

## Berufliche Vorsorge

### Informationspflicht

Der Arbeitgeber hat die Informationspflicht über die Weiterversicherungsmöglichkeiten gegenüber dem Arbeitnehmenden. Im Streitfall muss er nachweisen können, dass er seiner Informationspflicht nachgekommen ist. In der Praxis händigt der Arbeitgeber dem Arbeitnehmenden bei Stellenaustritt ein entsprechendes Informationsblatt der Pensionskasse aus und bestätigt der Pensionskasse schriftlich, wann er seiner Informationspflicht nachgekommen ist.

Die Pensionskassen stellen ihren angeschlossenen Firmen kassenspezifische Formulare für das Meldewesen zur Verfügung.

**Abmeldung**

Die austretende Person ist bei der Pensionskasse schriftlich abzumelden. Die Pensionskassen stellen dem Arbeitgeber in der Regel Austrittsmeldeformulare zur Verfügung. Auf dieser Abmeldung ist schriftlich bekannt zu geben, ob der Austritt aus gesundheitlichen Gründen erfolgt oder nicht.

**Austrittsleistung**

Die Pensionskasse berechnet die Austrittsleistung der versicherten Person und überweist diese an die neue Vorsorgeeinrichtung. Falls die austretende Person bei Austritt noch keine neue Stelle angenommen hat, so kann sie die Austrittsleistung auf ein bestehendes oder neu zu eröffnendes Freizügigkeitskonto bei einer Bankstiftung oder auf eine Freizügigkeitspolice bei einer Lebensversicherungsgesellschaft überweisen lassen. Falls es das Vorsorgereglement vorsieht, kann die Austrittsleistung für eine bestimmte Zeit bei der Pensionskasse des letzten Arbeitgebers belassen werden. Sobald eine neue Stelle angetreten wird, ist die Austrittsleistung an die neue Pensionskasse zu überweisen.

Austrittsleistungen können der versicherten Person auf deren Gesuch hin ausbezahlt werden, wenn die obligatorische Versicherungsunterstellung wegfällt und einer der folgenden Barauszahlungsgründe vorliegt:

- Definitives Verlassen der Schweiz in den EU-, beziehungsweise EFTA-Raum, für die ausserobligatorische Austrittsleistung
- Definitives Verlassen der Schweiz in ein Drittland ausserhalb des EU-, beziehungsweise EFTA-Raumes, für die gesamte Austrittsleistung
- Aufnahme einer selbständigen Erwerbstätigkeit ohne weitere BVG-Unterstellungspflicht, für die gesamte Austrittsleistung
- Geringfügigkeit des Betrages, für die gesamte Austrittsleistung

**Wichtiger Merkpunkt für die Praxis:**

Wird die Austrittsleistung bei der letzten Pensionskasse so lange belassen, bis diese an eine neue Pensionskasse überwiesen werden kann, so können damit Kosten für die Erstellung und Auflösung eines Freizügigkeitskontos, beziehungsweise die Kosten und die Rückkaufsverluste einer Freizügigkeitspolice vermieden werden. Das ist in einer Zeit mit bescheidener Verzinsung entsprechend relevanter als in einer Hochzinsphase.

### Nachdeckungsfrist

Für Austretende besteht für die Risiken Tod und Invalidität nach Beendigung des Arbeitsverhältnisses eine Nachdeckung während längstens einem Monat. Diese Nachdeckung endet früher mit der Aufnahme einer neuen unselbständigen Erwerbstätigkeit, verbunden mit einer neuen Pensionskassenunterstellung oder mit Aufnahme einer selbständigerwerbenden Tätigkeit.

Die Pensionskasse kann vom Austretenden für diese Nachdeckung einen Risikobeitrag verlangen, wenn dieser Anspruch auf diese Deckung erhebt. In der Praxis unterlassen die Pensionskassen eine solche Beitragserhebung aus administrativen Gründen.

**Wichtiger Hinweis:**

Ab Stellenaustritt haben Austretende während einem Monat eine Nachdeckung aus der bisherigen Pensionskasse für die Risiken Tod und Invalidität.

## Unfallversicherung

### Abmeldung

Die Beitragspflicht an die Unfallversicherung endet mit Auflösung des Arbeitsverhältnisses. Eine spezielle Austrittsmeldung ist nicht vorzunehmen.

### Weiterführung

Austretende sind vom Arbeitgeber darauf hinzuweisen, dass in der Unfallversicherung die Möglichkeit besteht, für maximal 180 Tage in eine Einzelversicherung, die sogenannte Abredeversicherung, überzutreten. Die Beiträge muss die austretende Person selbst bezahlen.

Die Frist für austretende Personen um eine solche Versicherung abzuschliessen, beträgt 30 Tage nach Beendigung des Arbeitsverhältnisses.

## Krankenversicherung

### Abmeldung

Die Beitragspflicht an die Krankentaggeldversicherung endet mit Auflösung des Arbeitsverhältnisses. Eine spezielle Austrittsmeldung ist nicht vorzunehmen.

### Weiterführung

Austretende sind vom Arbeitgeber darauf hinzuweisen, dass in der Krankentaggeldversicherung die Möglichkeit besteht, in eine Einzelversicherung überzutreten. Die Beiträge muss die austretende Person selbst bezahlen.

Die Frist für austretende Personen um eine solche Versicherung abzuschliessen, beträgt 30 Tage nach Beendigung des Arbeitsverhältnisses.

## Erwerbsersatzordnung

### Abmeldung
Die Beitragspflicht an die Erwerbsersatzordnung endet mit Auflösung des Arbeitsverhältnisses. Eine spezielle Austrittsmeldung ist nicht vorzunehmen.

## Mutterschaftsversicherung

### Abmeldung
Die Beitragspflicht an die Erwerbsersatzordnung und damit auch an die Mutterschaftsversicherung endet mit Auflösung des Arbeitsverhältnisses. Eine spezielle Austrittsmeldung ist nicht vorzunehmen.

## Familienzulagen

### Abmeldung
Bei Stellenaustritt ist keine Austrittsmeldung notwendig, ausser wenn die Arbeitnehmerin oder der Arbeitnehmer zum Zeitpunkt des Austritts Leistungen der Familienausgleichskasse bezieht.

### Beiträge
Mit Wegfall des Erwerbseinkommens entfällt auch die Beitragspflicht.

### Leistungen
Der Anspruch auf Familienzulagen hängt in den meisten Kantonen von der Existenz eines Erwerbseinkommens ab. Ausnahmen davon sind im Anhang in der Übersicht „Anspruch auf Familienzulagen bei Unterbruch der Arbeit" ersichtlich. Zudem richten die Kantone Freiburg, Genf, Jura, Schaffhausen und Wallis Familienzulagen auch für nichterwerbstätige Personen aus. Die jeweiligen Anspruchsvoraussetzungen dieser 5 Kantone sind im Anhang festgehalten (Anspruch auf Familienzulagen für Nichterwerbstätige).

In allen anderen Kantonen werden nach Stellenaustritt, ohne in ein neues Arbeitsverhältnis einzutreten, keine Familienzulagen ausgerichtet. Allenfalls besteht ein Anspruch durch den zweiten Elternteil, falls dieser erwerbstätig ist.

## Arbeitslosenversicherung

### Abmeldung
Die Beitragspflicht an die Arbeitslosenversicherung endet mit Auflösung des Arbeitsverhältnisses. Eine spezielle Austrittsmeldung ist nicht vorzunehmen.

Werden austretende Arbeitnehmerinnen oder Arbeitnehmer arbeitslos und melden sich bei der Arbeitslosenversicherung an, muss der Arbeitgeber ein Formular „Arbeitgeberbescheinigung" zuhanden der Arbeitslosenversicherung ausfüllen. Dieses beinhaltet unter anderem den Grund der Auflösung, sowie Angaben über die Dauer des Arbeitsverhältnisses und die ausbezahlten Löhne.

### Kündigung durch Arbeitnehmende
Arbeitnehmerinnen oder Arbeitnehmer, die sich bei der Arbeitslosenversicherung anmelden, erhalten bei unbegründeten Kündigungen ihrerseits Einstelltage. Während diesen Einstelltagen wird keine Arbeitslosenentschädigung bezahlt.

### Kündigung durch den Arbeitgeber
Erfolgt die Kündigung durch den Arbeitgeber, erhalten Arbeitnehmerinnen oder Arbeitnehmer keine Einstelltage, wenn sie sich frühzeitig bei der Arbeitslosenversicherung anmelden.

# Stellenaustritt infolge Pensionierung

## Stellenaustritt infolge Pensionierung

Die Ausführungen zum Stellenaustritt infolge Pensionierung beinhalten auch Teilpensionierungen, sowie vorzeitige und aufgeschobene Pensionierungen.

### Alters- Hinterlassenenvorsorge

Eine Dienstaustrittsmeldung an die AHV ist nicht erforderlich. Die Löhne der unterjährig pensionierten Personen sind, genau wie die Löhne der anderen Angestellten, der zuständigen AHV-Ausgleichskasse mittels der jährlichen Lohnbescheinigung einzureichen.

### Ordentliche Pensionierung

Das ordentliche Pensionierungsalter wird in der AHV am Ende des Monats erreicht, in welchem Arbeitnehmerinnen ihren 64. beziehungsweise Arbeitnehmer ihren 65. Geburtstag haben.

### Vorzeitige Pensionierung

Eine vorzeitige Pensionierung mit entsprechender Rentenkürzung ist bei der AHV frühestens zwei Jahre vor Erreichung des ordentlichen Pensionierungsalters möglich. Männer und Frauen, welche die Voraussetzungen für den Anspruch auf eine ordentliche Altersrente erfüllen, können die Rente ein oder zwei Jahre vorbeziehen. Der Rentenanspruch entsteht in diesen Fällen für Männer am ersten Tag des Monats nach Vollendung des 64. oder 63. Altersjahres, für Frauen am ersten Tag des Monats nach Vollendung des 63. oder 62. Altersjahres. Während der Dauer des Rentenvorbezugs werden keine Kinderrenten ausgerichtet.

### Aufgeschobene Pensionierung

Personen, die Anspruch auf eine ordentliche Altersrente haben, können den Beginn des Rentenbezuges mindestens ein Jahr und höchstens fünf Jahre aufschieben. Innerhalb dieser Rahmenfrist kann die infolge des Rentenaufschubs erhöhte Rente von einem bestimmten Monat an abgerufen werden.

### Erwerbseinkommen nach ordentlichem Pensionierungsalters

Arbeitet eine Arbeitnehmerin oder ein Arbeitnehmer nach Erreichen des ordentlichen Pensionierungsalter weiter, ist das entsprechende Erwerbseinkommen nur noch beschränkt AHV-beitragspflichtig. Das monatliche Einkommen wird dabei um einen Freibetrag von 1'400 Franken reduziert.

Stellenaustritt infolge Pensionierung

**Berechnungsbeispiel:**

Max Muster ist angestellt und verdient monatlich 6'000 Franken, plus 13. Monatslohn (fällig jeweils Ende Jahr).
Er wird am 15. Juli pensioniert. Er vereinbart mit seinem Arbeitgeber, dass er bis Ende November zu gleichen Lohnbedingungen weiterarbeitet. Die Beitragspflicht an die AHV sieht in diesem Jahr wie folgt aus:

| Monat | Bruttoeinkommen | AHV-Freibetrag | AHV-pflichtiges Einkommen | Bemerkungen |
|---|---|---|---|---|
| Januar | 6'000.- | 0.- | 6'000.- | |
| Februar | 6'000.- | 0.- | 6'000.- | |
| März | 6'000.- | 0.- | 6'000.- | |
| April | 6'000.- | 0.- | 6'000.- | |
| Mai | 6'000.- | 0.- | 6'000.- | |
| Juni | 6'000.- | 0.- | 6'000.- | |
| Juli | 6'000.- | 0.- | 6'000.- | Geburtstag am 15.7. |
| August | 6'000.- | 1'400.- | 4'600.- | Freibetrag relevant |
| September | 6'000.- | 1'400.- | 4'600.- | Freibetrag relevant |
| Oktober | 6'000.- | 1'400.- | 4'600.- | Freibetrag relevant |
| November | 11'500.- | 1'400.- | 10'100.- | Freibetrag relevant; Einkommen inklusive Anteil des 13. Monatslohns |
| Dezember | 0.- | 0.- | 0.- | Keine Erwerbstätigkeit |
| TOTAL | 71'500.- | 5'600.- | 65'900.- | |

Ein Übertrag des Freibetrages oder Teilen davon auf andere Monate in welchen Erwerbseinkommen erzielt wird, ist nicht möglich. Ist das Monatseinkommen geringer als der monatliche Freibetrag, wird das Einkommen in diesem Monat auf null gesetzt. Beispiel einer solchen Erwerbstätigkeit einer Altersrentnerin oder eines Altersrenters:

Stellenaustritt infolge Pensionierung

| Monat | Bruttoeinkommen | AHV-Freibetrag | AHV-pflichtiges Einkommen | Bemerkungen |
|---|---|---|---|---|
| Januar | 2'000.- | 1'400.- | 600.- | Differenzbetrag |
| Februar | 600.- | 1'400.- | 0.- | Freibetrag grösser als Einkommen |
| März | 0.- | 0.- | 0.- | Kein Einkommen |
| April | 1'500.- | 1'400.- | 100.- | Differenzbetrag |
| Mai | 0.- | 0.- | 0.- | Kein Einkommen |
| Juni | 1'400.- | 1'400.- | 0.- | Freibetrag grösser als Einkommen |
| Juli | 500.- | 1'400.- | 0.- | Freibetrag grösser als Einkommen |
| August | 1'300.- | 1'400.- | 0.- | Freibetrag grösser als Einkommen |
| September | 200.- | 1'400.- | 0.- | Freibetrag grösser als Einkommen |
| Oktober | 800.- | 1'400.- | 0.- | Freibetrag grösser als Einkommen |
| November | 1'500.- | 1'400.- | 100.- | Differenzbetrag |
| Dezember | 3'400.- | 1'400.-- | 2'000.- | Differenzbetrag |
| TOTAL | 13'200.- | | 2'800.- | |

**Wichtiger Praxishinweis:**

Ab Folgemonat nach Erreichen des ordentlichen Pensionierungsalters vermindert sich das beitragspflichtige Einkommen für AHV/IV/EO um 1400 Franken für jeden Monat in welchem Erwerbseinkommen erzielt wird. Eine ganze oder teilweise Anrechnung des monatlichen Freibetrages an Erwerbseinkommen von anderen Monaten ist nicht zulässig. Ebenso ist es nicht zulässig, vom Jahresbruttoeinkommen einfach 16'800 Franken abzuziehen, wenn in einzelnen Monaten ein Einkommen von weniger als 1400 Franken erzielt wurde. Dieser Freibetrag gilt erst ab Erreichen des ordentlichen Pensionierungsalters und nicht schon ab einer vorzeitigen Pensionierung.

## Abgangsentschädigung

### Entstehung

Anspruch auf Abgangsentschädigungen gemäss Obligationenrecht haben Arbeitnehmerinnen und Arbeitnehmer nach dem 50igsten Altersjahr, sofern das Dienstverhältnis länger als 20 Jahre gedauert hat.

# Stellenaustritt infolge Pensionierung

Die Höhe der Abgangsentschädigung kann im Arbeitsvertrag oder durch einen Gesamt- oder Normalarbeitsvertrag geregelt werden. Sie entspricht mindestens dem Bruttolohn von zwei Monaten. Bei Fehlen eines Vertrages wird bei Uneinigkeit der Betrag vom Richter festgelegt, wobei dieser maximal dem Bruttolohn von acht Monaten entsprechen darf. Die Entschädigung ist nicht geschuldet, wenn der Arbeitgeber dadurch in eine Notlage kommen würde.

### Sozialversicherungsrelevanz in der AHV

Grundsätzlich gehören alle Leistungen des Arbeitgebers an seine Arbeitnehmenden und somit auch Abgangsentschädigungen zum massgebenden Lohn im Sinne der AHV. Vor dem Hintergrund der Förderung von freiwilligen Arbeitgeberleistungen zugunsten von Personen, die in der beruflichen Vorsorge nicht oder nur ungenügend versichert sind, hat der Gesetzgeber zwei Ausnahmen vorgesehen:

- Sozialleistungen bei ungenügender beruflicher Vorsorge
- Sozialleistungen bei Entlassungen aus betrieblichen Gründen

Die beitragsrechtliche Behandlung von Leistungen des Arbeitgebers bei Beendigung des Arbeitsverhältnisses ist wie folgt geregelt: Sozialleistungen des Arbeitgebers bei Beendigung des Arbeitsverhältnisses können unter gewissen Umständen vom massgebenden Lohn ausgenommen werden. Dies betrifft freiwillige Leistungen des Arbeitgebers an Arbeitnehmende, die in der beruflichen Vorsorge nicht oder lückenhaft versichert sind, und Abgangsentschädigungen für Personen, die aus betrieblichen Gründen (Betriebsschliessungen, -zusammenlegungen und -restrukturierungen) entlassen werden.

### Sozialleistungen bei ungenügender beruflicher Vorsorge

Leistungen des Arbeitgebers bei Beendigung eines mehrjährigen Arbeitsverhältnisses sind für jedes Jahr, in dem der Arbeitnehmende nicht in der beruflichen Vorsorge versichert war, bis zur Höhe der im Zeitpunkt der Auszahlung geltenden halben minimalen monatlichen Altersrente vom massgebenden Lohn ausgenommen. Damit sollen freiwillige Arbeitgeberleistungen zugunsten dieser Personengruppe gefördert werden.

### Erfasster Personenkreis

Dabei handelt es sich um Personen, die aufgrund eines kleinen Einkommens durch kein Arbeitsverhältnis in der obligatorischen beruflichen Vorsorge versichert sind. Das Alter der Personen oder die Anzahl Dienstjahre spielt dabei keine Rolle. Es ist auch nicht notwendig, dass eine Person während der Tätigkeit für den Arbeitgeber überhaupt nie in der beruflichen Vorsorge versichert war. So profitieren von dieser Ausnahmebestimmung auch Personen, die aufgrund eines schwankenden Arbeitspensums nur während einzelnen Jahren der beruflichen Vorsorge unterstanden.

**Ungenügende berufliche Vorsorge**

Die Vorsorge ist ungenügend, wenn ein mehrjähriges Arbeitsverhältnis bestanden hat und dabei mindestens ein volles fehlendes Versicherungsjahr in der beruflichen Vorsorge entstanden ist.

Es werden also primär jene Arbeitnehmenden begünstigt, die insgesamt, über mehrere Jahre hinweg betrachtet, über einen ungenügenden Schutz in der beruflichen Vorsorge verfügen.

Hingegen greift diese Regelung bei kurzfristigen Arbeitsverhältnissen oder bei kurzfristiger unterjähriger Nichtunterstellung in der beruflichen Vorsorge nicht.

Ebenfalls nicht vom massgebenden Lohn ausgenommen wird eine zusätzliche Vorsorgeleistung des Arbeitgebers an Arbeitnehmer, die zwar aufgrund ihres tiefen Einkommens nicht obligatorisch versi-chert, jedoch einer freiwilligen beruflichen Vorsorge angeschlossen sind.

**Höhe der beitragsfreien Leistung**

Die Höhe der beitragsfreien Leistung ist berechnet sich nach der Anzahl der fehlenden Versicherungsjahre. Für jedes fehlende Versicherungsjahr kann ein Betrag in der Höhe der Hälfte der monatlichen Mindestrente der AHV vom massgebenden Lohn ausgenommen werden.

Zahlt der Arbeitgeber seine Leistung in Rentenform aus, so werden die Renten nach Tabellen des Bundesamtes für Sozialversicherungen kapitalisiert. Übersteigt der kapitalisierte Wert der Leistung den beitragsfreien Betrag, so werden auf dem überschiessenden Teil die Beiträge abgerechnet.

**Sozialleistungen bei Entlassungen aus betrieblichen Gründen**

AHV-Beitragsrechtlich privilegiert werden alle Sozialleistungen, die der Arbeitgeber bei Entlassungen aus betrieblichen Gründen ausrichtet, also explizit auch solche bei Entlassungen infolge von Restrukturierungen. Dabei werden Leistungen bis zur Höhe des doppelten Betrages der maximalen jährlichen AHV-Altersrente vom massgebenden Lohn ausgenommen.

Diese Bestimmung ist auch auf Frühpensionierungen anwendbar, die vom Arbeitgeber aus betrieblichen Gründen ausgesprochen werden.

Nicht Gegenstand der Privilegierung sind hingegen andere Leistungen des Arbeitgebers bei Betriebsumstrukturierungen, die nicht in Zusammenhang mit Entlassungen stehen.

**Umschreibung der betrieblichen Gründe**
Als betriebliche Gründe gelten Betriebsschliessungen, -zusammenlegungen und -restrukturierungen. Eine Betriebsrestrukturierung liegt vor:

- wenn die Voraussetzungen für eine Teilliquidation der Vorsorgeeinrichtung, welche die obligatorische berufliche Vorsorge durchführt, erfüllt sind; oder
- im Falle einer durch Sozialplan geregelten kollektiven Entlassung.

**Betriebsrestrukturierung**

Eine Restrukturierung wird angenommen, wenn die Voraussetzungen für eine Teilliquidation der Vorsorgeeinrichtung, welche die obligatorische berufliche Vorsorge durchführt, erfüllt sind. Dies ist bei einer erheblichen Verminderung der Belegschaft oder einer Restrukturierung vermutungsweise der Fall. Die Teilliquidationsreglemente der Vorsorgeeinrichtungen umschreiben im Einzelnen, wann eine Verminderung der Belegschaft erheblich ist und wann eine Restrukturierung angenommen wird.

Wird keine Teilliquidation der Vorsorgeeinrichtung vorgenommen, so findet allenfalls das zweite Kriterium Anwendung. Dabei regelt ein Sozialplan die Arbeitgeberleistungen bei einer kollektiven Entlassung. Darauf gestützt liegt eine kollektive Entlassung dann vor, wenn eine grössere Anzahl von Arbeitnehmenden im Rahmen einer Umstrukturierungsmassnahme entlassen wird. Dieses Kriterium kommt somit bei Betrieben ab einer gewissen Grösse zu tragen. Die Einschränkung auf kollektive Entlassungen mit vorliegendem Sozialplan soll gewähren, dass es zu keiner Beitragsbefreiung kommt, wenn nur einzelne Arbeitnehmer eine Arbeitgeberleistung erhalten.

**Kreis der Entlassenen**

Von der Beitragsprivilegierung profitieren alle, die den Betrieb infolge der oben erwähnten betrieblichen Vorgänge verlassen müssen, unabhängig davon, ob die Personen in den vorzeitigen Ruhestand treten oder ob sie eine andere Stelle annehmen.

**Höhe der beitragsfreien Leistung**

Beitragsfrei sind die Abgangsentschädigungen nur, soweit sie die Höhe der doppelten maximalen jährlichen Altersrente nicht übersteigen. Durch diese Obergrenze werden nur Leistungen privilegiert, die betragsmässig als Sozialleistungen angesehen werden können. Diese

# Stellenaustritt infolge Pensionierung

Obergrenze gilt unabhängig vom konkreten Verdienst der betroffenen Arbeitnehmenden.

**Wichtiger Praxishinweis:**

Grundsätzlich gehören Abgangsentschädigungen des Arbeitgebers an seine Arbeitnehmenden zum massgebenden Lohn im Sinne der AHV. Vor dem Hintergrund der Förderung von freiwilligen Arbeitgeberleistungen zugunsten von Personen, die in der beruflichen Vorsorge nicht oder nur ungenügend versichert sind, hat der Gesetzgeber zwei Ausnahmen vorgesehen:

- Sozialleistungen bei ungenügender beruflicher Vorsorge
- Sozialleistungen bei Entlassungen aus betrieblichen Gründen

**Invalidenversicherung**

Eine Dienstaustrittsmeldung an die Invalidenversicherung ist nicht erforderlich.

**Erwerbsersatzordnung**

Eine Dienstaustrittsmeldung an die Erwerbsersatzordnung ist nicht erforderlich.

**Berufliche Vorsorge**

Die Pensionskassen stellen ihren angeschlossenen Firmen kassenspezifische Formulare für das Meldewesen zur Verfügung.

**Ordentliche Pensionierung mit 64, bzw. 65**

In der Regel kontaktieren Pensionskassen ihre Versicherten über deren Arbeitgeber vor Erreichen des ordentlichen Pensionierungsalters. Dennoch gilt der Grundsatz, dass Leistungen erst nach der Einreichung eines entsprechenden begründeten Leistungsgesuchs ausgerichtet werden.

Gleichzeitig braucht es eine Abmeldung des Arbeitgebers, woraus hervorgeht, wann das Arbeitsverhältnis endet oder ob die versicherte Person über das Pensionierungsalter hinaus weiterarbeitet. Oft stellen Pensionskassen den angeschlossenen Arbeitgebern und ihren Versicherten Antragsformulare zur Verfügung, mit welchen Dienstaustritte infolge von Pensionierung und die entsprechenden Leistungsanträge gemeldet werden können.

**Barbezug des Alterskapitals**

Vorsorgereglemente können vorsehen, dass die versicherten Personen anstelle einer Altersrente eine Kapitalabfindung verlangen können. Mindestens ein Viertel der Altersleistung muss nach Bundesgesetz über die berufliche Alters-, Hinterlassenen- und Invalidenvorsorge auf Verlangen der versicherten Person in Kapitalform ausgerichtet werden. Für den Kapitalbezug der Altersleistung hat die versicherte Person ihrer Pensionskasse eine entsprechende Kapitaloption innerhalb der reglementarisch festgelegten Frist einzureichen.

## Vorzeitige Pensionierung

### Vorzeitige Pensionierung auf Wunsch des Arbeitnehmers

Vorzeitige Pensionierungen sind gemäss den aktuellen gesetzlichen Bestimmungen frühestens ab Alter 58 vorgesehen. Allerdings gibt es Ausnahmen zugunsten früherer Pensionierungen bei betrieblichen Restrukturierungen und auch bei Arbeitsverhältnissen, die frühere Pensionierungen aus Gründen der öffentlichen Sicherheit vorsehen. Umgekehrt kann das Vorsorgereglement der zuständigen Pensionskasse restriktivere oder gar keine Möglichkeiten einer vorzeitigen Pensionierung vorsehen.

Das Vorsorgereglement einer Pensionskasse kann zudem vorsehen, dass die versicherten Personen Einkäufe tätigen können, um Leistungskürzungen infolge einer langfristig geplanten vorzeitigen Pensionierung ganz oder teilweise auszugleichen.

Bei einer anstehenden vorzeitigen Pensionierung ist also das Vorsorgereglement zu beachten. Darin wird auch festgelegt, was in dieser Pensionskasse vorsorgerechtlich als vorzeitige Pensionierung gilt und wie hoch die entsprechenden vorgezogenen Leistungsansprüche sind. Liegt ein reglementarischer Anspruch auf Leistungen infolge einer vorzeitigen Pensionierung vor, werden die entsprechenden Altersleistungen ausbezahlt. Liegt die vorzeitige Pensionierung vor dem Zeitpunkt der reglementarisch frühstmöglichen vorzeitigen Pensionierung, so liegt vorsorgerechtlich keine Pensionierung vor.

Der Austritt wird dann als normaler Dienstaustritt behandelt. Dabei kann die Austrittsleistung nur dann bar bezogen werden, wenn ein gesetzlicher Barauszahlungsgrund vorliegt. Je nach Vorsorgereglement können vorteilhafte Regelungen gelten. Beispielsweise könnten die Vorsorgeguthaben, trotz Austritt der Versicherten, bis zum Erreichen des vorzeitigen oder ordentlichen Rentenalters in der Pensionskasse verbleiben, wenn die Arbeitnehmerin oder der Arbeitnehmer dies explizit wünschen und das entsprechende Begehren der Pensionskasse schriftlich mitteilen. Eventuell kann dann bei Pensionierung anstelle des Vorsorgekapitals eine lebenslängliche Altersrente bezogen werden. Je nach Vorsorgereglement ist es allenfalls möglich, dass bis zum Bezug der Altersleistungen weiterhin Beiträge geleistet werden können. Sehr komfortabel für die Arbeitnehmerin oder den Arbeitnehmer ist die Situation dann, wenn die Pensionskasse oder der Arbeitgeber bis zur

Entstehung der reglementarischen Altersleistungen eine Überbrückungsrente zahlt.

Bei einer anstehenden vorzeitigen Pensionierung einer versicherten Person ist es unerlässlich, dass die versicherte Person ihre Pensionskasse entsprechend informiert. In der Praxis empfiehlt es sich, den Antrag auf Vorsorgeleistungen spätestens drei Monate vor dem effektiven Pensionierungszeitpunkt vorzunehmen. Der Arbeitgeber seinerseits meldet den Austritt infolge Pensionierung rechtzeitig innerhalb der vereinbarten Meldefristen.

### Vorzeitige Pensionierung auf Veranlassung des Arbeitgebers

Infolge von betrieblichen Umstrukturierungen sind vorzeitige Pensionierungen bereits vor Erreichen des 58. Altersjahres von Arbeitnehmerinnen und Arbeitnehmern möglich.

### Barbezug des Alterskapitals

Vorsorgereglemente können vorsehen, dass die versicherten Personen auch bei vorzeitiger Pensionierung, anstelle einer Altersrente eine Kapitalabfindung verlangen können. Mindestens ein Viertel der Altersleistung muss nach Bundesgesetz über die berufliche Alters-, Hinterlassenen- und Invalidenvorsorge auf Verlangen der versicherten Person in Kapitalform ausgerichtet werden. Für den Kapitalbezug der Altersleistung hat die versicherte Person ihrer Pensionskasse eine entsprechende Kapitaloption innerhalb der reglementarisch festgelegten Frist einzureichen. Diese Frist ist vor allem bei vorzeitigen Pensionierungen besonders im Auge zu haben.

### Vorzeitige Pensionierung mit Bezug der Altersleistungen und einer späteren Wiederaufnahme der Erwerbstätigkeit

Eine solche Situation ist denkbar, da sich das persönliche Umfeld einer Person seit der vorzeitigen Pensionierung verändern kann. Dabei unterstehen diese Arbeitnehmerinnen und Arbeitnehmer wiederum der beruflichen Vorsorge, gemäss dem Vorsorgereglement der Pensionskasse des entsprechenden Arbeitgebers. Die bereits bezogenen Leistungen sind nicht zurückzuzahlen und auch die laufenden Rentenleistungen werden weiter ausgerichtet.

### Aufgeschobene Pensionierung

### Bezug der Altersleistungen der Pensionskasse verbunden mit einer Weiterbeschäftigung

Versicherte Personen haben Anspruch auf die reglementarischen Altersleistungen bei Erreichen des ordentlichen Pensionierungsalters, ungeachtet ob sie ihre Erwerbstätigkeit über diesen Zeitpunkt hinaus fortsetzen oder nicht.

### Aufgeschobene Pensionierung verbunden mit Weiterbeschäftigung

Ein Aufschieben des Bezugs der Altersleistungen mit oder ohne weitere Beitragszahlungen ist in der beruflichen Vorsorge solange möglich, als die Erwerbstätigkeit weitergeführt wird. Die Vorsorgereglemente begrenzen diese Aufschubmöglichkeit oft auf fünf Jahre, das heisst bis zum Erreichen des 69. Altersjahres für Frauen und bis zum Erreichen des 70. Altersjahres für Männer. Der Aufschub bewirkt, dass sich die Altersleistungen entsprechend der Dauer des Aufschubes erhöhen.

Die Pensionskasse ist vom Arbeitgeber über den Aufschub zu informieren.

Sobald die versicherte Person ihre Altersleistungen beziehen will, spätestens nach einem Aufschub von fünf Jahren oder bei effektivem Dienstaustritt, ist die Pensionskasse möglichst frühzeitig zu informieren. Der Dienstaustritt ist der Pensionskasse vom Arbeitgeber zu melden.

### Aufgeschobene Pensionierung ohne Weiterbeschäftigung

Ein Aufschieben des Bezugs der Altersleistungen ohne eine entsprechende Weiterbeschäftigung, ist in der beruflichen Vorsorge nicht mehr möglich.

Selbst bei Aufgabe des Anstellungsverhältnisses nach Erreichen des frühstmöglichen reglementarischen Zeitpunktes einer vorzeitigen Pensionierung, werden grundsätzlich die Altersleistungen gemäss Vorsorgereglement ausbezahlt.

### Teilpensionierungen

Teilpensionierungen sind in der beruflichen Vorsorge dann möglich, wenn gleichzeitig auch die Erwerbstätigkeit im gleichen Ausmass reduziert wird. Die reglementarischen Detailbestimmungen können von Pensionskasse zu Pensionskasse unterschiedlich sein.

## Unfallversicherung

### Ordentliche oder vorzeitige Pensionierung

#### Abmeldung
Eine Austrittsmeldung an die Unfallversicherung ist nicht erforderlich.

#### Beiträge
Die Beitragspflicht an die Unfallversicherung des Arbeitgebers endet mit der effektiven Erwerbsaufgabe. Versicherte Personen können bei vorzeitiger Pensionierung bei Bedarf eine Abredeversicherung für längstens sechs Monate abschliessen. Spätestens nach Ablauf dieser

# Stellenaustritt infolge Pensionierung

Frist ist die Unfalldeckung in die persönliche Krankenversicherungspolice einzuschliessen.

### Weiterbeschäftigung nach Erreichen des ordentlichen Pensionierungsalters

Die versicherten Personen bleiben bei einer Weiterbeschäftigung nach Erreichen des Pensionierungsalters bis zur effektiven Erwerbsaufgabe unfallversichert. Folglich setzt sich für diese Zeit auch die Beitragspflicht von Arbeitgeber und Arbeitnehmenden fort.

## Krankenversicherung

### Abmeldung

Eine Austrittsmeldung an die Krankentaggeldversicherung ist nicht erforderlich.

### Beiträge

Die Beitragspflicht an die Krankentaggeldversicherung des Arbeitgebers endet mit der effektiven Erwerbsaufgabe.

## Arbeitslosenversicherung

### Ordentliches Pensionierungsalter

### Abmeldung

Eine Austrittsmeldung an die Arbeitslosenversicherung ist nicht erforderlich.

### Beiträge

Die Versicherungsunterstellung endet mit Erreichen des ordentlichen Pensionierungsalters. Nach diesem Zeitpunkt erzieltes Erwerbseinkommen ist nicht mehr beitragspflichtig.

### Vorzeitige Pensionierung auf Wunsch des Arbeitnehmers

### Abmeldung

Eine Austrittsmeldung an die Arbeitslosenversicherung ist nicht erforderlich.

**Beiträge**

Mit Wegfall des Erwerbseinkommens entfällt auch die Beitragspflicht.

**Leistungen**

Unter Berücksichtigung der zweijährigen Rahmenfristen können vorzeitig pensionierte Personen auch nach erfolgter Erwerbsaufgabe Leistungen der Arbeitslosenversicherung beantragen.

### Vorzeitige Pensionierung auf Veranlassung des Arbeitgebers

**Abmeldung**

Eine Austrittsmeldung an die Arbeitslosenversicherung ist nicht erforderlich.

**Beiträge**

Mit Wegfall des Erwerbseinkommens entfällt auch die Beitragspflicht.

**Leistungen**

Vorzeitige Pensionierungen bei Betriebsschliessungen oder betrieblichen Restrukturierungen erfolgen oft im Rahmen von Sozialplänen. Wollen Arbeitnehmerinnen und Arbeitnehmer grundsätzlich weiterhin einer Erwerbstätigkeit nachgehen, so können sie Leistungen der Arbeitslosenversicherung beantragen.

## Familienzulagen

**Abmeldung**

Mit Aufgabe der Erwerbstätigkeit infolge Pensionierung ist keine Austrittsmeldung notwendig, ausser wenn die Arbeitnehmerin oder der Arbeitnehmer im Zeitpunkt der Pensionierung Leistungen der Familienausgleichskasse bezieht.

**Beiträge**

Mit Wegfall des Erwerbseinkommens entfällt auch die Beitragspflicht.

**Leistungen**

Der Anspruch auf Familienzulagen hängt in den meisten Kantonen von der Existenz eines Erwerbseinkommens ab. Zudem richten die Kantone Freiburg, Genf, Jura, Schaffhausen und Wallis Familienzulagen auch für nichterwerbstätige Personen aus.

Ab Erreichen des ordentlichen Pensionierungsalters werden keine Familienzulagen mehr ausgerichtet. Allenfalls besteht ein Anspruch durch den zweiten Elternteil, falls dieser noch erwerbstätig ist.

Bei einer vorzeitigen Pensionierung werden in den fünf Kantonen mit Familienzulagen für nichterwerbstätige Personen allenfalls weiterhin Familienzulagen bis zum Erreichen des ordentlichen Pensionierungsalters ausgerichtet. Die jeweiligen Anspruchsvoraussetzungen finden sich im Anhang (Anspruch auf Familienzulagen für Nichterwerbstätige).

**Militärversicherung**

Es ist keine Austrittsmeldung notwendig.

# Stellenaustritt und Arbeitsunfähigkeit

## Lohnfortzahlungspflicht infolge Krankheit, Schwangerschaft und Unfall

Die Lohnfortzahlungspflicht, beziehungsweise die Krankentaggeldleistungen richten sich nach den im Arbeitsvertrag vereinbarten Modalitäten. Wurde diesbezüglich nichts vereinbart, besteht eine Lohnfortzahlungspflicht gemäss Obligationenrecht. Diese dauert im ersten Dienstjahr drei Wochen und ab dem zweiten Dienstjahr eine angemessen längere Dauer.

Die heute angewendeten Definitionen dieser angemessenen Dauer sind im Anhang unter dem Titel „Übersicht Lohnfortzahlungspflicht" festgehalten.

### Kündigungsschutz

Bei einer Arbeitsunfähigkeit infolge Krankheit oder Unfall geniessen Arbeitnehmerinnen und Arbeitnehmer einen zeitlich beschränkten Kündigungsschutz gemäss Obligationenrecht. Dieser beträgt:

- bei einem unterjährigen Arbeitsverhältnis nach Ablauf der Probezeit solange die Arbeitsunfähigkeit dauert, jedoch längstens 30 Tage,
- vom 2. bis 5. Arbeitsjahr solange die Arbeitsunfähigkeit dauert, jedoch längstens 90 Tage und
- ab dem 5. Arbeitsjahr solange die Arbeitsunfähigkeit dauert, jedoch längstens 180 Tage.

Nach Ablauf dieser Sperrfrist kann auch bei Weiterbestehen der Arbeitsunfähigkeit gemäss den ordentlichen Kündigungsfristen gekündigt werden.

Diese Sperrfristen und damit der Kündigungsschutz gelten nicht, wenn die Arbeitnehmerin oder der Arbeitnehmer während der Arbeitsunfähigkeit selbst kündigt.

Erfolgt die Krankheit oder der Unfall während einer laufenden Kündigungsfrist, verlängert sich die Kündigungsfrist um die Sperrfrist nur dann, wenn die Kündigung durch den Arbeitgeber, nicht aber wenn sie durch die Arbeitnehmerin oder den Arbeitnehmer erfolgt ist.

## Alters- und Hinterlassenenvorsorge

### Abmeldung
Eine Austrittsmeldung an die AHV ist nicht erforderlich.

## Beiträge

Mit Wegfall des Erwerbseinkommens nach Beendigung der Lohnfortzahlung entfällt diese arbeitgeberbezogene Beitragspflicht an die AHV. Bei dauernder Erwerbsunfähigkeit ohne Erwerbseinkommen werden betroffene Personen als „Nichterwerbstätige" im Sinne der AHV beitragspflichtig, sofern deren Ehepartner oder eingetragener Partner nicht mindestens den doppelten Mindestbeitrag einzahlt.

Werden während der Arbeitsunfähigkeit anstelle von Lohn Taggelder einer Unfallversicherung oder Krankentaggeldversicherung bezogen sind diese nicht AHV-beitragspflichtig.

Bezieht der Arbeitgeber das Taggeld und zahlt dafür bis zum Ablauf der Lohnfortzahlungspflicht, beziehungsweise dem Dienstaustritt weiterhin den vollen Lohn aus, so ist zu berücksichtigen, dass nur der Differenzbetrag zwischen Lohn und Taggeldleistung AHV-beitragspflichtig ist.

Anlässlich der jährlichen Lohnmeldung mittels AHV-Lohnbescheinigung sind Taggeldleistungen nicht als Lohn zu deklarieren.

## Abgangsentschädigung

### Entstehung

Anspruch auf Abgangsentschädigungen gemäss Obligationenrecht haben Arbeitnehmerinnen und Arbeitnehmer nach dem 50igsten Altersjahr, sofern das Dienstverhältnis länger als 20 Jahre gedauert hat.

Die Höhe der Abgangsentschädigung kann im Arbeitsvertrag oder durch einen Gesamt- oder Normalarbeitsvertrag geregelt werden. Sie entspricht mindestens dem Bruttolohn von zwei Monaten. Bei Fehlen eines Vertrages wird bei Uneinigkeit der Betrag vom Richter festgelegt, wobei dieser maximal dem Bruttolohn von acht Monaten entsprechen darf. Die Entschädigung ist nicht geschuldet, wenn der Arbeitgeber dadurch in eine Notlage kommen würde.

### Sozialversicherungsrelevanz in der AHV

Grundsätzlich gehören alle Leistungen des Arbeitgebers an seine Arbeitnehmenden und somit auch Abgangsentschädigungen zum massgebenden Lohn im Sinne der AHV. Vor dem Hintergrund der Förderung von freiwilligen Arbeitgeberleistungen zugunsten von Personen, die in der beruflichen Vorsorge nicht oder nur ungenügend versichert sind, hat der Gesetzgeber zwei Ausnahmen vorgesehen:

- Sozialleistungen bei ungenügender beruflicher Vorsorge
- Sozialleistungen bei Entlassungen aus betrieblichen Gründen

Die beitragsrechtliche Behandlung von Leistungen des Arbeitgebers bei Beendigung des Arbeitsverhältnisses ist wie folgt geregelt: Sozialleistungen des Arbeitgebers bei Beendigung des Arbeitsverhältnisses können unter gewissen Umständen vom massgebenden Lohn ausgenommen werden. Dies betrifft freiwillige Leistungen des Arbeitgebers an Arbeitnehmende, die in der beruflichen Vorsorge nicht oder lückenhaft versichert sind, und Abgangsentschädigungen für Personen, die aus betrieblichen Gründen (Betriebsschliessungen, -zusammenlegungen und -restrukturierungen) entlassen werden.

### Sozialleistungen bei ungenügender beruflicher Vorsorge

Leistungen des Arbeitgebers bei Beendigung eines mehrjährigen Arbeitsverhältnisses sind für jedes Jahr, in dem der Arbeitnehmende nicht in der beruflichen Vorsorge versichert war, bis zur Höhe der im Zeitpunkt der Auszahlung geltenden halben minimalen monatlichen Altersrente vom massgebenden Lohn ausgenommen. Damit sollen freiwillige Arbeitgeberleistungen zugunsten dieser Personengruppe gefördert werden.

### Erfasster Personenkreis

Dabei handelt es sich um Personen, die aufgrund eines kleinen Einkommens durch kein Arbeitsverhältnis in der obligatorischen beruflichen Vorsorge versichert sind. Das Alter der Personen oder die Anzahl Dienstjahre spielt dabei keine Rolle. Es ist auch nicht notwendig, dass eine Person während der Tätigkeit für den Arbeitgeber überhaupt nie in der beruflichen Vorsorge versichert war. So profitieren von dieser Ausnahmebestimmung auch Personen, die aufgrund eines schwankenden Arbeitspensums nur während einzelnen Jahren der beruflichen Vorsorge unterstanden.

### Ungenügende berufliche Vorsorge

Die Vorsorge ist ungenügend, wenn ein mehrjähriges Arbeitsverhältnis bestanden hat und dabei mindestens ein volles fehlendes Versicherungsjahr in der beruflichen Vorsorge entstanden ist.

Es werden also primär jene Arbeitnehmenden begünstigt, die insgesamt, über mehrere Jahre hinweg betrachtet, über einen ungenügenden Schutz in der beruflichen Vorsorge verfügen.

Hingegen greift diese Regelung bei kurzfristigen Arbeitsverhältnissen oder bei kurzfristiger unterjähriger Nichtunterstellung in der beruflichen Vorsorge nicht.

Ebenfalls nicht vom massgebenden Lohn ausgenommen wird eine zusätzliche Vorsorgeleistung des Arbeitgebers an Arbeitnehmer, die zwar aufgrund ihres tiefen Einkommens nicht obligatorisch versichert, jedoch einer freiwilligen beruflichen Vorsorge angeschlossen sind.

**Höhe der beitragsfreien Leistung**

Die Höhe der beitragsfreien Leistung ist berechnet sich nach der Anzahl der fehlenden Versicherungsjahre. Für jedes fehlende Versicherungsjahr kann ein Betrag in der Höhe der Hälfte der monatlichen Mindestrente der AHV vom massgebenden Lohn ausgenommen werden.

Zahlt der Arbeitgeber seine Leistung in Rentenform aus, so werden die Renten nach Tabellen des Bundesamtes für Sozialversicherungen kapitalisiert. Übersteigt der kapitalisierte Wert der Leistung den beitragsfreien Betrag, so werden auf dem überschiessenden Teil die Beiträge abgerechnet.

## Sozialleistungen bei Entlassungen aus betrieblichen Gründen

AHV-Beitragsrechtlich privilegiert werden alle Sozialleistungen, die der Arbeitgeber bei Entlassungen aus betrieblichen Gründen ausrichtet, also explizit auch solche bei Entlassungen infolge von Restrukturierungen. Dabei werden Leistungen bis zur Höhe des doppelten Betrages der maximalen jährlichen AHV-Altersrente vom massgebenden Lohn ausgenommen.

Diese Bestimmung ist auch auf Frühpensionierungen anwendbar, die vom Arbeitgeber aus betrieblichen Gründen ausgesprochen werden. Nicht Gegenstand der Privilegierung sind hingegen andere Leistungen des Arbeitgebers bei Betriebsumstrukturierungen, die nicht in Zusammenhang mit Entlassungen stehen.

**Umschreibung der betrieblichen Gründe**

Als betriebliche Gründe gelten Betriebsschliessungen, -zusammenlegungen und -restrukturierungen. Eine Betriebsrestrukturierung liegt vor:

- wenn die Voraussetzungen für eine Teilliquidation der Vorsorgeeinrichtung, welche die obligatorische berufliche Vorsorge durchführt, erfüllt sind; oder
- im Falle einer durch Sozialplan geregelten kollektiven Entlassung.

**Betriebsrestrukturierung**

Eine Restrukturierung wird angenommen, wenn die Voraussetzungen für eine Teilliquidation der Vorsorgeeinrichtung, welche die obligatorische berufliche Vorsorge durchführt, erfüllt sind. Dies ist bei einer erheblichen Verminderung der Belegschaft oder einer Restrukturierung vermutungsweise der Fall. Die Teilliquidationsreglemente der Vorsorgeeinrichtungen umschreiben im Einzelnen, wann eine Verminderung der Belegschaft erheblich ist und wann eine Restrukturierung angenommen wird.

Wird keine Teilliquidation der Vorsorgeeinrichtung vorgenommen, so findet allenfalls das zweite Kriterium Anwendung. Dabei regelt ein Sozialplan die Arbeitgeberleistungen bei einer kollektiven Entlassung. Darauf gestützt liegt eine kollektive Entlassung dann vor, wenn eine grössere Anzahl von Arbeitnehmenden im Rahmen einer Umstrukturierungsmassnahme entlassen wird. Dieses Kriterium kommt somit bei Betrieben ab einer gewissen Grösse zu tragen. Die Einschränkung auf kollektive Entlassungen mit vorliegendem Sozialplan soll gewähren, dass es zu keiner Beitragsbefreiung kommt, wenn nur einzelne Arbeitnehmer eine Arbeitgeberleistung erhalten.

**Kreis der Entlassenen**

Von der Beitragsprivilegierung profitieren alle, die den Betrieb infolge der oben erwähnten betrieblichen Vorgänge verlassen müssen, unabhängig davon, ob die Personen in den vorzeitigen Ruhestand treten oder ob sie eine andere Stelle annehmen.

**Höhe der beitragsfreien Leistung**

Beitragsfrei sind die Abgangsentschädigungen nur, soweit sie die Höhe der doppelten maximalen jährlichen Altersrente nicht übersteigen. Durch diese Obergrenze werden nur Leistungen privilegiert, die betragsmässig als Sozialleistungen angesehen werden können. Diese Obergrenze gilt unabhängig vom konkreten Verdienst der betroffenen Arbeitnehmenden.

**Wichtiger Praxishinweis:**

Grundsätzlich gehören Abgangsentschädigungen des Arbeitgebers an seine Arbeitnehmenden zum massgebenden Lohn im Sinne der AHV. Vor dem Hintergrund der Förderung von freiwilligen Arbeitgeberleistungen zugunsten von Personen, die in der beruflichen Vorsorge nicht oder nur ungenügend versichert sind, hat der Gesetzgeber zwei Ausnahmen vorgesehen:

- Sozialleistungen bei ungenügender beruflicher Vorsorge
- Sozialleistungen bei Entlassungen aus betrieblichen Gründen

## Invalidenvorsorge

### Anmeldung

Ist die Dauer eines krankheitsbedingten Arbeitsausfalls unklar oder bestehen Zweifel über die spätere Weiterarbeit im gleichen Tätigkeitsgebiet und im gleichen zeitlichen Umfang aufgrund dieser Krankheit, ist der zuständigen IV-Stelle Meldung zu erstatten, damit diese eine Früherfassung und allenfalls Frühinterventionen durchführen kann. Damit soll eine raschere Reintegration in das Erwerbsumfeld erreicht werden.

Es ist sinnvoll, bei Ungewissheit über Dauer und Verlauf einer länger dauernden Arbeitsunfähigkeit zwecks möglicher sachlicher und finanzieller Reintegrationsunterstützung eine Anmeldung bei der IV vorzunehmen. Mit Inkrafttreten der Bestimmungen der 5. IV-Revision werden grundsätzlich frühzeitigere Anmeldungen angestrebt. Damit soll eine raschere Reintegration in das Erwerbsumfeld erreicht werden.

### Beiträge

Wird bei einem krankheits- oder unfallbedingten Arbeitsausfall einer Arbeitnehmerin oder eines Arbeitnehmers freiwillig oder, gemäss Lohnfortzahlungspflicht nach Obligationenrecht Lohn ausgerichtet, so ist dieser IV-beitragspflichtig.

Mit Wegfall des Erwerbseinkommens nach Beendigung der Lohnfortzahlung entfällt diese arbeitgeberbezogene Beitragspflicht an die Invalidenversicherung. Bei dauernder Erwerbsunfähigkeit ohne Erwerbseinkommen werden betroffene Personen als „Nichterwerbstätige" im Sinne der AHV beitragspflichtig, sofern deren Ehepartner oder eingetragener Partner nicht mindestens den doppelten Mindestbeitrag einzahlt.

Taggelder einer Unfall- oder Krankentaggeldversicherung sind hingegen nicht IV-beitragspflichtig.

Bezieht der Arbeitgeber das Taggeld und zahlt dafür weiterhin den vollen Lohn aus, so ist zu berücksichtigen, dass nur der Differenzbetrag zwischen Lohn und Taggeldleistung IV-beitragspflichtig ist.

### Leistungen

Solange nicht klar ist, ob eine Leistungspflicht der Invalidenversicherung besteht, ist die Arbeitslosenversicherung vorleistungspflichtig. Da die versicherte Person in einem gekündigten Arbeitsverhältnis steht, ist es in solchen Fällen sinnvoll, sich vorsorglich auch der Arbeitslosenversicherung anzumelden.

## Berufliche Vorsorge

### Abmeldung

Bei der Dienstaustrittsmeldung des Arbeitgebers an die Pensionskasse ist anzugeben, ob die austretende Person im Zeitpunkt des Austritts voll arbeitsfähig war. Da in diesen Fällen diese Frage zu verneinen ist, wird die Pensionskasse dadurch von sich aus die notwendigen Abklärungen starten. Häufig stellen die Pensionskassen für diese Fälle spezielle Formulare zur Verfügung.

### Beiträge

Pensionskassenbeiträge sind auf den versicherten Löhnen gemäss den jeweiligen Vorsorgereglementen geschuldet. In der Regel wird bei längerer Arbeitsunfähigkeit nach drei Monaten eine Beitragsbefreiung gewährt.

Der Dienstaustritt per Ende der allenfalls verlängerten Kündigungsfrist ist der Pensionskasse mitzuteilen.

Die Pensionskassen stellen ihren angeschlossenen Firmen kassenspezifische Formulare für das Meldewesen betreffend Arbeitsunfähigkeit und Dienstaustritt zur Verfügung.

### Beitragsbefreiung

Die Beitragsbefreiung der Pensionskasse ist eine konkrete Leistung, welche die Altersvorsorge weiterführt. Davon profitieren Arbeitgeber und Arbeitnehmende nach Massgabe der Beitragsaufteilung gleichermassen.

Wird die erkrankte oder verunfallte Person zu einem späteren Zeitpunkt wieder arbeitsfähig, so wird mit der Beitragsbefreiung vermieden, dass in der Zeit zwischen dem Beginn der Arbeitsunfähigkeit und dem Wiedererlangen der Arbeitsfähigkeit eine Lücke in der Bildung der Altersvorsorge entsteht.

Pensionskassenbeiträge sind auf den versicherten Löhnen entsprechend den jeweiligen Vorsorgereglementen geschuldet. Bei Beendigung des Arbeitsverhältnisses unter Berücksichtigung der Lohnfortzahlungspflicht fällt die Lohnzahlung weg. Bei einer vor Ende des Arbeitsverhältnisses, beziehungsweise innerhalb der einmonatigen Nachdeckungsfrist, auftretenden Arbeitsunfähigkeit infolge von Krankheit oder Unfall, sehen die Pensionskassen eine Beitragsbefreiung bei längerer Arbeitsunfähigkeit vor.

Beitragsbefreiungen beginnen oft nach drei Monaten Arbeitsunfähigkeit, manchmal auch erst bei Ablauf von Taggeldleistungen nach zwei Jahren, sofern diese mindestens 80 Prozent des entgangenen Bruttolohnes ersetzen und der Arbeitgeber mindestens die Hälfte der Beiträge übernimmt.

**Leistungen**
Zusätzlich zu den Altersleistungen richten Pensionskassen in Ergänzung zur AHV, beziehungsweise IV, Invaliden- und Hinterlassenenleistungen aus. Die Invaliditätsleistungen umfassen nebst der erwähnten Beitragsbefreiung der Altersvorsorge auch Invaliden- und Invalidenkinderrenten. Die Hinterlassenenleistungen umfassen Witwen-, Witwer- und Waisenrenten, Renten für überlebende Partner von eingetragenen gleichgeschlechtlichen Partnerschaften, Abfindungen für Witwen, welche die Voraussetzungen für eine Witwenrente nicht erfüllen, sowie allenfalls Lebenspartnerrenten und Kapitalleistungen gemäss den jeweiligen reglementarischen Bestimmungen.

## Krankenversicherung

### Abmeldung
Eine Dienstaustrittsmeldung ist nicht erforderlich.

### Beiträge
Mit Wegfall der Lohnzahlung fällt die versicherungsmässige Unterstellung unter die Krankentaggeldversicherung und damit auch die Beitragspflicht weg.

### Leistungen
Bei Arbeitnehmerinnen und Arbeitnehmern, die bei Dienstaustritt arbeitsunfähig sind, ist der Kündigungsschutz und die Lohnfortzahlungspflicht nach Obligationenrecht zu beachten.

Ist eine Arbeitsunfähigkeit auf eine Krankheit zurückzuführen und hat der Arbeitgeber eine Krankentaggeldversicherung abgeschlossen, so ersetzen die entsprechenden Taggelder bei Gleichwertigkeit die gleichzeitige obligationenrechtliche Lohnfortzahlungspflicht.

Gleichwertig zur obligationenrechtlichen Lohnfortzahlungspflicht ist eine Krankentaggeldversicherung dann, wenn die Höhe des Taggeldes mindestens 80 Prozent des AHV-pflichtigen Jahreslohnes ausmacht und der Arbeitgeber mindestens die Hälfte der Versicherungsprämie übernimmt.

Der Leistungsanspruch ist bei Eintritt der krankheitsbedingten Erwerbsunfähigkeit geltend zu machen und endet mit der Wiedererlangung der Arbeitsfähigkeit oder nach Ablauf der vertraglichen Leistungsdauer.

## Unfallversicherung

### Abmeldung
Eine Dienstaustrittsmeldung ist nicht erforderlich.

### Meldeformulare
Für die Meldung von Unfällen und Berufskrankheiten vor Ablauf des Arbeitsverhältnisses nach Obligationenrecht ist der Arbeitgeber zuständig. Die Unfallversicherer geben dazu unentgeltlich Formulare ab.

Arbeitgeber und behandelnde Ärzte füllen diese vollständig und wahrheitsgetreu aus und stellen diese unverzüglich dem zuständigen Versicherer zu. Diese Angaben sind erforderlich:

- zur Abklärung des Unfallherganges oder der Entstehung einer Berufskrankheit;
- für die medizinische Abklärung der Folgen eines Unfalles oder einer Berufskrankheit;
- für die Festsetzung der Leistungen;
- für die Beurteilung der Arbeitssicherheit;
- zur Führung von Statistiken.

### Anmeldung von Betriebsunfällen
Der Arbeitgeber meldet Betriebsunfälle und Berufskrankheiten dem zuständigen Unfallversicherer. Dabei überprüft er deren Ursache und Hergang. Als Berufsunfälle gelten auch Unfälle, die der versicherten Person zustossen:

- auf Geschäfts- und Dienstreisen nach Verlassen der Wohnung und bis zur Rückkehr in diese, ausser wenn sich der Unfall während der Freizeit ereignet;
- bei Betriebsausflügen, die der Arbeitgeber organisiert oder finanziert;
- beim Besuch von Schulen und Kursen, die nach Gesetz oder Vertrag vorgesehen oder vom Arbeitgeber gestattet sind, ausser wenn sich der Unfall während der Freizeit ereignet;
- bei Transporten mit betriebseigenen Fahrzeugen auf dem Arbeitsweg, die der Arbeitgeber organisiert und finanziert;
- auf dem Arbeitsweg für Arbeitnehmerinnen und Arbeitnehmer, die weniger als acht Stunden pro Woche arbeiten und damit für Nichtbetriebsunfälle nicht versichert sind.

### Anmeldung von Nichtbetriebsunfällen
Für Arbeitnehmerinnen und Arbeitnehmer, die mehr als acht Stunden pro Woche arbeiten, meldet der Arbeitgeber auch Nichtbetriebsunfälle.

Dazu müssen verunfallte Arbeitnehmerinnen und Arbeitnehmer oder deren Angehörige den Unfall ihrem Arbeitgeber oder dem Versicherer unverzüglich melden und Auskunft geben über:
- Zeit, Ort, Hergang und Folgen des Unfalles;
- den behandelnden Arzt oder die Heilanstalt;
- betroffene Haftpflichtige und Versicherungen.

Bei Nichtberufsunfällen nimmt der Arbeitgeber die Angaben des Versicherten in die Unfallmeldung auf.

### Beiträge

Taggelder der Unfallversicherung sind gegenüber der Unfallversicherung nicht beitragspflichtig.

Bezieht der Arbeitgeber bis zum Ende der Lohnfortzahlungspflicht, beziehungsweise bis zum Ende des allenfalls um die Sperrfrist verlängerten Arbeitsverhältnisses das Taggeld des Unfallversicherers und zahlt dafür weiterhin den vollen Lohn aus, so ist zu berücksichtigen, dass nur der Differenzbetrag zwischen Lohn und Taggeldleistung für die Sozialversicherungen beitragspflichtig ist.

### Leistungen

Bei Arbeitnehmerinnen und Arbeitnehmern, die bei Dienstaustritt arbeitsunfähig sind, ist der Kündigungsschutz und die Lohnfortzahlungspflicht nach Obligationenrecht zu beachten.

Ist eine Arbeitsunfähigkeit auf einen Unfall zurückzuführen, so ersetzen die Taggeldleistungen der Unfallversicherung die gleichzeitige obligationenrechtliche Lohnfortzahlungspflicht.

Der Leistungsanspruch ist bei Eintritt der unfallbedingten Erwerbsunfähigkeit geltend zu machen und endet mit der Wiedererlangung der Arbeitsfähigkeit oder nach Ablauf der vertraglichen Leistungsdauer.

## Erwerbsersatzordnung (EO)

### Abmeldung

Eine Meldung des Diensaustritts an die Erwerbsersatzordnung ist nicht notwendig.

### Beiträge

Mit Wegfall des Erwerbseinkommens nach Beendigung der Lohnfortzahlung entfällt diese arbeitgeberbezogene Beitragspflicht an die Erwerbsersatzordnung. Bei dauernder Erwerbsunfähigkeit ohne Erwerbseinkommen werden betroffene Personen als „Nichterwerbstätige" im Sinne der AHV beitragspflichtig, sofern deren Ehepartner oder eingetragener Partner nicht mindestens den doppelten Mindestbeitrag einzahlt.

## Mutterschaftsversicherung

### Abmeldung
Eine Meldung des Dienstaustritts an die Mutterschaftsversicherung ist nicht notwendig.

### Beiträge
Die Mutterschaftsversicherung wird zur Zeit noch ohne eigenständige Lohnbeiträge über die Erwerbsersatzordnung finanziert.

## Familienzulagen

### Abmeldung
Bei Stellenaustritt ist keine Austrittsmeldung notwendig, ausser wenn die Arbeitnehmerin oder der Arbeitnehmer im Zeitpunkt des Austritts Leistungen der Familienausgleichskasse bezieht.

### Beiträge
Mit Wegfall des Erwerbseinkommens entfällt auch die Beitragspflicht.

### Leistungen
Im Anhang findet sich die Übersicht „Anspruch auf Familienzulagen bei Unterbruch der Arbeit" mit den jeweiligen kantonalen Bestimmungen. Diese gelten sinngemäss auch bei Dienstaustritten während des Arbeitsausfalles. Bei Wegfall der Arbeitsunfähigkeit enden die Ansprüche auf Familienzulagen mit Ende des Dienstverhältnisses.

### Leistungen
Der Anspruch auf Familienzulagen hängt in den meisten Kantonen von der Existenz eines Erwerbseinkommens ab. Bei Dienstaustritten und weiter bestehender Arbeitsunfähigkeit infolge von Krankheit oder Unfall werden die Familienzulagen in der Regel eine gewisse Zeit weiter ausgerichtet.

Diese Bestimmungen sind im Anhang in der Übersicht „Anspruch auf Familienzulagen bei Unterbruch der Arbeit" ersichtlich und gelten sinngemäss auch bei Dienstaustritten während des Arbeitsausfalles. Zudem richten die Kantone Freiburg, Genf, Jura, Schaffhausen und Wallis Familienzulagen auch für nichterwerbstätige Personen aus. Die jeweiligen Anspruchsvoraussetzungen dieser 5 Kantone sind im Anhang festgehalten (Anspruch auf Familienzulagen für Nichterwerbstätige). Allenfalls besteht ein Anspruch auf Familienzulagen durch den zweiten Elternteil, falls dieser erwerbstätig ist.

## Militärversicherung

Ansprüche an die Militärversicherung sind nicht an Arbeitsverhältnisse gekoppelt, werden jedoch zeitlich restriktiv gehalten. Gesundheitliche Probleme sind während dem Dienst sofort und nach Abschluss des Militärdienstes so rasch wie möglich zu melden. Dafür umfasst die Militärversicherung Leistungen sowohl bei Krankheit als auch bei Unfall. Unfälle fallen nur dann unter den Zuständigkeitsbereich der Militärversicherung, wenn sie während dem Dienst und auf dem direkten Weg zwischen Wohnort und Dienstort geschehen.

## Arbeitslosenversicherung

Arbeitnehmerinnen und Arbeitnehmer haben sich umgehend bei der Arbeitslosenversicherung anzumelden, sobald sie von einer Arbeitslosigkeit bedroht sind oder eine Kündigung ausgesprochen wurde. Die Arbeitslosenversicherung wird erst mit Wiedererlangung der vollen oder teilweisen Arbeitsfähigkeit Leistungen aussprechen. Allenfalls wird sie zu diesem Zeitpunkt eine neue Anmeldung verlangen. Ist hingegen unklar, ob eine Leistungspflicht der Invalidenversicherung entsteht, macht eine Anmeldung deshalb Sinn, weil in diesem Fall die Arbeitslosenversicherung vorleistungspflichtig ist.

### Abmeldung
Eine Meldung des Diensaustritts an die Mutterschaftsversicherung ist nicht notwendig.

### Beiträge
Die Mutterschaftsversicherung wird zur Zeit noch ohne eigenständige Lohnbeiträge über die Erwerbsersatzordnung finanziert.

# Stellenaustritt infolge Todesfall

Mit dem Tod einer Arbeitnehmerin oder eines Arbeitnehmers endet das Arbeitsverhältnis zum Arbeitgeber.

Es besteht eine Lohnfortzahlungspflicht gemäss Obligationenrecht von einem Monatslohn, bei Arbeitsverhältnissen, die weniger als fünf Jahre gedauert haben und von zwei Monatslöhnen bei Arbeitsverhältnissen die länger gedauert haben. Die Auszahlung hat brutto, also ohne Abzüge von Sozialversicherungsbeiträgen zu erfolgen.

## Alters- Hinterlassenenvorsorge

### Abmeldung
Eine Meldung der Beendigung des Arbeitsverhältnisses infolge Todesfall an die Erwerbsersatzordnung ist nicht notwendig. Der Lohn ist, genau wie die Löhne der anderen Angestellten, der zuständigen AHV-Ausgleichskasse mittels der jährlichen Lohnbescheinigung einzureichen.

### Leistungsforderungen
Hinterlassene haben ihre Forderungen auf Leistungen der AHV der zuständigen AHV-Ausgleichskasse des letzten Arbeitgebers der verstorbenen Person einzureichen.

### Beiträge
Auf der obligationenrechtlichen Lohnfortzahlungspflicht sind keine Beiträge an die AHV oder andere Sozialversicherungen abzuführen.

## Abgangsentschädigung

### Entstehung
Im Todesfall von Arbeitnehmerinnen oder Arbeitnehmern besteht ein Anspruch auf eine Abgangsentschädigung. Bedingung ist, dass im Zeitpunkt des Todes das 50igste Altersjahr überschritten war und das Dienstverhältnis länger als 20 Jahre gedauert hat. Anspruch haben:

- der überlebende Ehepartner,
- die eingetragene Partnerin, der eingetragene Partner,
- die minderjährigen Kinder oder bei Fehlen dieser Erben andere Personen, denen gegenüber der Arbeitnehmende unterstützungspflichtig war.

Die Höhe der Abgangsentschädigung kann im Arbeitsvertrag oder durch einen Gesamt- oder Normalarbeitsvertrag geregelt werden. Sie entspricht mindestens dem Bruttolohn von zwei Monaten. Bei Fehlen eines Vertrages wird bei Uneinigkeit der Betrag vom Richter festgelegt, wobei dieser maximal dem Bruttolohn von acht Monaten entsprechen darf.

Die Entschädigung ist nicht geschuldet, wenn dadurch der Arbeitgeber in eine Notlage kommen würde.

**Sozialversicherungsrelevanz in der AHV**

Grundsätzlich gehören Abgangsentschädigungen zum massgebenden Lohn im Sinne der AHV. Eine Ausnahme wird unter anderem bei Personen gemacht, die in der beruflichen Vorsorge nicht oder nur ungenügend versichert waren.

Dabei sind Leistungen des Arbeitgebers bei Beendigung eines mehrjährigen Arbeitsverhältnisses für jedes Jahr, in dem der Arbeitnehmende nicht in der beruflichen Vorsorge versichert war, bis zur Höhe der im Zeitpunkt der Auszahlung geltenden halben minimalen monatlichen Altersrente vom massgebenden Lohn ausgenommen. Damit sollen freiwillige Arbeitgeberleistungen zugunsten dieser Personengruppe gefördert werden.

**Erfasster Personenkreis**

Dabei handelt es sich um Personen, die aufgrund eines kleinen Einkommens durch kein Arbeitsverhältnis in der obligatorischen beruflichen Vorsorge versichert sind. Das Alter der Personen oder die Anzahl Dienstjahre spielt dabei keine Rolle. Es ist auch nicht notwendig, dass eine Person während der Tätigkeit für den Arbeitgeber überhaupt nie in der beruflichen Vorsorge versichert war. So profitieren von dieser Ausnahmebestimmung auch Personen, die aufgrund eines schwankenden Arbeitspensums nur während einzelnen Jahren der beruflichen Vorsorge unterstanden.

**Ungenügende berufliche Vorsorge**

Die Vorsorge ist ungenügend, wenn ein mehrjähriges Arbeitsverhältnis bestanden hat und dabei mindestens ein volles fehlendes Versicherungsjahr in der beruflichen Vorsorge entstanden ist.

Es werden also primär jene Arbeitnehmenden begünstigt, die insgesamt, über mehrere Jahre hinweg betrachtet, über einen ungenügenden Schutz in der beruflichen Vorsorge verfügen. Hingegen greift diese Regelung bei kurzfristigen Arbeitsverhältnissen oder bei kurzfristiger unterjähriger Nichtunterstellung in der beruflichen Vorsorge nicht.

Ebenfalls nicht vom massgebenden Lohn ausgenommen wird eine zusätzliche Vorsorgeleistung des Arbeitgebers an Arbeitnehmer, die zwar aufgrund ihres tiefen Einkommens nicht obligatorisch versichert, jedoch einer freiwilligen beruflichen Vorsorge angeschlossen sind.

### Höhe der beitragsfreien Leistung

Die Höhe der beitragsfreien Leistung ist berechnet sich nach der Anzahl der fehlenden Versicherungsjahre. Für jedes fehlende Versicherungsjahr kann ein Betrag in der Höhe der Hälfte der monatlichen Mindestrente der AHV vom massgebenden Lohn ausgenommen werden.

Zahlt der Arbeitgeber seine Leistung in Rentenform aus, so werden die Renten nach Tabellen des Bundesamtes für Sozialversicherungen kapitalisiert. Übersteigt der kapitalisierte Wert der Leistung den beitragsfreien Betrag, so werden auf dem überschiessenden Teil die Beiträge abgerechnet.

## Invalidenvorsorge

### Abmeldung

Eine Todesfallmeldung an die Invalidenversicherung ist nur dann erforderlich, wenn die Arbeitnehmerin oder der Arbeitnehmer zuvor Leistungen der Invalidenversicherung bezogen hat.

### Beiträge

Auf der obligationenrechtlichen Lohnfortzahlungspflicht sind keine Beiträge an die Invalidenversicherung oder andere Sozialversicherungen abzuführen.

## Erwerbsersatzordnung (EO)

### Abmeldung

Eine Meldung der Beendigung des Arbeitsverhältnisses infolge Todesfall an die Erwerbsersatzordnung ist nicht notwendig.

### Beiträge

Auf der obligationenrechtlichen Lohnfortzahlungspflicht sind keine Beiträge an die Erwerbsersatzordnung oder andere Sozialversicherungen abzuführen.

## Mutterschaftsversicherung

### Abmeldung
Eine Meldung der Beendigung des Arbeitsverhältnisses infolge Todesfall an die Mutterschaftsversicherung ist nicht notwendig.

### Beiträge
Die Mutterschaftsversicherung wird zur Zeit noch ohne eigenständige Lohnbeiträge über die bisherige Beitragsordnung der Erwerbsersatzordnung mitfinanziert.

## Berufliche Vorsorge

### Meldewesen
Der Austritt infolge Todesfall ist der Pensionskasse durch den Arbeitgeber zu melden. Er teilt der Pensionskasse zudem das Ende der Lohnfortzahlung mit.

Leistungsansprüche sind von den Hinterlassenen anzumelden.

Die Pensionskassen stellen den angeschlossenen Arbeitgebern und ihren Versicherten, beziehungsweise deren Angehörigen die notwendigen Formulare zur Verfügung.

### Leistungen
Hinterlassenenleistungen richten sich nach den entsprechenden Vorsorgereglementen. Wenn die Voraussetzungen erfüllt werden, können nebst Witwen, Witwern und Waisen, beziehungsweise eingetragene Partnerinnen und Partner und - je nach Vorsorgereglement - auch Konkubinatspartnerinnen und Konkubinatspartner Anspruch auf Hinterlassenenleistungen haben. Zudem wird oftmals zusätzliches Vorsorgekapital, das nicht zur Finanzierung der Hinterlassenenrenten benötigt wird, oder auch Vorsorgekapital bei Fehlen von rentenberechtigten Hinterlassenen als Todesfallkapital ausbezahlt. Die Begünstigten und deren Bezugsordnung werden im Vorsorgereglement festgehalten.

**Bezug der Hinterlassenenrente in einmaliger Kapitalform**

Vorsorgereglemente können vorsehen, dass die anspruchsberechtigten Personen anstelle der Rente eine Kapitalabfindung oder eine Teilabfindung in Kapitalform verlangen können.

## Unfallversicherung

### Abmeldung
Eine Meldung der Beendigung des Arbeitsverhältnisses infolge Todesfall an die Unfallversicherung ist nicht erforderlich.

Ist der Todesfall auf einen Unfall zurückzuführen, ist die Unfallversicherung umgehend zu informieren. Bei einem Betriebsunfall oder einer Berufskrankheit sind die entsprechenden Formulare auszufüllen und alle im Zusammenhang stehenden Untersuchungen zuzulassen und zu unterstützen.

### Leistungen
Bei einem Unfalltod entstehen Leistungsansprüche der Hinterbliebenen gegenüber der Invalidenversicherung, der Unfallversicherung und allenfalls der beruflichen Vorsorge.

## Krankenversicherung

### Abmeldung
Eine Meldung der Beendigung des Arbeitsverhältnisses infolge Todesfall an die Krankenversicherung ist nicht erforderlich.

### Leistungen
Bei einem Krankheitstod entstehen Leistungsansprüche der Hinterbliebenen gegenüber der AHV und der beruflichen Vorsorge.

## Arbeitslosenversicherung

### Abmeldung
Eine Meldung der Beendigung des Arbeitsverhältnisses infolge Todesfall an die Arbeitslosenversicherung ist nicht erforderlich.

## Familienausgleichskasse

### Abmeldung
Es ist keine Austrittsmeldung notwendig, ausser wenn die Arbeitnehmerin oder der Arbeitnehmer zum Zeitpunkt des Todes Leistungen der Familienausgleichskasse bezogen hat.

**Beiträge**
Die Beitragspflicht besteht auf der AHV-pflichtigen Lohnsumme.

**Leistungen**
Im Todesfall einer Bezügerin oder eines Bezügers von Familienzulagen werden die Familienzulagen in der Regel eine gewisse Zeit weiter ausgerichtet.

Im Anhang findet sich die Übersicht „Anspruch auf Familienzulagen bei Unterbruch der Arbeit" mit den jeweiligen kantonalen Bestimmungen.

## Militärversicherung

**Abmeldung**
Die Militärversicherung benötigt keine Meldungen mit Ausnahme von Lohnmeldungen, falls sie in einem konkreten Todesfall leistungspflichtig ist.

# Aktuelle und anstehende Gesetzesrevisionen

## Alters- und Hinterlassenenversicherung

## Revisionsthemen

### 11. AHV-Revision

#### Rentenanpassungen

AHV-Rentenanpassung sollen an die wirtschaftliche Entwicklung angebunden werden. Der Bundesrat schlägt vor, die AHV-Renten nur noch dann im ordentlichen 2-jährigen Rhythmus an die Teuerung anzupassen, wenn der AHV-Fonds mindestens 70% einer Jahresausgabe beträgt. Bewegt sich der Fonds zwischen 45% und 70% einer Jahresausgabe, sollen die Renten nur noch an die Teuerung angepasst werden, wenn die seit der letzten Rentenanpassung aufgelaufene Teuerung mindestens 4% beträgt. Fällt der AHV-Fonds unter 45% der Jahresausgabe, soll keine Rentenanpassung mehr erfolgen, bis sich der AHV-Fonds entsprechend erholt und die kritische Grösse von 45% der Jahresausgabe wieder erreicht hat.

#### Vereinfachung der Versicherungsdurchführung

Die Versicherungsdurchführung, insbesondere im Beitragsbezug bei Selbstständigerwerbenden, soll administrativ vereinfacht werden. Dabei soll das massgebliche Einkommen für die Festsetzung des AHV-Beitrages von der Ausgleichskasse, und nicht mehr wie heute von der Steuerbehörde, festgelegt werden. Dabei soll das von der Steuerbehörde gemeldete steuerbare Nettoeinkommen mit 90.5% gleichgesetzt und auf 100% aufgerechnet werden.

#### Rentenalter

Das ordentliche Rentenalter für Frauen soll an dasjenige der Männer (65 Jahre) angeglichen werden.

#### Flexibilisierung Altersrücktritt

Der Altersrücktritt soll weiter flexibilisiert werden, indem neu nicht nur die ganze (ab dem 62. Altersjahr), sondern auch eine halbe Altersrente (ab dem 60. Altersjahr) vorbezogen werden kann. Zudem soll die halbe oder die ganze Rente auch weniger als ein Jahr aufgeschoben werden können.

#### Aufhebung des Freibetrags für erwerbstätige Rentnerinnen und Rentner

Der Freibetrag für erwerbstätige Rentnerinnen und Rentner soll aufgehoben werden. Das heisst, dass diese künftig auf dem gesamten von ihnen erzielten Erwerbseinkommen AHV-Beiträge entrichten. Wer aufgrund von Beitragslücken nicht bereits Anspruch auf die maximale Altersrente hat, soll mit diesen zusätzlichen AHV-Beiträgen Rentenverbesserungen erwirken können.

**Vorruhestandsleistungen**
Finanziert durch die Ergänzungsleistungen sollen bedarfsabhängige Vorruhestandsleistungen gewährt werden, damit auch Personen des unteren Mittelstandes einen Vorbezug einer halben oder ganzen Altersrente machen und bei Bedarf Ergänzungsleistungen beanspruchen können. Dazu braucht es eine Änderung des Ergänzungsleistungsgesetzes, weil diese Zielgruppe heute oft nicht zum Bezug von Ergänzungsleistungen berechtigt ist.

**Kommentar**
Mit der angestrebten Revision soll die Finanzierung der AHV mittelfristig stabilisiert und die Flexibilisierungsmöglichkeiten beim Altersrücktritt erweitert werden.

Die Kommissionen für soziale Sicherheit und Gesundheit des Nationalrates (SGK-N) hat in ihren Beratungen festgehalten, dass ihnen der bundesrätliche Vorschlag der Anpassung der AHV-Renten an die Teuerung zu weit geht. Sie beantragt deshalb dem Nationalrat, die AHV-Renten zwar langsamer anzupassen, wenn der AHV-Ausgleichsfonds 70% der Jahresausgabe unterschreitet, jedoch auf das Einfrieren der Renten zu verzichten, wenn der Fondsstand weniger als 45% der Jahresausgabe beträgt . Zudem wurde eine Subkommission eingesetzt, die sich mit den verschiedenen Modellen des Rentenvorbezugs sowie dem künftigen Rentenalter befassen wird. Der Nationalrat hat sich bisher noch nicht mit der AHV-Revision befasst.

Bereits aufgrund der Ergebnisse des Vernehmlassungsverfahrens wurde ersichtlich, dass die vom Bundesrat vorgeschlagene Vorruhestandsleistung zu Lasten der Ergänzungsleistungen und der damit verbundenen Gesetzesänderung äusserst umstritten ist.

Die Änderungen der 11. AHV-Revision würden frühestens am 1. Januar 2009 in Kraft treten.

**Ablösung der heutigen 11-stelligen AHV-Nummer auf eine neue 13-stellige AHV-Nummer**

**Inhalt**
Die neue AHV-Versichertennummer löst das heutige System, der auf Familiennamen und Geburtsdatum basierenden AHV-Nummer, ab. Eine automatische Zuweisung einer nichtsprechenden AHV-Nummer erfolgt aufgrund der Eintragung im Zivilstandsregister oder im Migrationsinformationssystem (für Ausländerinnen und Ausländer mit be-

schränktem Aufenthaltsrecht in der Schweiz, beispielsweise solche mit einer Kurzaufenthaltsbewilligung oder auch Asylsuchende).

Die neue AHV-Versichertennummer darf ohne weiteres von allen in der Sozialversicherung tätigen oder eng mit der Sozialversicherung verknüpften Institutionen und Stellen (Zusatzversicherung zur sozialen Kranken- und Unfallversicherung, ausserobligatorische berufliche Vorsorge, Militärkontrolle oder Steuern) verwendet werden.

**Kommentar**

Die Umstellung erfolgt einerseits aus datenschutzrechtlichen Gründen auf eine nichtsprechende Nummer und andererseits, weil das bisherige System seine technischen Grenzen erreicht.

Die technischen Vorarbeiten sind weitgehend abgeschlossen und es laufen Pilotprojekte. Die Änderungen werden im Verlauf des Jahres 2008 in Kraft treten.

## Invalidenversicherung

### 5. IV-Revision

Übersicht der per 01. Januar 2008 in Kraft gesetzten 5. IV-Revision, welche zwei Hauptziele verfolgt:

- Die Verbesserung der Integration von Personen, die in ihrer Arbeitsfähigkeit beschränkt sind und damit die Verringerung der Zahl von Neurentnern;
- Umsetzung von Sparmassnahmen als Beitrag zur finanziellen Gesundung der IV.

Diese Ziele sollen mit folgenden Massnahmen erreicht werden:

- Frühzeitige Erfassung von Personen, die in ihrer Arbeitsfähigkeit beschränkt sind
- Frühintervention zur Erhaltung des Arbeitsplatzes oder raschen Eingliederung in einen anderen Arbeitsplatz
- Finanzielle Anreize für den Arbeitgeber zur rascheren Integration von gesundheitlich beeinträchtigten Personen in den Arbeitsmarkt
- Umsetzung von Sparmassnahmen
- Erschwerung des Zugangs zu einer IV-Rente durch Anpassung des Invaliditätsbegriffs
- Verstärkung der Zusammenarbeit unter den Institutionen

**Inhalt**

Personen, die in ihrer Arbeitsfähigkeit beschränkt sind, werden frühzeitig erfasst. Die IV kann allfällige, aufgrund ihrer persönlichen Situation, notwendige Massnahmen zur Erhaltung des Arbeitsplatzes bzw. zu einer möglichst raschen Wiedereingliederung an einem neuen Arbeitsplatz ergreifen. Diese Massnahmen gelten als Früherfassung und Frühintervention.

Der Umfang der möglichen Massnahmen für die berufliche Eingliederung wird folgendermassen erweitert:

- Massnahmen zur Vorbereitung auf die berufliche Eingliederung wie Anpassung des Arbeitsplatzes, Ausbildungskurse, sozialberufliche Rehabilitation, Beschäftigungsmassnahmen
- Erleichterung des Zugangs zur Arbeitsvermittlung und Berufsberatung
- Gewährung von Zuschüssen während der Anlern- oder Einarbeitungszeit

Mit den Massnahmen zur Vorbereitung auf die berufliche Eingliederung sollen folgende Ziele erreicht werden:

- Gewöhnung an den Arbeitsprozess
- Aufbau der Arbeitsmotivation
- Stabilisierung der Persönlichkeit
- Einüben sozialer Grundelemente
- gezielte Beschäftigungsmassnahmen

Die sozialberufliche Rehabilitation dient der Wiederherstellung oder der Erreichung der Eingliederungsfähigkeit von Personen, die in ihrer Arbeitsfähigkeit beschränkt sind und deren Angewöhnung an eine Tätigkeit in der freien Wirtschaft, also nicht für Tätigkeiten in geschützten Werkstätten.

Zur rascheren Integration von gesundheitlich beeinträchtigten Personen in den Arbeitsmarkt werden finanzielle Anreize für den Arbeitgeber geschaffen. Diese umfassen folgende Massnahmen:

- Einarbeitungszuschüsse für Arbeitgeber, die eine gesundheitlich beeinträchtigte Person beschäftigen. Ziel dieser Massnahme ist die Kompensation der eingeschränkten Leistungsfähigkeit während der Anfangsphase der Integration. Der Zuschuss wird längstens während 180 Tagen ausgerichtet.
- Entschädigung des Arbeitgebers, wenn der Mitarbeitende krankheitsbedingt höhere Beiträge bei der Krankentaggeldversicherung und der Pensionskasse auslöst. Diese Entschädigung wird dann ausgerichtet, wenn der Mitarbeitende innerhalb von zwei Jahren seit seiner Vermittlung die Arbeit aufgrund der gleichen Krankheit aussetzen muss.

## Aktuelle und anstehende Gesetzesrevisionen

- Entschädigung für Arbeitgeber, die sich bereit erklären, gesundheitlich beeinträchtigte Personen weiterzubeschäftigen und ihnen die Teilnahme an Integrationsmassnahmen ermöglichen. Die Entschädigung beträgt maximal 60 Franken pro Tag, am dem eine Integrationsmassnahme durchgeführt wird.

Für Leistungsberechtigte werden folgende Anreize für die bessere Nutzung der Resterwerbsfähigkeit geschaffen:

- Förderung der Reintegration in den Arbeitsmarkt durch die Anpassung des Taggeldsystems
- Vermeidung von Einkommenseinbussen bei besserer Nutzung der Resterwerbsfähigkeit

Wird das Erwerbseinkommen gesteigert, fallen die Erhöhung um maximal CHF 1'500.- pro Jahr bei einer Revision der Leistungen ausser Betracht. Beträge über CHF 1'500.- werden nur zu zwei Dritteln berücksichtigt.

**Folgende Sparmassnahmen werden umgesetzt**

- Streichung des Karrierezuschlags
- Finanzierung der medizinischen Massnahmen zur beruflichen Eingliederung für volljährige Versicherte durch die soziale Krankenversicherung
- Aufhebung der nach dem Inkrafttreten der 4. IV-Revision noch laufenden Zusatzrenten für Ehegatten
- Streichung des Taggeldanspruchs von nichterwerbstätigen Personen ausser bei erstmaliger beruflicher Ausbildung
- Kürzung der IV-Leistungen im Falle einer Überversicherung
- Voraussetzung von mindestens drei Beitragsjahren für den Bezug einer ordentlichen Rente (bisher ein Jahr)

Der Zugang zu einer ordentlichen IV-Rente wird durch Anpassung des Invaliditätsbegriffs erschwert. Der Anspruch entsteht, wenn

- die Erwerbsfähigkeit nicht durch zumutbare Eingliederungsmassnahmen wiederhergestellt, erhalten oder verbessert werden kann;
- die Erwerbsunfähigkeit ohne wesentliche Unterbrüche mindestens zu 40 Prozent während eines Jahres bestanden hat und weiter besteht.

Der Rentenanspruch entsteht zudem erst nach sechs Monaten ab dem Zeitpunkt der Anmeldung. Renten werden somit nicht mehr rückwirkend ab Eintritt der Erwerbsunfähigkeit gewährt.

**Kommentar**

Mit den Massnahmen der beschlossenen 5. IV-Revision soll die starke Zunahme der Anzahl Neurentnerinnen und Neurentner gebremst werden. Zur finanziellen Gesundung der IV braucht es jedoch auch zusätzliche Einnahmen.

Der Bundesrat schlägt dazu in seiner Botschaft zur 5. IV-Revision eine Erhöhung der Lohnbeiträge von 1.4% auf 1.5% vor und in der Botschaft zur Zusatzfinanzierung der IV einen Zuschlag von 0.8 Prozentpunkten auf der Mehrwertsteuer vor.

Dieses Thema haben die eidgenössischen Räte noch zurückgestellt.

## Ergänzungsleistungen zur AHV und IV

Im Rahmen der 11. AHV-Revision zur Flexibilisierung des Altersrücktritts sollen bedarfsabhängige Vorruhestandsleistungen über die Ergänzungsleistungen finanziert werden. Dabei ist eine grosszügigere Handhabung der Anspruchsberechtigung auf Ergänzungsleistungen für vorzeitig teilpensionierte Personen in Diskussion. Das Thema ist heftig umstritten.

## Familienzulagen

Das Familienzulagengesetz (FamZG) sieht einen Mindestansatz der Kinderzulagen für Anspruchsberechtigte von 200 Franken für Kinder bis 16 Jahre und Ausbildungszulagen von 250 Franken für Kinder von 16 bis 25 Jahre vor.

Der Vollzug der Kinderzulagenordnung erfolgt weiterhin dezentral über die Familienausgleichskassen. Arbeitgeber können sich nicht mehr von der Anschlusspflicht an eine Familienausgleichskasse befreien lassen.

Kein bundesrechtlicher Anspruch auf Familienzulagen haben Selbständigerwerbende oder Nichterwerbstätige, deren Einkommen eine bestimmte Einkommensgrenze überschreitet. Hingegen steht es den Kantonen frei, Familienzulagenordnungen zu schaffen, die über die bundesgesetzlichen Mindestanforderungen hinausgehen+. Darüber hinaus können sie auch Geburts- und Adoptionszulagen vorsehen.

Für Kinder im Ausland regelt der Bundesrat in der Verordnung die Anspruchsvoraussetzungen für Familienzulagen. Dabei wird die Höhe der Zulage der Kaufkraft im Aufenthaltsland des Kindes angepasst.

Der Anspruch von Beschäftigten in der Landwirtschaft richtet sich weiterhin nach dem Bundesgesetz über die Kinderzulagen in der Landwirtschaft unter Anhebung der Mindestansätze von 200 bzw. 250 Franken für Kinder- und Ausbildungszulagen.

Die Vorlage wurde per Volksabstimmung angenommen und wird voraussichtlich am 1. Januar 2009 in Kraft treten.

## Krankenversicherung

### Vertragszwang

Im ambulanten Bereich soll der Kontrahierungszwang zwischen Krankenversicherern und Leistungserbringern aufgehoben werden. Versicherer und Leistungserbringer sollen ihren Vertragspartner frei wählen können.

Die Kommissionen für soziale Sicherheit und Gesundheit des Ständerates hat beschlossen, die Vorlage zur Vertragsfreiheit zugunsten der Managed Care- Vorlage zurückzustellen. Ein Inkrafttreten der Vorlage ist nicht vor 1. Januar 2009 realistisch.

### Kostenbeteiligung

Die Eigenverantwortung und damit das Kostenbewusstsein der Versicherten soll weiter gestärkt werden. Der Selbstbehalt soll deshalb, gemäss Vorschlag des Bundesrates, für Erwachsene von heute 10% auf neu 20% der die Franchise übersteigenden Kosten erhöht werden, der Höchstbetrag für den Selbstbehalt beträgt jedoch weiterhin maximal 700 Franken pro Jahr.

Der Ständerat hat der Vorlage zugestimmt, will jedoch den heute auf Verordnungsstufe festgeschriebenen Höchstbetrag des Selbstbehalts neu ebenfalls im KVG fixieren. Die Vorlage ist jetzt bei der Kommission für soziale Sicherheit und Gesundheit des Nationalrates. Ein Inkrafttreten ist nicht vor 1. Januar 2009 realistisch.

### Spitalfinanzierung

Das heutige duale Finanzierungsmodell für die stationären Leistungen soll gesetzlich verankert und auf private Spitäler ausgedehnt werden. Die Finanzierungsanteile von Leistungserbringern und Kantonen an Spitalaufenthalte sollen, gemäss dem Vorschlag des Bundesrates, gesetzlich fixiert werden. Zudem sollen künftig die Leistungen anstelle der Kosten der Spitäler finanziert werden. Die Vorlage befindet sich in der Differenzbereinigung. Ein Inkrafttreten ist nicht vor 1. Januar 2009 realistisch.

### Managed Care

Ziel ist die Vernetzung der Leistungserbringer, Managed Care-Modelle möglichst mit Budgetverantwortung und die Verschreibung preisgünstiger Arzneimittel sollen gefördert werden, um die Qualität zu steigern und die Kosten zu dämpfen. Ein Inkrafttreten ist nicht vor 1. Januar 2009 realistisch.

## Pflegefinanzierung

Die langfristige Finanzierbarkeit der Pflegeleistungen soll aus Sicht der obligatorischen Krankenpflegeversicherung sichergestellt werden. Dabei soll nur ein klar definierter Teil der Pflege durch die soziale Krankenversicherung zu finanzieren sein. Gleichzeitig soll auch die sozialpolitisch schwierige Situation von bestimmten pflegebedürftigen Personengruppen entschärft werden. Die Vorlage befindet sich in der Differenzbereinigung. Ein Inkrafttreten ist nicht vor 1. Januar 2009 realistisch.

## Unfallversicherung

### UVG-Revision

**Erster Teil: Leistungen**

Der Grad der Mindestinvalidität für den Bezug einer Invalidenrente soll von 10 auf 20 Prozent erhöht werden. Laufende Renten sollen davon nicht betroffen sein.

Bei Erreichen des AHV-Rentenalters sollen bei Invalidenrentnerinnen und -rentnern aus der Unfallversicherung Überversicherungen vermieden werden.

Bei Grossereignissen soll eine Höchstgrenze für die Haftung der UVG-Versicherer eingeführt werden.

Die Aufsicht über die Unfallversicherer soll infolge der Liberalisierung der Prämientarife verstärkt werden.

**Zweiter Teil: Organisation der SUVA**

Die Verantwortung der Organe der SUVA soll gestärkt und die Aufsicht verbessert werden.

**Kommentar**

Die beiden Vorlagen sind so gestaltet, dass sie unabhängig voneinander beraten und in Kraft treten können.

Ein Bericht über die Vernehmlassung liegt noch nicht vor. Ein Inkrafttreten ist nicht vor dem 01. Januar 2009 zu erwarten.

Aktuelle und anstehende Gesetzesrevisionen

## Berufliche Vorsorge

### Strukturreform

Durch eine Strukturreform der Aufsicht und Oberaufsicht soll die berufliche Vorsorge inhaltlich und strukturell optimiert und damit besser vor Systemrisiken des Kapitalmarktes geschützt werden.

### Geplanter Inhalt

Die Direktaufsicht über die Vorsorgeeinrichtungen soll ausschliesslich durch die Kantone bzw. durch von ihnen gebildete interkantonale Aufsichtsregionen wahrgenommen werden, während die Oberaufsicht durch eine spezielle, aus Fachleuten der beruflichen Vorsorge zusammen gesetzten Kommission ausgeübt werden soll, deren Sekretariat administrativ beim Bundesamt für Sozialversicherung angesiedelt wird.

Die Zuständigkeit in der Direktaufsicht ergibt sich aus dem Sitzprinzip (zuständig ist die Aufsichtsbehörde, auf deren Gebiet die Vorsorgeeinrichtung ihren Sitz hat).

Die Anforderungen an die Tätigkeit und damit an die personellen und fachlichen Kompetenzen der Aufsichtsbehörden werden erhöht, um so die Qualität der Aufsichtstätigkeit sicherzustellen.

Die Oberaufsichtskommission soll den Vollzug der Aufsicht durch die Kantone koordinieren und durch die gesamtschweizerische Verbindlicherklärung von Fach- und Qualitätsstandards sicherstellen.

Sie beaufsichtigt ausserdem den Sicherheitsfonds und die Auffangeinrichtung.

Rentenumwandlungssatz und Mindestzinssatz sollen weiterhin durch den Gesetzgeber oder den Bundesrat festgelegt werden.

### Kommentar

Als Folge der eingefahrenen Verluste auf den Kapitalmärkten in den Jahren 2001/2002 von zahlreichen Vorsorgeeinrichtungen, wurde die Aufsicht und Oberaufsicht über die berufliche Vorsorge in struktureller und inhaltlicher Hinsicht analysiert.

Der Bundesrat hat die Botschaft für eine Strukturreform in der beruflichen Vorsorge verabschiedet. Darin sind neu zusätzlich Verhaltensregeln für die Verwaltung von Vorsorgeeinrichtungen enthalten. Dabei geht es insbesondere um ein Verbot des parallel running, die zwingende Ablieferung von Retrozessionszahlungen an die Vorsorgeeinrichtung sowie die Vorabprüfung einzelner Geschäfte durch die Revisionsstelle.

## Ältere Arbeitnehmerinnen und Arbeitnehmer

### Geplanter Inhalt

Die Vernehmlassungsvorlage sieht vorsorgerechtliche Massnahmen zur Förderung der Arbeitsmarktpartizipation älterer Arbeitnehmerinnen und Arbeitnehmer vor. Dabei geht es um die Möglichkeit zur Weiterversicherung des bisherigen Lohnes bei einer relevanten Lohnreduktion von mindestens einem Drittel als Folge der Reduktion des Beschäftigungsgrades oder bei Funktionswechsel sowie die Möglichkeit zur reglementarischen Weiterführung der beruflichen Vorsorge bis zum 70. Altersjahr. Auf Verordnungsstufe soll sodann die Möglichkeit zur Weiterführung der Säule 3a bei Erwerbstätigen nach dem Erreichen des ordentlichen AHV-Rentenalters vorgesehen werden.

## Rentenumwandlungssatz

### Geplanter Inhalt

Der Mindestumwandlungssatz für den obligatorischen Bereich der beruflichen Vorsorge soll ohne flankierende Massnahmen per 1. Januar 2011 für Neurentnerinnen und Neurentner auf 6.4 Prozent gesenkt werden. Vorgeschlagener Anpassungsmodus zur Absenkung des Mindestumwandlungssatzes:

| | |
|---|---|
| Umwandlungssatz im Jahr 2008 | 6.90 Prozent |
| Umwandlungssatz im Jahr 2009 | 6.75 Prozent |
| Umwandlungssatz im Jahr 2010 | 6.55 Prozent |
| Umwandlungssatz im Jahr 2011 | 6.40 Prozent |

Die Angemessenheit des Mindestumwandlungssatzes soll künftig alle 5 statt alle 10 Jahre überprüft werden. Zur besseren Koordination von erster und zweiter Säule soll das ordentliche Rentenalter der 2. Säule automatisch an die AHV angepasst werden. Mit dem gleichen Automatismus soll auch die Anpassung der Altersgutschriften an das jeweilige ordentliche Rentenalter erfolgen.

### Kommentar

Der Höhe des Rentenumwandlungssatzes ist zu einem Dauerthema geworden. Dabei ist festzuhalten, dass es sich bei den Diskussionen immer nur um den Mindestumwandlungssatz für Vorsorgeguthaben nach BVG handelt. Jede Pensionskasse im Beitragsprimat ist grundsätzlich frei, den Rentenumwandlungssatz anders zu definieren, solange die BVG-Rente berechnet mit dem Mindestumwandlungssatz nicht unterschritten wird. Pensionskassen im Leistungsprimat legen ihre Renten in der Regel in Prozent des versicherten Lohnes und aufgrund der Versicherungsjahre fest (Beispielsweise 1.7% des versicherten Lohnes pro zurückgelegtes oder eingekauftes Versicherungsjahr). Auch sie berücksichtigen dabei die BVG-Mindestvorschriften.

Der Umwandlungssatz gemäss BVG betrug seit Einführung des BVG im Jahr 1985 bis ins Jahr 2004 7.2 Prozent. Mit der 1. BVG-Revision wurde er ab dem Jahr 2005 auf 6.8 Prozent gesenkt, wobei die Herabsenkung in einer Übergangsregelung über 10 Jahre gestaffelt stattfinden sollte.

Jetzt in Diskussion ist eine weitere Senkung des Umwandlungssatzes auf 6.4 Prozent bis ins Jahr 2011. Der Bundesrat hat die entsprechende Botschaft verabschiedet. Hingegen wurde sie vom Ständerat abgelehnt. Die Vorlage geht nun in die Kommissionen für soziale Sicherheit und Gesundheit des Nationalrates (SGK-N). Ein mögliches Inkrafttreten ist noch nicht absehbar.

**Anpassung des Mindestzinssatzes**

Der Bundesrat hat den BVG-Mindestzinssatz für das Jahr 2008 auf 2.75 Prozent festgelegt.

**Kommentar**

Die Verzinsung des Altersguthabens ist bei Pensionskassen im Beitragsprimat zusammen mit den Altergutschriften und dem Umwandlungssatz massgebend für die Höhe der obligatorischen Rentenleistungen der beruflichen Vorsorge. Der Mindestzinssatz wird periodisch vom Bundesrat überprüft und seit Inkrafttreten des BVG am 1.1.1985 bisher drei Mal angepasst.

| Periode | Mindestzinssatz |
| --- | --- |
| 01.01.1985 bis 31.12.2002 | 4.00 Prozent |
| 01.01.2003 bis 31.12.2003 | 3.25 Prozent |
| 01.01.2004 bis 31.12.2004 | 2.25 Prozent |
| 01.01.2005 bis 31.12.2007 | 2.50 Prozent |
| Ab 01.01.2008 | 2.75 Prozent |

**Finanzierung öffentlich-rechtlicher Vorsorgeeinrichtungen**

Öffentlich-rechtliche Vorsorgeeinrichtungen sollen mit einem von der zuständigen Aufsichtsbehörde genehmigten Finanzierungsplan zu einem Deckungsgrad von über 100% geführt werden. Danach soll die Weiterführung der Einrichtung im System der Vollkapitalisierung zwingend sein.

In institutioneller Hinsicht sollen sowohl die öffentlich-rechtlichen Vorsorgeeinrichtungen als auch die zuständigen Aufsichtsbehörden rechtlich, finanziell und organisatorisch aus der Verwaltung des Gemeinwesens ausgegliedert werden, so dass dem obersten Organ weitgehend gleiche Funktionen, Kompetenzen und Verantwortung zukommen, wie bei privatrechtlichen Vorsorgeeinrichtungen.

## Kommentar

Für öffentlich-rechtliche Vorsorgeeinrichtungen sollen die gleichen strengen finanziellen Rahmenbedingungen wie für privatrechtliche Vorsorgeeinrichtungen gelten.

# Anhang

Anhang

## Übersicht Lohnfortzahlungspflicht

Die Lohnfortzahlungspflicht bei Arbeitsunterbruch infolge Krankheit, Schwangerschaft, Militär-, Zivil- oder Zivilschutzdienst und Unfall, beziehungsweise die Krankentaggeldleistungen richten sich nach den im Arbeitsvertrag vereinbarten Modalitäten. Wurde diesbezüglich nichts vereinbart, besteht eine Lohnfortzahlungspflicht gemäss Obligationenrecht. Diese dauert im ersten Dienstjahr drei Wochen und ab dem zweiten Dienstjahr eine angemessen längere Dauer.

Die Gerichtspraxis hat diese angemessene Dauer definiert und es gelangen heute drei regional geprägte Skalen zur Anwendung, die, je nach Dauer des Arbeitsverhältnisses, die Lohnfortzahlung regeln. Es sind dies die nachfolgenden Berner, Basler und Zürcher Skalen.

### Berner Skala

| | |
|---|---|
| 1. Dienstjahr | 3 Wochen Lohnfortzahlung |
| 2. Jahr | 1 Monat Lohnfortzahlung |
| 3. und 4.Jahr | 2 Monate Lohnfortzahlung |
| 5. bis 9.Jahr | 3 Monate Lohnfortzahlung |
| 10. bis 14.Jahr | 4 Monate Lohnfortzahlung |
| 15. bis 19.Jahr | 5 Monate Lohnfortzahlung |
| 20. bis 25.Jahr | 6 Monate Lohnfortzahlung |

### Basler Skala

| | |
|---|---|
| 1. Dienstjahr | 3 Wochen Lohnfortzahlung |
| 2. und 3.Jahr | 2 Monat Lohnfortzahlung |
| 4. bis 10.Jahr | 3 Monate Lohnfortzahlung |
| 11. bis 15.Jahr | 4 Monate Lohnfortzahlung |
| 16. bis 20.Jahr | 6 Monate Lohnfortzahlung |

### Zürcher Skala

| | |
|---|---|
| 1. Dienstjahr | 3 Wochen Lohnfortzahlung |
| 2. Jahr | 2 Monat Lohnfortzahlung |
| 3. Jahr | 9 Wochen Lohnfortzahlung |
| 4.Jahr | 10 Wochen Lohnfortzahlung |
| pro weiteres Jahr | je eine zusätzliche weitere Woche |

## Präzisierungen zu SUVA unterstellten Betrieben

### Bau- und Installationsgewerbe, Leitungsbau

Als Betriebe des Bau- und Installationsgewerbes sowie des Leitungsbaus gelten solche, die

- in irgendeinem Zweig des Baugewerbes tätig sind oder Bestandteile für Bauten oder Bauwerke herstellen;
- Gebäude, Strassen, öffentliche Plätze und Anlagen reinigen;
- Baugerüste und Baumaschinen ausleihen;
- Installationen technischer Art an oder in Bauten erstellen, abändern, reparieren oder unterhalten;
- Maschinen oder Einrichtungen montieren, unterhalten oder demontieren;
- ober- und unterirdische Leitungen erstellen, abändern, reparieren oder unterhalten.

### Betriebe zur Gewinnung und Aufbereitung von Bestandteilen der Erdrinde

Als Betriebe, die Bestandteile der Erdrinde gewinnen oder aufbereiten, gelten auch solche, die nach Bestandteilen der Erdrinde suchen oder die Erdrinde erforschen.

Als Bestandteile der Erdrinde gelten alle in natürlichen Lagerstätten vorkommenden Stoffe, insbesondere Gesteine, Kies, Sand, Erze, Mineralien, Lehm, Erdöl, Erdgas, Wasser, Salz, Kohle und Torf.

### Forstbetriebe

Nicht als Forstbetriebe im Sinne des Gesetzes gelten Landwirtschaftsbetriebe, die mit den Arbeitnehmern und mit den Mitteln des landwirtschaftlichen Betriebes Forstarbeiten ausführen.

Als Forstarbeiten gelten hingegen alle mit der Erschliessung, Pflege und Nutzung des öffentlichen und privaten Waldes verbundenen Arbeiten, insbesondere der Bau und der Unterhalt von Waldstrassen, -wegen und -verbauungen, Bewässerungs- und Entwässerungsarbeiten sowie die Forstaufsicht.

### Betriebe zur Bearbeitung von Stoffen

Als Betriebe zur Bearbeitung von Stoffen gelten auch solche, die Granulate, Pulver oder Flüssigkeiten zu Kunststoffgegenständen verarbeiten.

Das Wiedergewinnen und das Verarbeiten eines Stoffes sind dem Bearbeiten gleichgestellt.

Anhang

**Betriebe zur Erzeugung, Verwendung und Lagerung gefährlicher Stoffe**

Als Betriebe, in denen gefährliche Stoffe erzeugt, im Grossen verwendet oder gelagert werden, gelten:

- Betriebe, die Grund- und Feinchemikalien, chemischtechnische Produkte, Lacke und Farben sowie feuer- und explosionsgefährliche Stoffe herstellen, im Grossen verwenden, lagern oder transportieren;
- Betriebe, die nach Artikel 14 im Anhang 1 aufgeführte schädigende Stoffe erzeugen, im Grossen verwenden, lagern oder transportieren;
- Desinfektionsbetriebe sowie Betriebe für Entwesung, für die Schädlingsbekämpfung und für die Innenreinigung von Behältern;
- Betriebe, die radioaktive Stoffe gewinnen, bearbeiten, im Grossen verwenden, lagern oder transportieren;
- Betriebe, die Schweissanlagen oder kontrollpflichtige Druckbehälter zu industriellen Zwecken verwenden;
- Betriebe, die Motorfahrzeuge aufbewahren, reinigen, reparieren oder bereitstellen;
- Betriebe, die galvanotechnische Arbeiten ausführen; Härtereien; Verzinkereien;
- Betriebe, die gewerbliche Malerarbeiten ausführen;
- chemische Wäschereien;
- Teerdestillationsbetriebe;
- Kinos, Filmaufnahmeateliers.

**Verkehrs-, Transport- und angeschlossene Betriebe**

Als Verkehrs- und Transportbetriebe sowie Betriebe mit unmittelbarem Anschluss an das Transportgewerbe gelten:

- Betriebe, die Transporte zu Land, zu Wasser oder in der Luft ausführen;
- Betriebe, die an ein Gleis einer konzessionierten Eisenbahn oder an einen Schiffsanlegeplatz angeschlossen sind und Güter direkt oder über Gleiswagen oder Rohrleitungen ein- und ausladen;
- Betriebe, denen regelmässig Eisenbahnwagen auf Strassenrollern zugeführt werden;
- Betriebe, die Tätigkeit auf Eisenbahnwagen oder Schiffen ausüben;
- Lagerhäuser und Umschlagbetriebe;
- Betriebe, die einen Flugplatz betreiben oder Zwischenlandedienste auf Flugplätzen leisten;
- Flugschulen.

## Handelsbetriebe

Als schwere Waren gelten lose oder verpackte Güter von mindestens 50 kg Gewicht sowie Schüttgüter; Flüssigkeiten gelten als schwere Waren, wenn sie in Behältern gelagert werden, die zusammen mit dem Inhalt mindestens 50 kg wiegen.

Als grosse Menge gilt ein Gesamtgewicht von mindestens 20 Tonnen ständig gelagerter schwerer Ware.

Als Maschinen gelten insbesondere Aufzüge, Hubstapler, Krane, Seilwinden und Fördereinrichtungen.

## Schlachthäuser mit maschinellen Einrichtungen

Als Schlachthäuser gelten öffentliche und private Schlachthausbetriebe und Schlächtereien ohne Verkaufsläden.

Metzgereien mit Verkaufsladen und Schlächterei fallen nur dann in den Tätigkeitsbereich der SUVA, wenn wöchentlich an mehr als drei Tagen während insgesamt mehr als 27 Stunden geschlachtet wird.

Das Schlachten umfasst das Töten der Tiere, die Blutentnahme, das Enthäuten und das Zerlegen in zwei Hälften. Als maschinelle Einrichtungen gelten insbesondere Kühl- und Gefrieranlagen, Aufzüge, motorisch betriebene Seilwinden und Krane, festinstallierte Stetigförderer wie Förderbänder, Roll- und Hängebahnen, nicht jedoch Fleischverarbeitungsmaschinen.

## Getränkefabrikation

Als Betriebe der Getränkefabrikation gelten auch Getränkegrosshandelsbetriebe und Getränkedepots, mit denen Transportbetriebe verbunden sind.

## Elektrizitäts-, Gas- und Wasserversorgung, Kehrichtbeseitigung und Abwasserreinigung

Zur Elektrizitätsversorgung gehören das Erzeugen, Umformen und Verteilen elektrischer Energie.

Zur Gasversorgung gehören das Erzeugen, Lagern und Verteilen von Gas.

Zur Wasserversorgung gehören das Gewinnen, Aufbereiten und Verteilen von Wasser.

Als Betriebe der Kehrichtbeseitigung gelten auch Betriebe, die Abfälle beseitigen oder aufbereiten sowie damit zusammenhängende Fernheizungsbetriebe.

Anhang

**Organisationen mit Überwachungsaufgaben**

Als Betriebe für die Überwachung von Arbeiten gelten auch Organisationen, die gestützt auf einen Vertrag mit der SUVA, besondere Durchführungsaufgaben im Bereich der Verhütung von Berufsunfällen oder Berufskrankheiten übernommen haben.

**Lehr- und Invalidenwerkstätten**

Als Lehr- bzw. Invalidenwerkstätten gelten:

- Lehrwerkstätten zur Ausbildung für Arbeiten in SUVA-unterstellten Betrieben, wobei sich die Versicherung auf die Lehrlinge und Kursteilnehmer sowie auf die Lehrer und das übrige Personal erstreckt;
- Invaliden- und Eingliederungswerkstätten, wobei sich die Versicherung auf die Behinderten sowie auf das Personal erstreckt.

**Betriebe für temporäre Arbeit**

Die Betriebe für temporäre Arbeit umfassen ihr eigenes sowie das von ihnen vermittelte Personal.

**Bundesbetriebe und Bundesanstalten**

Darunter fallen auch die eidgenössischen Gerichte sowie Institutionen, die der Eidgenössischen Versicherungskasse angeschlossen sind.

**Zweige öffentlicher Verwaltungen**

Als öffentliche Verwaltungen gelten auch die Verwaltungen der Bezirke und Kreise.

# Anhang

**Berufskrankheiten**

Als schädigende Stoffe, die zu Berufskrankheiten führen können, gelten:

Acetaldehyd
Acetate, nur Methyl-, Äthyl-, Butyl-, Amyl-, Vinylacetat
Aceton
Acetylen
Acridin
Acrolein
Acrylamid
Aethylenimin
Aethylenoxid
Alkaloide
Alkylamine
Aluminiumchlorid
Ameisensäure
Ammoniak
Anthracen
Antimon und seine Verbindungen
Arsen und seine Verbindungen
Arylamine
Asbeststaub


Barium und seine in verdünnten Säuren löslichen Verbindungen
Benzine
Benzol
Beryllium, seine Verbindungen und Legierungen
Bitumen
Blei, seine Verbindungen und Legierungen
Brom


Cadmium und seine Verbindungen
Calciumcarbid
Calciumhydroxid (gelöschter Kalk)
Calciumoxid (gebrannter Kalk)
Carbamate und ihre Verbindungen
Chlor
Chlorkalk
Chlorschwefel
Chlorsulfomsäure
Chromverbindungen
Cyan und seine Verbindungen

Anhang

**D**iazomethan
Dimethylformamid
Dioxan

**E**poxidharze
Essigsäure
Essigsäureanhydrid

**F**luor und seine Verbindungen
Formaldehyd
Formamid

**G**lykole, ihre Äther und deren Ester

**H**alogenierte organische Verbindungen
n-Hexan

**H**olzstaub
Hydrazin und seine Derivate
Hydroxylamin

**I**socyanate

**J**od

**K**aliumchlorat
Kaliumhydroxid
Kautschukadditive
Keten
Kobalt und seine Verbindungen
Kohlenmonoxid
Kolophonium

**L**atex

**M**aleinsäureanhydrid
Mangan und seine Verbindungen
Methanol

Methyläthylketon
Mineralöladditive
Mineralöle

**N**aphtalin und seine Verbindungen
Natriumchlorat
Natriumhydroxid
Nickel Schwefelnatrium
Nickelcarbonyl
Nitroglycerin
Nitroglykole
Nitrose Gase
Nitroverbindungen, organische

**O**zon

**P**araffin
Peroxide
Persulfate
Petrol
Phenol und seine Homologen
Phenylhydroxylamin
Phosgen
Phosphor und seine Verbindungen
Phthalsäureanhydrid

**S**chweflige Säure und ihre Salze (Sulfite)
Selen und seine Verbindungen
Stickstoffwasserstoffsäure und ihre Salze (Azide)
Styrol
Sulfurylchlorid

**T**eer
Teerpech
Terpentinöl
Thalliumverbindungen

## Arbeitsbedingte Erkrankungen

| Erkrankungen | Arbeiten |
|---|---|
| **a. Erkrankungen durch physikalische Einwirkungen:** | |
| Hautblasen, -risse, -schrunden, -schürfungen, -schwielen | Alle Arbeiten |
| Chronische Erkrankungen der Schleimbeutel durch ständigen Druck | Alle Arbeiten |
| Drucklähmung der Nerven | Alle Arbeiten |
| Sehnenscheidenentzündung (Peritendinitis crepitans) | Alle Arbeiten |
| Erhebliche Schädigungen des Gehörs | Arbeiten im Lärm |
| Erkrankungen durch Arbeit in Druckluft | Alle Arbeiten |
| Erfrierungen, ausgenommen Frostbeulen | Alle Arbeiten |
| Sonnenbrand, Sonnenstich, Hitzschlag | Alle Arbeiten |
| Erkrankungen durch Ultraschall und Infraschall | Alle Arbeiten |
| Erkrankungen durch Vibrationen (nur radiologisch nachweisbare Einwirkungen auf Knochen und Gelenke, Einwirkungen auf den peripheren Kreislauf) | Alle Arbeiten |
| Erkrankungen durch ionisierende Strahlen | Alle Arbeiten |
| Erkrankungen durch nicht ionisierende Strahlen (Laser, Mikrowellen, Ultraviolett, Infrarot usw.) | Alle Arbeiten |

| Erkrankungen | Arbeiten |
|---|---|
| **b. Andere Erkrankungen:** | |
| Staublungen | Arbeiten in Stäuben von Aluminium, Silikaten, Graphit, Kieselsäure, (Quarz) Hartmetallen |
| Erkrankungen der Atmungsorgane | Arbeiten in Stäuben von Baumwolle, Hanf, Flachs, Getreide und Mehl von Weizen und Roggen, Enzymen, Schimmelpilzen |
| Hautkrebse und hierzu neigende Hautveränderungen | Alle Arbeiten mit Verbindungen, Produkten oder Rückständen von Teer, Pech, Erdpech, Mineralöl, Paraffin |
| Infektionskrankheiten | Arbeiten in Spitälern, Laboratorien, Versuchsanstalten und dergleichen |
| Durch Kontakt mit Tieren verursachte Krankheiten | Tierhaltung und Tierpflege sowie Tätigkeiten, die durch Umgang oder Berührung mit Tieren, mit tierischen Teilen, Erzeugnissen und Abgängen zur Erkrankung Anlass geben; Ein- und Ausladen sowie Beförderung von Waren |
| Amöbiasis, Gelbfieber, Hepatitis A, Hepatitis E, Malaria | Beruflich bedingter Aufenthalt ausserhalb Europas |
| Ankylostomiasis, Cholera, Clonorchiasis, Filariasis, Hämorrhagische Fieber, Leishmaniasis, Lepra, Onchozerciasis, Salmonellosen, Shigellosen, Schistosomiasis, Strongyloidiasis, Trachom, Trypanosomiasis | Beruflich bedingter Aufenthalt in tropischen/subtropischen Gebieten |

Anhang

## Kantonale FZ von Arbeitskräften mit Kindern in der Schweiz

| Kanton | Kinderzulage | Ausbildungs-zulage[9] | Altersgrenze | | Geburtszulage | Arbeitgeberbei-träge der kan-tonalen FAK in % der Lohn-summe |
|---|---|---|---|---|---|---|
| | Ansatz je Kind und Monat | | allgemeine | besondere | | |
| ZH | 170/195[3] | – | 16 | 20/25 | – | 1,30 |
| BE | 160/190[3] | – | 16 | 20/25 | – | 1,60 |
| LU | 200/210[3] | 230 | 16 | 18/25 | 800[16] | 1,90[8] |
| UR | 190 | – | 16 | 18/25 | 1000 | 2,00 |
| SZ | 200 | – | 16 | 18/25 | 800[18] | 1,60 |
| OW | 200 | – | 16 | 25/25 | – | 1,80 |
| NW | 200 | 225 | 16 | 18/25[20] | – | 1,75 |
| GL | 170 | – | 16 | 18/25 | – | 1,90 |
| ZG | 250/300[2] | – | 18 | 18/25 | – | 1,60[8] |
| FR | 220/240[2] | 280/300[2] | 15 | 20/25 | 1500[6] | 2,45 |
| SO | 190 | – | 18 | 18/25'[0] | 600 | 1,90 |
| BS | 170 | 190 | 16 | 25/25 | – | 1,30 |
| BL | 200 | 220 | 16 | 25/25 | – | 1,50 |
| SH | 180 | 210 | 16 | 18/25 | – | 1,40[8] |
| AR | 190 | – | 16 | 18/25 | – | 1,70 |
| AI | 180/185[2] | – | 16 | 18/25 | – | 1,70 |
| SG | 170/190[2] | 190 | 16 | 18/25 | – | 1,60[8] |
| GR | 185 | 210 | 16 | 20/25[5] | – | 1,80 |
| AG | 170 | – | 16 | 20/25 | – | 1,40 |
| TG | 190 | – | 16 | 18/25 | – | 1,60 |
| TI | 183 | – | 15 | 20/20[5], [17] | – | 1,50 |
| VD[12] | 160/330[2] | 205/375[2] | 16 | 20/25[5] | 1500[6], [14] | 1,85 |
| VS | 260/344[2] | 360/444[2] | 16 | 20/25 | 1500[6], [15] | 7 |
| NE[11] | 160/180 | 240/260 | 16 | 20/25[5] | 1200[19] | 2,00 |
| | 200/250 | 280/330 | | | | |
| GE | 200/220[3] | – | 18 | 18/18 | 1000[6] | 1,40 |
| JU | 154/178[4] | 206 | 16 | 25/25 | 782[6] | 3,00 |
| | 132[13] | 132[13] | | | | |

Anhang

**Legende:**

1. Die erste Grenze gilt für erwerbsunfähige (ZH: mindererwerbsfähige) und die zweite für in Ausbildung begriffene Kinder.
2. Der erste Ansatz gilt für die ersten beiden Kinder, der zweite für das dritte und jedes weitere Kind.
3. BE und LU: Der erste Ansatz gilt für Kinder bis zu 12 Jahren, der zweite für Kinder über 12 Jahre.
   GE: Der erste Ansatz gilt für Kinder bis zu 15 Jahren, der zweite für Kinder über 15 Jahre.
4. Der erste Ansatz gilt für Familien mit einem oder zwei Kindern, der zweite für solche mit drei und mehr Kindern.
5. Für Kinder, die eine IV-Rente beziehen, werden keine Zulagen gewährt. In den Kantonen Tessin und Waadt wird bei Ausrichtung einer halben IV-Rente eine halbe Kinderzulage gewährt, zudem im Tessin bei Ausrichtung einer Viertelsrente drei Viertel einer Kinderzulage.
6. Wird auch im Falle einer Adoption ausgerichtet.
7. Keine kantonale Familienausgleichskasse
8. Inklusive Beitrag an Familienzulageordnung für Selbständigerwerbende.
9. Die Ausbildungszulage ersetzt die Kinderzulage; in den Kantonen, welche keine Ausbildungszulage kennen, wird die Kinderzulage bis zum Ende der Ausbildung, längstens jedoch bis zum Erreichen der besonderen Altersgrenze ausgerichtet. Die Ausbildungszulage wird in der Tabelle nur ausgewiesen, wenn sie höher als die Kinderzulage ist.
10. Die Altersgrenze beträgt 25 Jahre für diejenigen Kinder, die von Geburt oder Kindheit an invalid sind.
11. Die Ansätze gelten der Reihe nach für das erste, zweite, dritte und ab dem vierten Kind.
12. Gesetzliches Minimum; jede Kasse kann aufgrund ihrer finanziellen Möglichkeiten mehr ausrichten.
13. Für Bezügerinnen und Bezüger von Kinder- oder Ausbildungszulagen wird eine Haushaltungszulage von 132 Franken pro Monat ausgerichtet.
14. Bei Mehrlingsgeburten wird die Geburtszulage verdoppelt, ebenso bei gleichzeitiger Adoption von mehr als einem Kind.
15. Bei Mehrlingsgeburten oder bei Aufnahme mehrerer Kinder wird die Geburtszulage um 50 Prozent pro Kind erhöht.
16. Geburtszulage nur für in der Schweiz geborene, in einem schweizerischen Geburtsregister eingetragene Kinder.
17. Für behinderte Kinder in einer Spezialausbildung und Kinder in Ausbildung in der Schweiz.
18. Geburtszulage nur für in Schweizer Geburtsregister eingetragene Kinder, deren Mutter zivilrechtlichen Wohnsitz in der Schweiz hat.
19. Geburtszulage nur für in einem schweizerischen Geburtsregister eingetragene Kinder.
20. Erwerbsunfähige Kinder zwischen 16 und 18 Jahren erhalten die Ausbildungszulage.

Anhang

## Kantonale FZ für (ausländische) Arbeitskräfte mit Kindern im Ausland

Geltend für Kinder im Ausland (je nach Kanton sowohl für Schweizer Bürger und ausländische Arbeitskräfte)

| Kanton | Altersgrenze | | Zulageberechtigte Kinder und weitere Besonderheiten |
|---|---|---|---|
| | Allgemeine | Besondere[1] | |
| ZH | 16 | 16/16[2] | alle ausser Pflegekinder in Ländern mit Sozialversicherungsabkommen; die Ansätze werden der dortigen Kaufkraft angepasst. |
| BE | 16 | 20/25 | Anspruch für innerhalb und ausserhalb der Ehe geborene Kinder sowie Adoptivkinder; nur für Angehörige von Staaten mit einem Sozialversicherungsabkommen. |
| LU[4] | 16 | 18/25 | Eigene Kinder, Adoptiv- und Stiefkinder, sofern diese in einem Staat mit Sozialversicherungsabkommen wohnen; keine Geburtszulage. |
| UR[4] | 16 | 18/25 | eheliche u. Adoptivkinder; keine Geburtszulage |
| SZ[4] | 16 | 16/16 | alle; die Ansätze werden der dortigen Kaufkraft angepasst; keine Geburtszulage. |
| OW[4] | 16 | 25/25 | alle |
| NW[4] | 16 | 18/25 | Für Kinder ausserhalb des Fürstentums Liechtenstein und der Mitgliedstaaten der Europäischen Union wird die Hälfte der Zulagen ausgerichtet. |
| GL[4] | 16 | 18/25 | alle; die Ansätze werden der dortigen Kaufkraft angepasst. |
| ZG[4] | 16 | 20/25 | eheliche u. Adoptivkinder |
| FR[4] | 15 | 20/25 | alle |
| SO[4] | 18 | 18/25[3] | alle |
| BS | 16 | 25/25 | alle ausser Pflegekinder |
| BL[4] | 16 | 25/25 | Alle |
| SH[4] | 16 | 18/25 | Kinder- und Ausbildungszulagen werden der Kaufkraft des Wohnsitzstaates angepasst. Ausbildungszulagen gibt es nur für Kinder in Ländern mit Sozialversicherungsabkommen. |
| AR[4] | 16 | 18/25 | alle |

| Kanton | Altersgrenze | | Zulageberechtigte Kinder und weitere Besonderheiten |
|---|---|---|---|
| | Allgemeine | Besondere[1] | |
| AI | 16 | 18/25 | Kinder in Ländern mit Sozialversicherungsabkommen; die Ansätze werden der dortigen Kaufkraft angepasst. |
| SG[4] | 16 | 18/16 | Kinder in Ländern mit Sozialversicherungsabkommen; die Ansätze werden der dortigen Kaufkraft angepasst. |
| GR | 16 | 16/16[2] | alle; die Ansätze werden der dortigen Kaufkraft angepasst. |
| AG[4] | 16 | 16/16 | Alle; die Ansätze werden der dortigen Kaufkraft angepasst. |
| TG[4] | 16 | 16/16 | Alle; die Ansätze werden der dortigen Kaufkraft angepasst. |
| TI[4] | 15 | 15/15 | alle |
| VD | 16 | 16/16 | eheliche, anerkannte u. Adoptivkinder; kein erhöhter Ansatz ab dem dritten Kind; keine Geburtszulage |
| VS[4] | 16 | 20/25 | alle; für Kinder ausländischer Arbeitskräfte, die in keinem schweizerischen Zivilstandsregister eingetragen sind, werden keine Geburtszulagen ausgerichtet; die Ansätze werden der dortigen Kaufkraft angepasst. |
| NE | 16 | 16/16 | alle; keine Geburtszulage |
| GE[4] | 15 | 15/15 | alle; keine Geburtszulage |
| JU | 16 | 16/16 | alle; keine Geburtszulage |

**Legende:**

1. Die erste Grenze gilt für erwerbsunfähige und die zweite für in Ausbildung begriffene Kinder.
2. Für schweizerische Arbeitskräfte und für ausländische Arbeitskräfte mit Niederlassungsbewilligung werden die Kinderzulagen für erwerbsunfähige Kinder bis zum vollendeten 20. Altersjahr und für in Ausbildung begriffene Kinder bis zum vollendeten 25. Altersjahr ausgerichtet.
3. Die Altersgrenze beträgt 25 Jahre für diejenigen Kinder, die von Geburt oder Kindheit an invalid sind.
4. Schweizerische und ausländische Arbeitskräfte werden hinsichtlich der Kinder im Ausland gleich behandelt.

Anhang

## Mindestarbeitsdauer für Anspruch auf Familienzulagen

Diese gilt bei Anspruch bei Teilzeitarbeit. Nachfolgend sind, nach Kantonen geordnet, pro Zeile jeweils die folgenden Informationen enthalten:

1. Anspruch auf volle Zulage im Regelfall
2. Anspruch auf Teilzulage
3. Volle Zulage für Alleinerziehende

### Kanton ZH
1. bei mindestens 80 Arbeitsstunden
2. pro rata temporis

### Kanton BE
1. mindestens 80 Arbeitsstunden pro Monat
2. pro rata temporis
3. 40 Arbeitsstunden pro Monat

### Kanton LU
1. bei voller Beschäftigung
2. pro rata temporis
3. Erwerbstätigkeit von mindestens einem Fünftel der betriebsüblichen Arbeitszeit

### Kanton UR
1. bei betriebsüblicher Arbeitszeit
2. pro rata temporis bei mindestens 40 Arbeitsstunden pro Monat
3. regelmässige Erwerbstätigkeit von mindestens einem Viertel der branchenüblichen Arbeitszeit

### Kanton SZ
1. bei Erwerbstätigkeit von mindestens 50 Prozent
2. bei Arbeitspensum von 20-29 Prozent: 30 Prozent der vollen Zulagen
   bei Arbeitspensum von 30-49 Prozent: 50 Prozent der vollen Zulagen
   bei Arbeitspensum unter 20 Prozent: keine Zulagen

### Kanton OW
1. bei voller Arbeitszeit
2. pro rata temporis
3. regelmässige Erwerbstätigkeit, sofern andersweitig keine Zulage erhältlich

**Kanton NW**
1. bei betriebsüblicher Arbeitzeit
2. pro rata temporis
3. regelmässige Erwerbstätigkeit von mindestens 20 Prozent, sofern andersweitig keine Zulage erhältlich

**Kanton GL**
1. wenigstens 160 Arbeitsstunden bzw. 20 Tage zu 8 Arbeitsstunden pro Monat
2. pro rata temporis
3. während mindestens 8 Std. pro Woche beim gleichen Arbeitgeber tätig

**Kanton ZG**
1. bei regelmässiger Beschäftigung
2. pro rata temporis
3. Erwerbstätigkeit von mindestens 50 Prozent

**Kanton FR**
1. mindestens 15 Arbeitstage pro Monat oder 120 Arbeitsstunden
2. pro rata temporis
3. Erwerbstätigkeit von mindestens 25 Prozent, wenn allein für den Unterhalt der Kinder aufgekommen wird

**Kanton SO**
1. bei mindestens 15 wöchentlichen Arbeitsstunden
2. pro rata temporis

**Kanton BS**
1. mindestens 80 Arbeitsstunden pro Monat
2. pro rata temporis

**Kanton BL**
1. Es werden, unabhängig vom Beschäftigungsgrad, nur volle Zulagen ausgerichtet
2. Teilzulagen werden nicht ausgerichtet

**Kanton SH**
1. bei wöchentlicher Arbeitszeit von mindestens 12 Stunden Anspruch auf volle Zulage
2. Teilzulagen werden nicht ausgerichtet

Anhang

**Kanton AR**
1. betriebsübliche Arbeitszeit bzw. vom Arbeitgeber angeordnete Kurzarbeit
2. pro rata temporis bei mindestens 40 Arbeitsstunden pro Monat
3. Erwerbstätigkeit von mindestens 50 Prozent, sofern keine anderweitige Zulage erhältlich

**Kanton AI**
1. Für Arbeitnehmer im Hauptberuf, AHV- und IV-Rentner, sofern das Arbeitseinkommen mindestens 6'000 Franken pro Jahr beträgt, sowie in Härtefällen, wenn das Arbeitseinkommen weniger als 6'000 Franken, aber mindestens 2'400 Franken pro Jahr beträgt
2. pro rata temporis bei mindestens 40 Arbeitsstunden pro Monat
3. Erwerbstätigkeit von mindestens 50 Prozent, sofern anderweitig keine Zulage erhältlich

**Kanton SG**
1. bei 60 Arbeitsstunden pro Monat
2. pro rata temporis bei mindestens 20 Arbeitsstunden pro Monat

**Kanton GR**
1. bei mindestens 20 Prozent der betriebsüblichen Arbeitszeit
2. Teilzulagen werden nicht ausgerichtet
3. Erwerbstätigkeit von mindestens 50 Prozent, sofern anderweitig keine Zulage erhältlich

**Kanton AG**
1. mindestens 120 monatliche Arbeitsstunden
2. pro rata temporis
3. keine Bestimmung

**Kanton TG**
1. bei voller Beschäftigung
2. pro rata temporis
3. regelmassige Erwerbstätigkeit, sofern anderweitig keine Zulage erhältlich

**Kanton TI**
1. bei betriebsüblicher Arbeitszeit, wenn diese mindestens 15 Arbeitstage oder 120 Arbeitsstunden pro Monat beträgt
2. pro rata temporis

### Kanton VD
1. bei 200 Arbeitsstunden pro Monat bzw. entsprechend der im Einzel- oder Kollektivarbeitsvertrag geregelten Arbeitszeit
2. pro rata temporis
3. Erwerbstätigkeit von mindestens 50 Prozent

### Kanton VS
1. bei gesamtarbeitsvertraglich geregelter oder branchenüblicher Arbeitszeit; bei nach Tagen oder Stunden entlöhnten Arbeitnehmenden bei 16 Tagen oder 120 Arbeitsstunden pro Monat
2. pro rata temporis
3. Erwerbstätigkeit von mindestens 50 Prozent bei nach Tagen oder Stunden entlöhnten Arbeitnehmenden bei 8 Tagen oder 60 Arbeitsstunden pro Monat

### Kanton NE
1. Ab einem Beschäftigungsgrad von 50 Prozent der gesetzlichen oder branchenüblichen Arbeitszeit
2. pro rata temporis
3. Ab einem Beschäftigungsgrad von 25 Prozent, sofern nicht eine andere Person für das gleiche Kind Anspruch auf eine Zulage hat

### Kanton GE
Es werden, unabhängig vom Beschäftigungsgrad, nur volle Zulagen ausgerichtet

### Kanton JU
1. bei voller Beschäftigung
2. pro rata temporis

Anhang

## Anspruch auf Familienzulagen bei Unterbruch der Arbeit

Nachfolgend sind, nach Kantonen geordnet, pro Zeile jeweils die folgenden Informationen enthalten:

1. Unfall
2. Krankheit
3. Arbeitslosigkeit und Kurzarbeit
4. Mutterschaft
5. Militärdienst
6. Tod

### Kanton ZH
1. Nach Erlöschen des Lohnanspruchs ein Monat
2. Nach Erlöschen des Lohnanspruchs ein Monat
3. Bei Kurzarbeit im Sinne des Arbeitslosenversicherungsgesetzes volle Zulage
4. Nach Erlöschen des Lohnanspruchs ein Monat
5. 3 Monate

### Kanton BE
1. Während 3 Monaten nach Erlöschen des Lohnanspruchs, jedoch längstens bis zum Ablauf der Vertragsdauer
2. Während 3 Monaten nach Erlöschen des Lohnanspruchs, jedoch längstens bis zum Ablauf der Vertragsdauer
3. Bei Kurzarbeit Anspruch auf gleiche Zulage wie ohne Anordnung von Kurzarbeit
4. Während 3 Monaten nach Erlöschen des Lohnanspruchs, jedoch längstens bis zum Ablauf der Vertragsdauer
5. Während 3 Monaten nach Erlöschen des Lohnanspruchs, jedoch längstens bis zum Ablauf der Vertragsdauer
6. Während 3 Monaten nach Erlöschen des Lohnanspruchs, jedoch längstens bis zum Ablauf der Vertragsdauer

### Kanton LU
1. Für den laufenden und die 4 folgenden Monate, längstens bis zum Wegfall der Arbeitsunfähigkeit
2. Bei bewilligter Kurzarbeit oder wetterbedingter Reduktion der betrieblich üblichen Arbeitszeit besteht solange Anspruch auf die bisherigen Zulagen, bis eine Entschädigung gemäss Arbeitslosenversicherung ausgerichtet wird
3. Für den laufenden und die 4 folgenden Monate, längstens bis zum Wegfall der Arbeitsunfähigkeit
4. Für die Dauer des Lohnnachgenusses laut Arbeitsvertrag oder Obligationenrecht

# Anhang

**Kanton SZ**
1. Bei Krankheit für den laufenden und die folgenden 12 Monate
2. Solange ein Lohnanspruch besteht

**Kanton OW**
1. Während des laufenden und der zwei folgenden Monate. In Härtefällen kann der Regierungsrat weitergehende Ausnahmen bewilligen
2. Während des laufenden und der zwei folgenden Monate. In Härtefällen kann der Regierungsrat weitergehende Ausnahmen bewilligen

**Kanton NW**
1. Solange der Arbeitgeber den vollen Lohn selbst bezahlt, mindestens aber für den laufenden und folgenden Monat, sofern das Arbeitsverhältnis weiter besteht
2. Solange der Arbeitgeber den vollen Lohn selbst bezahlt, mindestens aber für den laufenden und folgenden Monat, sofern das Arbeitsverhältnis weiter besteht
3. Volle Zulagen bei unverschuldeter Kürzung bis 20%. Bei Arbeitslosigkeit kein Anspruch.
4. Solange der Arbeitgeber den vollen Lohn selbst bezahlt, mindestens aber für den laufenden und folgenden Monat, sofern das Arbeitsverhältnis weiter besteht
5. Solange der Arbeitgeber den vollen Lohn selbst bezahlt, mindestens aber für den laufenden und folgenden Monat, sofern das Arbeitsverhältnis weiter besteht
6. Solange gemäss Arbeitsvertragsrecht ein Lohnanspruch besteht

**Kanton GL**
1. Während der Dauer des Dienstverhältnisses bzw. solange eine Lohnfortzahlung gemäss Obligationenrecht besteht, mindestens für den laufenden und die zwei folgenden Monate
2. Während der Dauer des Dienstverhältnisses bzw. solange eine Lohnfortzahlung gemäss Obligationenrecht besteht, mindestens für den laufenden und die zwei folgenden Monate

**Kanton ZG**
1. Bei fortdauerndem Arbeitsverhältnis nach Erlöschen des Lohnanspruchs für den laufenden und den folgenden Kalendermonat
2. Bei fortdauerndem Arbeitsverhältnis nach Erlöschen des Lohnanspruchs für den laufenden und den folgenden Kalendermonat
3. Bei Kurzarbeit Anspruch auf volle Zulage
4. Bei fortdauerndem Arbeitsverhältnis nach Erlöschen des Lohnanspruchs für den laufenden und den folgenden Kalendermonat
5. Für den laufenden und den folgenden Kalendermonat

Anhang

**Kanton AR**
1. Durch Arbeitgeber angeordnete Kurzarbeit: Anspruch auf volle Zulagen

**Kanton AI**
1. Während höchstens 6 Monaten vom Monat nach Erlöschen des Lohnanspruchs, sofern kein anderweitiger Anspruch besteht.
2. Differenz zwischen der Zulage der Versicherung und der kantonalen Zulage
3. Während höchstens 6 Monaten vom Monat nach Erlöschen des Lohnanspruchs, sofern kein anderweitiger Anspruch besteht.
4. Differenz zwischen der Zulage der Versicherung und der kantonalen Zulage
5. Während höchstens 6 Monaten vom Monat nach Erlöschen des Lohnanspruchs, sofern kein anderweitiger Anspruch besteht.
6. Differenz zwischen Zulage der Versicherung und der kantonalen Zulage

**Kanton SG**
1. Bei durch Arbeitgeber angeordneter Kurzarbeit Anspruch auf volle Zulage
2. Bei Weiterbestehen des Arbeitsverhältnisses während der Dauer des Militärdienstes

**Kanton GR**
1. Bei bestehendem Dienstverhältnis für den Monat des Wegfalls der Lohnzahlung und den Monat der Wiederaufnahme der Arbeit
2. Bei bestehendem Dienstverhältnis für den Monat des Wegfalls der Lohnzahlung und den Monat der Wiederaufnahme der Arbeit
3. Bei bestehendem Dienstverhältnis für den Monat des Wegfalls der Lohnzahlung und den Monat der Wiederaufnahme der Arbeit
4. Bei bestehendem Dienstverhältnis für den Monat des Wegfalls der Lohnzahlung und den Monat der Wiederaufnahme der Arbeit
5. Bei bestehendem Dienstverhältnis für den Monat des Wegfalls der Lohnzahlung und den Monat der Wiederaufnahme der Arbeit

**Kanton AG**
1. Für den laufenden und die vier folgenden Monate
2. Für den laufenden und die vier folgenden Monate
3. Während der Dauer des Lohnanspruchs, auf jeden Fall 3 Monate pro Kalenderjahr
4. Für den laufenden und die vier folgenden Monate

**Kanton TG**
1. Für insgesamt 12 Monate
2. Für insgesamt 12 Monate
3. Für weitere 6 Monate nach letztem vollen Lohn
4. 6 Monate nach letztem vollen Lohn

**Kanton TI**
1. bei betriebsüblicher Arbeitszeit, wenn diese mindestens 15 Arbeitstage oder 120 Arbeitsstunden pro Monat beträgt
2. pro rata temporis

**Kanton VD**
1. bei 200 Arbeitsstunden pro Monat bzw. entsprechend der im Einzel- oder Kollektivarbeitsvertrag geregelten Arbeitszeit
2. pro rata temporis
3. Erwerbstätigkeit von mindestens 50 Prozent

**Kanton VS**
1. bei gesamtarbeitsvertraglich geregelter oder branchenüblicher Arbeitszeit; bei nach Tagen oder Stunden entlöhnten Arbeitnehmenden bei 16 Tagen oder 120 Arbeitsstunden pro Monat
2. pro rata temporis
3. Erwerbstätigkeit von mindestens 50 Prozent bei nach Tagen oder Stunden entlöhnten Arbeitnehmenden bei 8 Tagen oder 60 Arbeitsstunden pro Monat

**Kanton NE**
1. Ab einem Beschäftigungsgrad von 50 Prozent der gesetzlichen oder branchenüblichen Arbeitszeit
2. pro rata temporis
3. Ab einem Beschäftigungsgrad von 25 Prozent, sofern nicht eine andere Person für das gleiche Kind Anspruch auf eine Zulage hat

**Kanton GE**
1. Es werden, unabhängig vom Beschäftigungsgrad, nur volle Zulagen ausgerichtet

**Kanton JU**
1. bei voller Beschäftigung
2. pro rata temporis

Anhang

## Anspruch auf Familienzulagen für Nichterwerbstätige

In fünf Kantonen besteht für Nichterwerbstätige ein Anspruch auf Familienzulagen. Die Anspruchsvoraussetzungen dafür sowie die Art der Finanzierung ergeben sich aus der nachfolgenden Tabelle.

| Kanton | Voraussetzungen | Finanzierung |
|---|---|---|
| FR | Das Einkommen darf die Grenze für eine volle Zulage gemäss Familienzulagengesetz und das Nettovermögen den Betrag von 150'000 Franken nicht übersteigen. Es dürfen keine AHV/IV-Kinderrenten oder andere gleichartigen Familienleistungen ausgerichtet werden. Wohnsitz im Kanton seit mindestens sechs Monaten | Kanton und Gemeinden je zur Hälfte |
| SH | Das steuerpflichtige Vermögen darf 200'000 Franken bei Alleinstehenden, beziehungsweise 300'000 Franken bei Ehepaaren nicht übersteigen. Wohnsitz im Kanton seit mindestens einem Jahr | Kanton, Gemeinden, Sozialfonds sowie die Familienausgleichskassen für Arbeitnehmende |
| VS | Das Einkommen darf die Grenze für eine volle Zulage gemäss Familienzulagengesetz nicht übersteigen. Es dürfen keine AHV/IV-Kinderrenten oder andere gleichartigen Familienleistungen ausgerichtet werden. Wohnsitz des Kindes im Kanton | Kanton |
| GE | Unterstellung unter das Bundesgesetz über die Alters- und Hinterlassenenversicherung (AHVG); Wohnsitz im Kanton | Fonds für die Familie, gespiesen durch die Familienausgleichskasse der kantonalen Verwaltungen und Institutionen |
| JU | Auf Grund der persönlichen Lage kann keiner Erwerbstätigkeit nachgegangen werden. | Finanzierung gemäss Verteilungsschlüssel unter allen anerkannten Kassen |

## Familienzulagen-Befreiung bei GAV-Unterstellung

Ausnahmen von der Unterstellung unter die kantonalen Gesetze bzw. eine Befreiung von der Pflicht, sich einer Familienausgleichskasse anzuschliessen, kennen einzelne Kantone dann, wenn die betreffenden Arbeitgeber an einen Gesamtarbeitsvertrag gebunden sind.

Darüber hinaus können sie in einzelnen Kantonen von der Unterstellung bzw. Anschlusspflicht ausgenommen werden, wenn sie eine gewisse Mindestanzahl von Beschäftigten ausweisen. Alle Ausnahmen sind nur dann möglich, wenn mindestens die gesetzlich vorgeschriebenen Kinderzulagen ausgerichtet werden. In den einzelnen Kantonen stellen sich die Ausnahmeregelungen wie folgt dar:

### Kanton: ZH
Ganze oder teilwise Befreiung der Arbeitgeber bei Vorliegen eines Gesamtarbeitsvertrages oder eines für alle Mitglieder verbindlichen, im Einvernehmen mit den zuständigen Arbeitnehmerorganisationen, gefassten Verbandsbeschlusses

### Kanton BE
Befreiung von gemischtwirtschaftlichen sowie anderen Unternehmungen von erheblicher Bedeutung mit ausgebauten Besoldungsordnungen; Befreiung der Arbeitgeber, die an einem zwischen Berufsverbänden abgeschlossenen Gesamtarbeitsvertrag, oder einer ähnlichen kollektiven Vereinbarung beteiligt sind oder die mit einer überbetrieblichen Arbeitnehmerorganisation einen Gesamtarbeitsvertrag abgeschlossen haben

### Kanton UR
Ausnahme der Unterstellung für Arbeitgeber, die mindestens 200 bezugsberechtigte Arbeitnehmer beschäftigen

### Kanton ZG
Ausnahme der Unterstellung für Arbeitgeber, wenn sie im Jahresdurchschnitt mehr als 1000 Arbeitnehmer beschäftigen

### Kanton SO
Befreiung für Arbeitgeber, die mehr als 500 Arbeitnehmer beschäftigen und einem Gesamtarbeitsvertrag unterstehen. Gleiches gilt für Arbeitgeber ohne Geschäftssitz im Kanton, die aber im Kantonsgebiet eine Zweigniederlassung oder Betriebsstätte führen und darin - auch weniger als 500 - Arbeitnehmer beschäftigen, wenn der Hauptbetrieb im zuständigen Kanton befreit worden ist.

### Kanton BS
Befreiung von der Unterstellung für Arbeitgeber, die einem Gesamtarbeitsvertrag unterstehen

### Kanton AR
Befreiung von der Unterstellung für Arbeitgeber, die einem Gesamtarbeitsvertrag unterstehen

### Kanton AG
Befreiung von der Unterstellung für Arbeitgeber, die einem Gesamtarbeitsvertrag unterstehen

### Kanton VD
Befreiung von Arbeitgebern, die mehr als 300 Personen beschäftigen.

### Kanton JU
Befreiung von Unternehmen mit erheblicher Bedeutung, die eine vollständige, einem Gesamtarbeitsvertrag entsprechende Gehaltsregelung haben

## FZ-Anspruch und Anspruchskonkurrenz

Sind beide Elternteile grundsätzlich bezugsberechtigt, so ist in der Regel ein Doppelbezug ausgeschlossen und es stellt sich die Frage, wem der prioritäre Anspruch auf die Kinderzulagen zusteht.

Im Falle von in *ungetrennter Ehe* lebenden Eltern gelten unterschiedliche Regelungen, die aus der nachfolgenden Aufzählung ersichtlich sind:

### Kanton ZH
Anspruchsberechtigt ist die Person, welche die höhere Kinderzulage beziehen kann; ansonsten der Obhutsberechtigte; ansonsten der Erwerbstätige mit dem höheren Beschäftigungsgrad; ansonsten die Mutter.

### Kanton BE
Anspruchsberechtigt ist der von den Ehegatten gemeinsam bestimmte Elternteil.

### Kanton LU
Bei Anspruch auf insgesamt nicht mehr als eine volle Familienzulage: Teilzulage für jeden Elternteil; bei Anspruch auf insgesamt mehr als eine volle Familienzulage und gleicher Beschäftigungsdauer: je eine halbe Zulage für jeden Elternteil; bei Anspruch auf insgesamt mehr als eine volle Familienzulage und ungleich hohem Anspruch: ungekürzte Zulage für die Person mit dem höheren Anspruch.

### Kanton UR
Anspruchsberechtigt ist in der Regel der voll erwerbende Ehegatte.

**Kanton SZ**
Anspruchsberechtigt ist die Person, die in überwiegendem Masse für den Unterhalt des Kindes aufkommt.

**Kanton OW**
Anspruchsberechtigt ist derjenige Ehegatte, der Anspruch auf die höhere Zulage hat. Diese wird ergänzt durch den Anspruch des andern Ehegatten bis auf maximal eine volle Kinderzulage.

**Kanton NW**
Anspruchsberechtigt ist der Ehegatte, der die höhere Zulage geltend machen kann.

**Kanton GL**
Der Anspruch richtet sich nach der folgenden Rangordnung:

- Inhaber der Obhut,
- Inhaber der elterlichen Sorge,
- wer den überwiegenden Unterhalt des Kindes trägt.

**Kanton ZG**
Bei innerkantonaler Anspruchskonkurrenz gilt diese Rangordnung:

a) Obhut, b) elterliche Sorge, c) überwiegender Unterhalt.

Bei interkantonaler Anspruchskonkurrenz gilt: Vorrang des Elternteils, der im Wohnsitzkanton des Kindes erwerbstätig ist und Anspruch des anderen auf Differenzzahlung.

**Kanton FR**
Bei innerkantonaler Anspruchskonkurrenz steht der Anspruch demjenigen Elternteil zu, den sie gemeinsam bestimmen. Bei interkantonaler Anspruchskonkurrenz: Vorrang des Elternteils, der im Wohnsitzkanton des Kindes erwerbstätig ist, und Anspruch des anderen auf Differenzzahlung.

**Kanton SO**
Der Anspruch steht in der Regel dem Ehemann zu.

**Kanton BS**
Der Anspruch steht dem von den Ehegatten gemeinsam bestimmten Elternteil zu.

**Kanton BL**
Die Eltern bestimmen gemeinsam, an wen die Zulagen ausgerichtet werden.

Anhang

**Kanton SH**
Der Anspruch steht der Person zu, welche die Anspruchsberechtigten gemeinsam bestimmen.

**Kanton AR**
Der Anspruch steht in der Regel dem Ehemann zu.

**Kanton AI**
Der Anspruch steht in erster Linie dem Vater zu.

**Kanton SG**
Die Zulage wird ausgerichtet an die Person, der die Anspruchsberechtigten den Anspruch zuweisen.

**Kanton GR**
Anspruchsberechtigt ist der von den Ehegatten gemeinsam bestimmte Elternteil.

**Kanton AG**
Der Ehemann hat Anspruch auf die Zulage, sofern die Ehefrau nicht eine grössere Zulage beanspruchen kann.

**Kanton TG**
Der Anspruch steht demjenigen Elternteil zu, der die höhere Zulage geltend machen kann.

**Kanton TI**
Bei innerkantonaler Anspruchskonkurrenz hat der von den Ehegatten gemeinsam bestimmte Elternteil Anspruch. Bei interkantonaler Anspruchskonkurrenz besteht kein Anspruch auf Familienzulagen im Kanton Tessin, wenn der Elternteil, der in einem anderen Kanton arbeitet, die vollen Familienzulagen erhalt. Erhält der Elternteil, der in einem anderen Kanton arbeitet, Teilzulagen, besteht im Kanton Tessin Anspruch auf eine Teilzulage.

**Kanton VD**
Für die Anspruchsberechtigung besteht folgende Rangfolge:
- für den Elternteil, der voll erwerbstätig ist, wenn der andere Elternteil nur teilzeitbeschäftigt ist;
- zur Hälfte für beide Ehegatten, wenn einer von ihnen dies beantragt und beide voll erwerbstätig sind. Ohne ausdrücklichen Antrag werden die Zulagen dem Vater ausgerichtet;
- für den Elternteil mit dem höheren Beschäftigungsgrad, wenn beide Elternteile eine Teilzeitbeschäftigung ausüben, wobei - um eine volle Zulage zu erhalten - die ergänzende Zulage vom anderen Elternteil beantragt werden muss.

**Kanton VS**
Die Zahlung erfolgt durch diejenige Kasse, welcher der Vater angeschlossen ist.

**Kanton NE**
Anspruchsberechtigt ist die Person, die in überwiegendem Masse für den Unterhalt des Kindes aufkommt.

**Kanton GE**
Der Anspruch steht der Person zu, welche die Anspruchsberechtigten gemeinsam bestimmen.

**Kanton JU**
Die Zulage wird beiden Elternteilen je zur Hälfte überwiesen.

Bei interkantonalen Anspruchskonkurrenzen kann grundsätzlich die Kollisionsregelung herangezogen werden, die zwischen der Schweiz und den Mitgliedsstaaten der EU gilt.

Bei analoger Anwendung dieser Konkurrenzregeln ist die Familienzulage im Wohnsitzkanton des Ehepaares und der Kinder zu beziehen, wenn einer der Ehegatten dort eine anspruchsauslösende Berufstätigkeit ausübt. Arbeitet der andere Ehegatte in einem anderen Kanton, in dem höhere Leistungen vorgesehen sind, so kann dort der Differenzbetrag gefordert werden.

Sind die beiden Elternteile *nicht miteinander verheiratet oder leben sie getrennt,* so steht der Anspruch auf Kinderzulagen demjenigen zu, der die Obhut über das Kind inne hat (Obhutsprinzip). Lediglich in einigen Kantonen gilt das Obhutsprinzip nicht.

In den Kantonen Zürich und Thurgau steht der Anspruch in erster Linie demjenigen Elternteil zu, der die höhere Zulage beanspruchen kann. Im Kanton Freiburg werden nicht verheiratete Eltern, die in einem gemeinsamen Haushalt leben, gleich wie verheiratete behandelt: der Anspruch steht demjenigen Elternteil zu, den sie gemeinsam bestimmen.

Zudem hat in den Kantonen Freiburg und Zug bei interkantonaler Anspruchskonkurrenz derjenige Elternteil Vorrang, welcher im Wohnsitzkanton des Kindes arbeitet.

Im Kanton Tessin gilt, dass bei interkantonaler Anspruchskonkurrenz derjenige Elternteil Vorrang hat, der vom Elternteil bestimmt wird, welcher mit dem Kind zusammenlebt. Bei interkantonaler Anspruchskonkurrenz besteht kein Anspruch auf Familienzulagen im Kanton Tessin, wenn der Elternteil der in einem anderen Kanton arbeitet, die vollen Familienzulagen erhält. Erhält der Elternteil, der in einem anderen Kan-

Anhang

ton arbeitet, Teilzulagen, besteht im Kanton Tessin Anspruch auf eine Teilzulage.

**Berechnungsbeispiele des versicherten Lohnes nach BVG**

Nachfolgende Berechnungsbeispiele beziehen sich auf die Festsetzung des versicherten Lohnes nach Bundesgesetz über die berufliche Alters-, Hinterlassenen- und Invalidenvorsorge (BVG). Je nach Vorsorgereglement können Parameter zur Festlegung des versicherten Lohnes anders definiert werden. Die gesetzlichen Leistungen dürfen dabei nicht unterschritten werden.

Basis für die Berechnungen bilden die entsprechenden BVG-Grenzwerte.

Für das Jahr 2008 wurden die BVG-Grenzwerte vom Bundesrat wie folgt festgelegt:

Versicherungspflicht für Arbeitnehmerinnen und Arbeitnehmer ab einem AHV-pflichtigen Jahreslohn von CHF 19'890.-

Wird diese Schwelle von CHF 19'890.- überschritten, so beträgt der versicherte Jahreslohn gemäss BVG dem Differenzbetrag zwischen der dreifachen maximalen AHV-Altersrente von CHF 26'520.-, also CHF 79'560.- abzüglich dem Koordinationsabzug nach BVG von CHF 23'205.- mindestens aber CHF 3'315.-.

Bei teilinvaliden Arbeitnehmenden gelten für die Berechnung der koordinierten, bzw. versicherten Löhne, gekürzte BVG-Grenzwerte in Anlehnung an die Rentenleistung (Viertels-, halbe, Dreiviertels- oder volle Rente) der eidgenössischen Invalidenversicherung (IV).

Konkret sieht das wie folgt aus:

**Arbeitnehmende ist gesund oder hat IV-Grad von weniger als 40%**

| | |
|---|---|
| Eintrittsschwelle; minimaler Jahreslohn | CHF 19'890 |
| Koordinationsabzug | CHF 23'205 |
| Maximaler BVG-rentenbildender Jahreslohn | CHF 79'560 |
| Minimaler koordinierter (versicherter) Jahreslohn | CHF 3'315 |
| Maximaler koordinierter (versicherter) Jahreslohn | CHF 56'355 |

# Anhang

**Arbeitnehmende mit einem IV-Grad zwischen 40% und 49.9% (Viertelrente)**

| | |
|---|---|
| Eintrittsschwelle; minimaler Jahreslohn | CHF 14'917 |
| Koordinationsabzug | CHF 17'403 |
| Maximaler BVG-rentenbildender Jahreslohn | CHF 59'670 |
| Minimaler koordinierter (versicherter) Jahreslohn * | CHF 3'315 |
| Maximaler koordinierter (versicherter) Jahreslohn | CHF 42'266 |

*Der minimale koordinierte (versicherte) Jahreslohn wird nicht gekürzt.

**Arbeitnehmende mit IV-Grad zwischen 50% und 59.9% (halbe Rente)**

| | |
|---|---|
| Eintrittsschwelle; minimaler Jahreslohn | CHF 9'954 |
| Koordinationsabzug | CHF 11'602 |
| Maximaler BVG-rentenbildender Jahreslohn | CHF 39'780 |
| Minimaler koordinierter (versicherter) Jahreslohn * | CHF 3'315 |
| Maximaler koordinierter (versicherter) Jahreslohn | CHF 28'177 |

*Der minimale koordinierte (versicherte) Jahreslohn wird nicht gekürzt.

**Arbeitnehmende mit IV-Grad zwischen 60% und 69.9% (Dreiviertelrente)**

| | |
|---|---|
| Eintrittsschwelle; minimaler Jahreslohn | CHF 4'972 |
| Koordinationsabzug | CHF 5'801 |
| Maximaler BVG-rentenbildender Jahreslohn | CHF 19'890 |
| Minimaler koordinierter (versicherter) Jahreslohn * | CHF 3'315 |
| Maximaler koordinierter (versicherter) Jahreslohn | CHF 14'088 |

*Der minimale koordinierte (versicherte) Jahreslohn wird nicht gekürzt.

**Arbeitnehmender mit einem IV-Grad ab 70% (Vollrente)**

| | |
|---|---|
| Arbeitnehmende sind nicht versicherbar | CHF 0 |

Anhang

## Berechungsbeispiele des versicherten Lohnes nach BVG

| Fall 1: | Betrag in CHF |
|---|---|
| Monatliches Einkommen (Alter 36): | 5'200.- |
| Anspruch auf einen 13. Monatslohn | 5'200.- |
| Berechung: | |
| Jahreseinkommen: | |
| Monatslohn mal 12 plus 13. Monatslohn | 67'600.- |
| Das Jahreseinkommen ist grösser als CHF 19'890.-, also ist die Person BVG-pflichtig | |
| Das Jahreseinkommen ist kleiner als der maximal versicherbare Lohn von CHF 79'560.- und muss somit nicht auf diesen gekürzt werden | |
| Versicherter Jahreslohn: | |
| Jahreseinkommen von CHF 67'600.- abzüglich Koordinationsabzug von CHF 23'205.- | 44'395.- |
| Der versicherte Jahreslohn ist grösser als CHF 3'315.- und bedarf keiner Erhöhung auf diesen versicherten Mindestlohn | |
| Resultat: | 44'395.- |

| Fall 2: | Betrag in CHF |
|---|---|
| Monatliches Einkommen (Alter 52): | 8'400.- |
| Anspruch auf eine jährliche Gratifikation | 6'000.- |
| Berechung: | |
| Jahreseinkommen: | |
| Monatslohn mal 12 plus Gratifikation | 106'800.- |
| Das Jahreseinkommen ist grösser als CHF 19'890.-, also ist die Person BVG-pflichtig | |
| Das Jahreseinkommen ist grösser als der maximal versicherbare Lohn von CHF 79'560.- und muss somit auf diesen gekürzt werden | 79'560.- |
| Versicherter Jahreslohn: | |
| Jahreseinkommen von CHF 79'560.- abzüglich Koordinationsabzug von CHF 23'205.- | 56'355.- |
| Der versicherte Jahreslohn ist grösser als CHF 3'315.- und bedarf keiner Erhöhung auf diesen versicherten Mindestlohn | |
| Resultat: | 56'355.- |

Anhang

| Fall 3: | Betrag in CHF |
|---|---|
| Monatliches Einkommen (Alter 20): | 2'000.- |
| Anspruch auf eine jährliche Gratifikation | 500.- |
| Berechnung: | |
| Jahreseinkommen: | |
| Monatslohn mal 12 plus Gratifikation | 24'500.- |
| Das Jahreseinkommen ist grösser als CHF 19'890.-, also ist die Person BVG-pflichtig | |
| Versicherter Jahreslohn: | |
| Jahreseinkommen von CHF 24'500.- abzüglich Koordinationsabzug von CHF 23'205.- | 1'295.- |
| Der versicherte Jahreslohn ist kleiner als CHF 3'315.- und wird auf diesen versicherten Mindestlohn erhöht | 3'315.- |
| Resultat: | 3'315.- |

| Fall 4: | Betrag in CHF |
|---|---|
| Monatliches Einkommen (Alter 20): | 1'700.- |
| Anspruch auf eine jährliche Gratifikation | 0.- |
| Berechung: | |
| Jahreseinkommen: | |
| Monatslohn mal 12 plus Gratifikation | 20'400.- |
| Das Jahreseinkommen ist grösser als CHF 19'890.-, also ist die Person BVG-pflichtig | |
| Das Jahreseinkommen ist kleiner als der maximal versicherbare Lohn von CHF 79'560.- und muss somit nicht auf diesen gekürzt werden | |
| Versicherter Jahreslohn: | |
| Jahreseinkommen von CHF 20'400.- abzüglich Koordinationsabzug von CHF 23'205.- | 0.- |
| Der versicherte Jahreslohn ist kleiner als CHF 3'315.- und wird auf diesen versicherten Mindestlohn erhöht | 3'315.- |
| Resultat: | 3'315.- |

Anhang

| Fall 5: | Betrag in CHF |
|---|---|
| Monatliches Einkommen (Alter 20): | 1'500.- |
| Anspruch auf eine jährliche Gratifikation | 500.- |
| Berechung: | |
| Jahreseinkommen: | |
| Monatslohn mal 12 plus Gratifikation | 18'500.- |
| Das Jahreseinkommen ist kleiner als CHF 19'890.-, also ist die Person nicht BVG-pflichtig | |
| Resultat: Nicht versichert | 0.- |

Freiwillige Versicherung für Arbeitnehmende, die gleichzeitig für mehrere Arbeitgeber tätig sind

Das folgende Berechnungsbeispiel zeigt, wie deutlich sich die Anwendung des Koordinationsabzuges auf den versicherten Lohn nach BVG auswirkt, auch wenn das gesamte Einkommen in beiden Fällen CHF 60'000.- beträgt.

### Berechungsbeispiele aus der Praxis

| Ein Arbeitgeber | CHF 60'000.- abzüglich |
|---|---|
| Jahreslohn CHF 60'000.- | CHF 23'205.- |
| Lohndefinition nach BVG | CHF 36'795.- versicherter Lohn |
| Zwei Arbeitgeber mit Jahreslohn von jeweils CHF 30'000.- | CHF 30'000.- abzüglich |
| | CHF 23'205.- |
| Lohndefinition nach BVG | CHF 6'795.- pro Arbeitgeber (mal zwei) |
| | CHF 13'590.- versicherter Lohn |

Bei einer freiwilligen Versicherung des gesamten Einkommens bei der Stiftung Auffangeinrichtung wird der versicherte Lohn pro betroffenen Arbeitgeber wie folgt bemessen:

Anhang

## Berechungsbeispiele aus der Praxis

| Arbeitgeber 1 | Arbeitgeber 2 |
|---|---|
| Jahreslohn CHF 12'000.- | Jahreslohn CHF 20'000.- |
| Obligatorische Versicherung: | Obligatorische Versicherung: |
| Nicht versichert, Jahreslohn kleiner als CHF 19'890.- | Versichert, Jahreslohn grösser als CHF 19'890.- |
| | Jahreslohn kleiner als CHF 23'205.-(Koordinationsabzug). |
| | Deshalb gilt der versicherte Mindestlohn von CHF 3'315.- |
| Freiwillige Versicherung: | Freiwillige Versicherung: |
| Gesamtjahreslohn: CHF 32'000.- | |
| Koordinationsabzug: CHF 23'205.- | |
| Versicherter, bzw koordinierter Lohn: CHF 8'795.- | |
| Anteil freiwillige Versicherung: | Anteil freiwillige Versicherung: |
| 8792 / 32000 * 12000 | 8792 / 32000 * 20000 |
| koordinierter Lohn: CHF 3'297.- | koordinierter Lohn: CHF 5'495.- |
| Anrechung: | Anrechung: |
| Keine, da kein obligatorisch versicherter Lohnteil | Anteil freiwillige Versicherung: CHF 5495.- |
| Der koordinierter Lohnanteil an der freiwilligen Versicherung des Arbeitnehmenden beträgt somit CHF 3'297.- | minus |
| | Obligatorische Versicherung: CHF 3'315.- |
| | Differenz und damit effektiver koordinierter Lohnanteil an der freiwilligen Versicherung des Arbeitnehmenden: |
| | CHF 2'180.- |

Anhang

## Berechungsbeispiele aus der Praxis

**Arbeitgeber 1**
Jahreslohn CHF 2'000.-
Obligatorische Versicherung:
Nicht versichert, Jahreslohn kleiner als CHF 19'890.-

Freiwillige Versicherung:
Gesamtjahreslohn: CHF 22'000.-
Koordinationsabzug: CHF 23'205.-
Versicherter, bzw. koordinierter Lohn: CHF 3'315.-

Anteil freiwillige Versicherung:
3315 / 22000 * 2000
Koordinierter Lohn: CHF 301.-
Anrechung:
Der überschiessende koordinierte Lohnteil des Arbeitgebers 2 wird an den koordinierten Lohnteil der freiwilligen Versicherung angerechnet.
Koordinierter Lohn der freiwilligen Versicherung: CHF 301.-
Minus
Überschiessender obligatorischer koordinierter Lohnteil von Arbeitgeber 2: CHF 301.-
Differenz: CHF 0.-
Auch Arbeitgeber 1 muss sich an der freiwilligen Versicherung des Arbeitnehmenden nicht beteiligen. Der gesamte koordinierte Lohn der freiwilligen Versicherung ist bereits durch die obligatorische Versicherung des Arbeitgebers 2 versichert.

**Arbeitgeber 2**
Jahreslohn CHF 20'000.-
Obligatorische Versicherung:
Versichert, Jahreslohn grösser als CHF 19'890.-
Jahreslohn kleiner als CHF 23'205.- (Koordinationsabzug).
Deshalb gilt der versicherte Mindestlohn von CHF 3'315.-
Freiwillige Versicherung:

Anteil freiwillige Versicherung:
3315 / 22000 * 20000
koordinierter Lohn: CHF 3'014.-
Anrechung:
Anteil freiwillige Versicherung: CHF 3'014.-
minus
Obligatorische Versicherung: CHF 3'315.-
Negativdifferenz von CHF 301.-
Der Arbeitgeber muss sich an der freiwilligen Versicherung des Arbeitnehmenden nicht beteiligen.

# Anhang

## Berechungsbeispiele aus der Praxis

Arbeitgeber 1
Jahreslohn CHF 10'000.-
Arbeitgeber 1 versichert nach Reglement den vollen Jahreslohn ohne Koordinationsabzug.
Versicherter Lohn: CHF 10'000.-

Freiwillige Versicherung:
Gesamtjahreslohn:   CHF 30'000.-
Koordinationsabzug: CHF 23'205.-
Versicherter, bzw. koordinierter Lohn:   CHF 6'795.-

Anteil freiwillige Versicherung:
6795 / 30000 * 10000

Koordinierter Lohn: CHF 2'265.-

Anrechung:
Der nach Vorsorgereglement überobligatorisch versicherte Lohnteil von CHF 10'000.- kann auf Verlangen des Arbeitgebers angerechnet werden. Wird dies verlangt, so entfällt der Beitrag an die freiwillige Versicherung des Arbeitnehmenden in dieser Berechung ganz.

Arbeitgeber 2
Jahreslohn CHF 20'000.-
Obligatorische Versicherung:
Versichert, Jahreslohn grösser als CHF 19'890.-
Jahreslohn kleiner als CHF 23'205.- (Koordinationsabzug).
Deshalb gilt der versicherte Mindestlohn von CHF 3'315.-

Freiwillige Versicherung:

Anteil freiwillige Versicherung:
6795 / 30000 * 20000
Koordinierter Lohn: CHF 4'530.-

Anrechung:
Anteil freiwillige Versicherung: CHF 4'530.-
minus
Obligatorische Versicherung: CHF 3'315.-
Differenz und damit effektiver koordinierter Lohnanteil an der freiwilligen Versicherung des Arbeitnehmenden:
CHF 1'215.-
Der Arbeitgeber muss sich an der freiwilligen Versicherung des Arbeitnehmenden für diesen koordinierten Lohnanteil beteiligen.Eine Anrechung des überschiessenden versicherten Lohnteils von Arbeitgeber 1 ist nicht zulässig, weil es sich bei diesem um eine freiwillige überobligatorische Lösung dieses Arbeitgebers handelt.

Anhang

## Beispiele verschiedener Ereignisse

### Beispiele von Diensteintritten

**Beispiel 1:**

Herr Manfred Mannheimer
Alter 35
Verheiratet
2 Kinder (3 und 6 Jahre alt)
Unbefristete Festanstellung im Monatslohn (Vollzeitpensum)
Jahreslohn CHF 104'000.- (13 mal CHF 8'000.-)

**AHV, IV, EO:**
Einsenden des AHV-Versicherungsausweises an die zuständige AHV-Ausgleichskasse, insbesondere wenn deren Nummer noch nicht aufgeführt ist.

**ALV:**
Keine Massnahmen erforderlich

**UV:**
Keine Massnahmen bei Eintritt erforderlich (jährliche Lohnsummendeklaration)

**BV:**
Anmeldung bei der Pensionskasse der Firma mit kassenspezifischem Formular unter Angabe der Personalien, des Stellenantritts, des voraussichtlichen AHV-pflichtigen Jahreslohnes und der Angabe, ob Herr Mannheimer bei Stellenantritt voll erwerbsfähig ist. Die Anmeldung muss in der Regel innerhalb von zwei Wochen ab Stellenantritt eingereicht werden.

**KV:**
Keine Massnahmen erforderlich

**FZ:**
Anmeldung bei der Familienausgleichskasse der Firma mit kassenspezifischem Formular zum Bezug von Familienzulagen.

**Beispiel 2**

Frau Nicole Neubauer
Alter 50
Verheiratet
1 Kind (26 Jahre alt)
Teilzeitanstellung von 6 Stunden pro Woche
Jahreslohn CHF 9'000.- (12 mal CHF 750.-)

**AHV, IV, EO:**
Einsenden des AHV-Versicherungsausweises an die zuständige AHV-Ausgleichskasse, insbesondere wenn deren Nummer noch nicht aufgeführt ist.

**ALV:**
Keine Massnahmen erforderlich

**UV:**
Keine Massnahmen bei Eintritt erforderlich (jährliche Lohnsummendeklaration an den Unfallversicherer)

**BV:**
Da Frau Regenbogen den Mindestlohn von CHF 19'890.- zur BVG-Unterstellung nicht erreicht, entfällt eine obligatorische Unterstellung. Die Pensionskasse kann reglementarisch tiefere Eintrittsschwellen festlegen. In diesem Fall könnte Frau Regenbogen trotzdem zu versichern sein. Die Anmeldung muss in der Regel innerhalb von zwei Wochen ab Stellenantritt eingereicht werden.

**KTV:**
Keine Massnahmen bei Eintritt erforderlich (jährliche Lohnsummendeklaration an den Krankentaggeldversicherer)

**FZ:**
Kein Anspruch auf Familienzulagen und somit sind auch keine Massnahmen zu ergreifen.

Anhang

**Beispiel 3**

Herr Otto Oelmaler
Alter 22
ledig
keine Kinder
Befristete Anstellung für 2 Monate
Lohn CHF 6'000.- (2 mal CHF 3'000.-)

**AHV, IV, EO:**
Einsenden des AHV-Versicherungsausweises an die zuständige AHV-Ausgleichskasse, insbesondere wenn deren Nummer noch nicht aufgeführt ist.

**ALV:**
Keine Massnahmen erforderlich

**UV:**
Keine Massnahmen bei Eintritt erforderlich (jährliche Lohnsummendeklaration an den Unfallversicherer)

**BV:**
Aufgrund der befristeten Anstellung von weniger als drei Monaten entsteht keine BVG-Unterstellungspflicht. Eine freiwillige Unterstellung ist jedoch möglich. Verlängert sich die befristete Anstellung über die Dauer von drei Monaten hinaus oder wird ein unbefristeter Arbeitsvertrag abgeschlossen, entsteht die BVG-Unterstellungspflicht im Zeitpunkt der Vertragsverlängerung, bzw. Vertragsänderung.

**KTV:**
Keine Massnahmen bei Eintritt erforderlich (jährliche Lohnsummendeklaration an den Krankentaggeldversicherer)

**FZ:**
Kein Anspruch auf Familienzulagen und somit sind auch keine Massnahmen zu ergreifen.

**Beispiel 4**

Frau Regula Regenbogen
Alter 30
Verheiratet
1 Kind (8 Jahre alt)
Teilzeitanstellung im Stundenlohn zu CHF 25.- pro Stunde. Beschäftigung für rund 20 Stunden pro Woche.

**AHV, IV, EO:**
Einsenden des AHV-Versicherungsausweises an die zuständige AHV-Ausgleichskasse, insbesondere wenn deren Nummer noch nicht aufgeführt ist.

**ALV:**
Keine Massnahmen erforderlich

**UV:**
Keine Massnahmen bei Eintritt erforderlich (jährliche Lohnsummendeklaration an den Unfallversicherer)

**BV:**
Da Frau Regenbogen in Stundenlohn arbeitet und der Beschäftigungsumfang schwankt, ist für die Festlegung des Jahreslohnes eine möglichst realistische Annahme zu treffen. In diesem Fall zum Beispiel (11 Monate zu 80 Stunden à CHF 25.- = CHF 22'000.-.
Der Mindestlohn von 19'890.- zur BVG-Unterstellung wird überschritten. Frau Regenbogen ist der Pensionskasse des Arbeitgebers obligatorisch anzumelden.

Die Anmeldung erfolgt mit kassenspezifischem Formular unter Angabe der Personalien, des Stellenantritts, des voraussichtlichen AHV-pflichtigen Jahreslohnes von CHF 22'000.- und der Angabe, ob Frau Regenbogen bei Stellenantritt voll erwerbsfähig ist. Falls sich Ende Jahr herausstellt, dass der effektive AHV-pflichtige Jahreslohn vom gemeldeten Lohn abweicht, so muss dies bei der Festlegung des voraussichtlichen Jahreslohnes für das folgende Jahr berücksichtigt werden. Eine rückwirkende Korrektur ist hingegen nicht notwendig, ausser die Pensionskasse legt reglementarisch abweichende Bestimmungen fest.

Die Anmeldung muss in der Regel innerhalb von zwei Wochen ab Stellenantritt eingereicht werden.

Anhang

**KTV:**
Keine Massnahmen bei Eintritt erforderlich (jährliche Lohnsummendeklaration an den Krankentaggeldversicherer)

**FZ:**
Anmeldung bei der Familienausgleichskasse der Firma mit kassenspezifischem Formular zum Bezug von Familienzulagen.

# Anhang

## Beispiele von Arbeitsunterbrüchen
### Beispiel 1:

Herr Manfred Mannheimer
Alter 35, verheiratet
2 Kinder (3 und 6 Jahre alt)
Festanstellung im Monatslohn (Vollzeitpensum)
Jahreslohn CHF 104'000.- (13 mal CHF 8'000.-)

Arbeitsausfall zu 100% während 6 Monaten im ersten Dienstjahr nach einer krankheitsbedingten Rückenoperation

**AHV, IV, EO:**
Keine direkten Massnahmen erforderlich. Anlässlich der jährlichen Lohnsummenmeldung ist zu berücksichtigen, dass Taggeldleistungen kein Bestandteil des AHV-pflichtigen Lohnes sind.

**ALV und UV:**
Keine Massnahmen erforderlich

**BV:**
Anmeldung des Arbeitsausfalls bei der Pensionskasse der Firma, sofern in der Zeit des Arbeitsausfalls ein reglementarischer Anspruch auf Befreiung der Pensionskassenbeiträge besteht. Beitragsbefreiungen treten oft nach einer Wartefrist von drei Monaten in Kraft.

Es gibt auch Regelungen, bei denen die Befreiung des Pensionskassenbeitrags erst nach Ablauf von Taggeldleistungen beginnt.
Für Meldungen von längerdauernden Arbeitsausfällen stellen Pensionskassen oft entsprechende kasseneigene Formulare zur Verfügung.

**KV:**
Anmeldung des Arbeitsausfalls bei der Krankentaggeldversicherung des Arbeitgebers zur Geltendmachung von Taggeldleistungen. Während der vertraglich vereinbarten Wartefrist schuldet der Arbeitgeber Lohn, längstens aber während der vertraglichen Lohnfortzahlungspflicht bei krankheitsbedingtem Arbeitsausfall. Fehlt eine arbeitsvertragliche Regelung, gilt die Lohnfortzahlungspflicht gemäss Obligationenrecht. Für die Meldung von Arbeitsausfällen stellen Krankentaggeldversicherungen entsprechende Formulare zur Verfügung.

**FZ:**
Keine Massnahmen erforderlich

Anhang

**Beispiel 2**

Frau Nicole Neubauer
Alter 50
Verheiratet
1 Kind (26 Jahre alt)
Teilzeitanstellung von 6 Stunden pro Woche
Jahreslohn CHF 9'000.- (12 mal CHF 750.-)
Arbeitsausfall zu 100% während 6 Wochen nach einem Skiunfall

**AHV, IV, EO:**
Keine direkten Massnahmen erforderlich. Anlässlich der jährlichen Lohnsummenmeldung ist zu berücksichtigen, dass Taggeldleistungen kein Bestandteil des AHV-pflichtigen Lohnes sind.

**ALV:**
Keine Massnahmen erforderlich

**UV:**
Frau Neubauer meldet den Unfall raschmöglicht ihrem Arbeitgeber. Dieser leitet die Meldung an seinen Unfallversicherer weiter, zusammen mit den ergänzenden Angaben über den versicherten Lohn. Dies ist die Grundlage für das Unfalltaggeld, das gemäss UVG ab drittem Tag nach Beginn der Arbeitsunfähigkeit beginnt. Der Arbeitgeber hat für die beiden ersten Tage eine Lohnfortzahlungspflicht.

**BV:**
Anmeldung des Arbeitsausfalls bei der Pensionskasse der Firma nur, sofern in der Zeit des Arbeitsausfalls ein reglementarischer Anspruch auf Befreiung der Pensionskassenbeiträge besteht. Beitragsbefreiungen treten oft frühestens nach einer Wartefrist von drei Monaten in Kraft. In diesen Fällen würde eine Anmeldung des Arbeitsausfalls keinen Sinn machen und auch keine Leistungen generieren.

**KV:**
Keine Massnahmen erforderlich

**FZ:**
Keine Massnahmen erforderlich

**Beispiel 3**

Herr Otto Oelmaler
Alter 22
ledig
keine Kinder
Befristete Anstellung für 2 Monate
Lohn CHF 6'000.- (2 mal CHF 3'000.-)

Arbeitsausfall im 2. Monat der Anstellung zu 100% während einem Jahr infolge einer Virenerkrankung

**AHV, IV, EO:**
Keine direkten Massnahmen erforderlich. Anlässlich der jährlichen Lohnsummenmeldung ist zu berücksichtigen, dass Taggeldleistungen kein Bestandteil des AHV-pflichtigen Lohnes sind.

**ALV:**
Keine Massnahmen erforderlich

**UV:**
Keine Massnahmen erforderlich

**BV:**
Aufgrund des befristeten Arbeitsverhältnisses von weniger als drei Monaten bestand keine BVG-Unterstellungspflicht. Wurde auf die Unterstellung verzichtet, besteht auch kein Anspruch auf Leistungen.

**KV:**
Anmeldung des Arbeitsausfalls bei der Krankentaggeldversicherung des Arbeitgebers zur Geltendmachung von Taggeldleistungen. Während der vertraglich vereinbarten Wartefrist schuldet der Arbeitgeber Lohn, längstens aber während der vertraglichen Lohnfortzahlungspflicht bei krankheitsbedingtem Arbeitsausfall und ebenfalls längstens bis zum Ablauf der befristeten Anstellung. Fehlt eine arbeitsvertragliche Regelung, gilt die Lohnfortzahlungspflicht gemäss Obligationenrecht. Für die Meldung von Arbeitsausfällen stellen Krankentaggeldversicherungen entsprechende Formulare zur Verfügung.

**FZ:**
Keine Massnahmen erforderlich

Anhang

## Beispiele von Dienstaustritten

**Beispiel 1:**

Herr Manfred Mannheimer
Alter 40
Verheiratet
2 Kinder (8 und 11 Jahre alt)
Festanstellung im Monatslohn (Vollzeitpensum)
Jahreslohn CHF 104'000.- (13 mal CHF 8'000.-)

Herr Mannheimer löst das Arbeitsverhältnis auf, um eine neue berufliche Herausforderung anzutreten

**AHV, IV, EO:**
Keine Massnahmen erforderlich (jährliche Deklaration mittels Lohnbescheinigung)

**ALV:**
Keine Massnahmen erforderlich

**UV:**
Keine Massnahmen bei Eintritt erforderlich (jährliche Lohnsummendeklaration)

**BV:**
Abmeldung bei der Pensionskasse der Firma mit kassenspezifischem Formular unter Angabe der Personalien, des Stellenaustrittsdatums und der Angabe, wie und wann der Arbeitgeber dem Versicherten die Unterlagen zur Übertragung der entstehenden Austrittsleistung an die nächste Pensionskasse übergeben hat.

**KV:**
Keine Massnahmen erforderlich

**FZ:**
Abmeldung durch den Arbeitgeber

Anhang

**Beispiel 2**

Frau Nicole Neubauer
Alter 64
Verheiratet

Frau Neubauer hat ihr Arbeitspensum mit 54 Jahren erhöht und arbeitet bis zu ihrer Pensionierung mit einem Arbeitspensum von 60 Prozent. Jahreslohn CHF 52'000.- (13 mal CHF 4'000.-)

**AHV, IV, EO:**
Keine Massnahmen erforderlich (jährliche Deklaration mittels Lohnbescheinigung)

**ALV:**
Keine Massnahmen erforderlich

**UV:**
Keine Massnahmen bei Eintritt erforderlich (jährliche Lohnsummendeklaration)

**BV:**
Austrittsmeldung bei der Pensionskasse. Antrag auf Altersleistungen durch die versicherte Person ca. 3 Monate vor effektiver Pensionierung. Bei Wunsch nach Kapitalauszahlung der Altersleistung muss die versicherte Person allfällige reglementarische Kapitaloptionsfristen beachten. In der Regel stellt die Pensionskasse entsprechende kassenspezifische Formulare zur Verfügung.

**KV:**
Keine Massnahmen erforderlich

**FZ:**
Keine Massnahmen erforderlich

Anhang

**Beispiel 3**

Herr Otto Oelmaler
Alter 22
ledig
keine Kinder
Befristete Anstellung für 2 Monate
Lohn CHF 6'000.- (2 mal CHF 3'000.-)

Nach Ablauf der befristeten Anstellung endet das Arbeitsverhältnis automatisch, das heisst ohne explizite Kündigung von Seiten einer Partei. Eine stillschweigende Fortsetzung des Arbeitsverhältnisses würde als unbefristete Anstellung gelten.

**AHV, IV, EO:**
Keine Massnahmen erforderlich (jährliche Deklaration mittels Lohnbescheinigung)

**ALV:**
Keine Massnahmen erforderlich

**UV:**
Keine Massnahmen bei Eintritt erforderlich (jährliche Lohnsummendeklaration)

**BV:**
Keine Massnahmen erforderlich, wenn keine Unterstellung erfolgt ist.

**KV:**
Keine Massnahmen erforderlich

**FZ:**
Keine Massnahmen erforderlich

## BVG Berechnungsgrundlagen und Grenzwerte

Grenzwerte zur Bestimmung des versicherten Lohnes im Rahmen des BVG bei gesunden und teilinvaliden Arbeitnehmenden

### Arbeitnehmende ist gesund oder mit IV-Grad weniger als 40%

| | |
|---|---|
| Eintrittsschwelle; minimaler Jahreslohn | CHF 19'890 |
| Koordinationsabzug | CHF 23'205 |
| Maximaler BVG-rentenbildender Jahreslohn | CHF 79'560 |
| Minimaler koordinierter (versicherter) Jahreslohn | CHF 3'315 |
| Maximaler koordinierter (versicherter) Jahreslohn | CHF 56'355 |

### Arbeitnehmende IV-Grad zwischen 40% + 49.9% (Viertelrente)

| | |
|---|---|
| Eintrittsschwelle; minimaler Jahreslohn | CHF 14'917 |
| Koordinationsabzug | CHF 17'403 |
| Maximaler BVG-rentenbildender Jahreslohn | CHF 59'670 |
| Minimaler koordinierter (versicherter) Jahreslohn * | CHF 3'315 |
| Maximaler koordinierter (versicherter) Jahreslohn | CHF 42'266 |

* Der minimale koordinierte (versicherte) Jahreslohn wird nicht gekürzt.

### Arbeitnehmende IV-Grad zwischen 50% + 59.9% (halbe Rente

| | |
|---|---|
| Eintrittsschwelle; minimaler Jahreslohn | CHF 9'954 |
| Koordinationsabzug | CHF 11'602 |
| Maximaler BVG-rentenbildender Jahreslohn | CHF 39'780 |
| Minimaler koordinierter (versicherter) Jahreslohn * | CHF 3'315 |
| Maximaler koordinierter (versicherter) Jahreslohn | CHF 28'177 |

* Der minimale koordinierte (versicherte) Jahreslohn wird nicht gekürzt.

### Arbeitnehmende IV-Grad zwischen 60%+69.9%, Dreiviertelrente

| | |
|---|---|
| Eintrittsschwelle; minimaler Jahreslohn | CHF 4'972 |
| Koordinationsabzug | CHF 5'801 |
| Maximaler BVG-rentenbildender Jahreslohn | CHF 19'890 |
| Minimaler koordinierter (versicherter) Jahreslohn * | CHF 3'315 |
| Maximaler koordinierter (versicherter) Jahreslohn | CHF 14'088 |

* Der minimale koordinierte (versicherte) Jahreslohn wird nicht gekürzt.

### Arbeitnehmender mit einem IV-Grad ab 70% (Vollrente)

| | |
|---|---|
| Arbeitnehmende sind nicht versicherbar | CHF 0 |

Anhang

## Webadressen rund um Sozialversicherungen

Internet-Informationen haben den grossen Vorteil, umfassend und aktuell informieren und auf auch sehr spezielle Anliegen eingehen zu können. Weitere Informationen und Bezugsformen wie Downloads von Formularen und Merkblättern oder Diskussionsmöglichkeiten in Foren kommen oder die sofortige Kontaktaufnahme mit Redaktoren und Fachleuten einer Websiteinformation kommen hinzu. Die nachfolgenden von uns recherchierten Webadressen sind – zum Zeitpunkt der Recherche und der damaligen Beurteilung – nach unserer Einschätzung aktuell, zuverlässig und vertrauenswürdig.

### Offizielle AHV-Seite

Die offizielle AHV-Site bietet sehr fundierte, weitergehende Informationen und bietet Gewähr für aktuelle und korrekte Informationen. Auch häufige Fragen, wichtige Adressen, Formulare und Merkblätter helfen sehr effektiv weiter.

www.ahv.ch

### BVG-Informationen des Bundes

Fundierte, weitergehende Informationen und Übersichtstafeln zum BVG. Insbesondere Merkblätter und Newsdossier und Informationen zu laufenden Revisionen garantieren auch Aktualität und Informationen auf neuestem Stand.

www.bsv.admin.ch/

### KMU-Ratgeber

Dieses für KMU's konzipierte Informationsangebot beinhaltet sehr fundierte, weitergehende Informationen vor allem auch im Rechtsbereich und bietet auch Gewähr dafür, dass Sie sich hier auf aktuellstem Stand informieren und weitere Informationen anfordern können.

www.sozialinfo.ch

### Vorsorgeforum

Diese Website bietet sehr fundierte, weitergehende Informationen vor allem auch im Rechtsbereich und bietet auch Gewähr dafür, dass Sie sich hier auf aktuellstem Stand informieren und weitere Informationen anfordern können. Ein E-Mail-Newsletter informiert zudem über Neuerungen

www.vorsorgeforum.ch

## Gründerportal

Diese vor allem auf Neugründungen spezialisierte Website enthält kompakte Informationen mit verständlichen und übersichtlichen Informationen.

www.gruenderportal.ch

## gebo Sozialversicherungen

Diese von einer anerkannten Expertin und Buchautorin geführte Website enthält vielseitige und stets aktuelle Informationen rund um Sozialversicherungen mit veranschaulichenden Visualisierungen.

www.sozialversicherungen.ch

## Schweizer Personalvorsorge

Auf dieser Seite der bekannten Zeitschrift Schweizer Personalvorsorge finden Sie Aktualitäten, Gesetzestexte sowie eine Übersicht über die Eckwerte der Schweizerischen Sozialversicherungen.

www.bvg.ch

## SUVA

Die Suva ist eine selbstständige Unternehmung des öffentlichen Rechts. Die Dienstleistungen umfassen Prävention (SuvaPro, SuvaLiv), Versicherung (SuvaRisk) sowie Schadenmanagement und Rehabilitation (SuvaCare).

www.suva.ch

## Pensionskassenverband ASIP

Dieser Verband ist der Dachverband für über 1000 Pensionskassen. Der Verband b bezweckt die Erhaltung und Förderung der beruflichen Vorsorge auf freiheitlicher und dezentraler Grundlage. Auch ein Newsletter kann abonniert werden.

www.asip.ch

## Santesuisse.ch

Santésuisse ist der Branchenverband der Schweizer Krankenversicherer. Die Site bietet Services, Zahlen und Fakten und Informationen zu rechtlichen Aspekten.

www.santesuisse.ch

## Ausgleichskassen AHV

Hier findet man Formulare und Merkblätter zu allen Kantonen auf aktuellem Stand.

www.ausgleichskasse.ch

## Vorsorgeforum

Dieses reichhaltige Forum bietet gut rubrizierte Informationen und ein ausführliches Linkverzeichnis zu allen Fragen der beruflichen Vorsorge. Ein Diskussionsforum und Grundlangeninformationen kommen hinzu.

www.vorsorgeforum.ch

## Arbeitslosenkasse und –versicherung

Die Schweizerische Arbeitsmarktbehörde ist verantwortlich für das Arbeitsvermittlungs- und das Arbeitslosenversicherungsgesetz. Hier sind Rubriken für Arbeitgeber, Vorgehensweisen bei Arbeitslosigkeit und Formulare zu finden.

www.treffpunkt-arbeit.ch

## Personenverkehrsabkommen mit der EG

Informationen zur sozialen Sicherheit im Zusammenhang mit dem Personenverkehrsabkommen zwischen der Schweiz und der EG. Neben den sozialversicherungsrechtlichen Inhalte des Abkommens sind Informationen zu allen Sozialversicherungszweigen abrufbar.

www.bsv.admin.ch/soziale_sicherheit

Anhang

## Adressen der Stiftung Auffangeinrichtung

Die Adressen lauten:

Stiftung Auffangeinrichtung BVG
Zweigstelle Deutschschweiz
Postfach 2855
8022 Zürich
Tel.: 044/267 73 73
Fax: 044/267 73 90
PC-Konto: 18-359315-1
E-Mail: zweigstelle.zuerich@aeis.ch

http://www.aeis.ch

Diese Zweigstelle ist zuständig für die Kantone:
AG, AI, AR, BL, BS, GL, LU, NW, OW, SG, SH, SO, SZ, TG, UR, ZG, ZH, BE (ohne Bezirke Courtelary, Moutier, Neuveville), GR (ohne Amstbezirke Bergell, Misox, Puschlav), FR (Bezirke See und Sense), VS (Oberwallis)

Fondation institution supplétive LPP
Agence régionale de la Suisse romande
Case postale 675
1001 Lausanne
Tél.: 021/614 75 00
Fax: 021/614 75 11
CCP: 10-13040-9
E-Mail: agence.lausanne@aeis.ch

http://www.aeis.ch

Diese Zweigstelle ist zuständig für die Kantone:
GE, JU, NE, VD, BE (Bezikre Courtelary, Moutier, Neuveville), FR (ohne Bezirke See und Sense), VS (ohne Oberwallis)
Fondazione istituto collettore LPP
Agenzia regionale della Svizzera italiana
Casella postale 224
6928 Manno
Tel.: 091/611 13 80
Fax: 091/611 13 85
CCP: 65-163246-1
E-Mail: agenzia.lugano@aeis.ch
http://www.aeis.ch

Diese Zweigstelle ist zuständig für die Kantone:
TI, GR (Bezirke Bergell, Misox, Puschlav)

## Abkürzungen rund um Sozialversicherungen

| | |
|---|---|
| ATGS | Bundesgesetz über den Allgemeinen Teil des Sozialversicherungsrechts |
| ATSV | Verordnung über den Allgemeinen Teils des Sozialversicherungsrechts |
| AHV | Alters- und Hinterlassenenvorsorge |
| AHVG | Bundesgesetz über die Alters- und Hinterlassenenvorsorge |
| AHVV | Verordnung über die Alters- und Hinterlassenenvorsorge |
| ALV | Arbeitslosenversicherung |
| ALVG | Bundesgesetz über die Arbeitslosenversicherung |
| ALVV | Verordnung über die Arbeitslosenversicherung |
| BPV | Bundesamt für Privatversicherung |
| BSV | Bundesamt für Sozialversicherung |
| BU | Berufsunfall |
| BV | Bundesverfassung |
| BVG | Bundesgesetz über die berufliche Alters- und Hinterlassen- und Invalidenvorsorge |
| BVV2 | Verordnung über die berufliche Alters- und Hinterlassenen- und Invalidenvorsorge |
| EL | Ergänzungsleistungen zur AHV/IV |
| ELG | Bundesgesetz über die Ergänzungsleistungen zur AHV/IV |
| ELV | Verordnung über die Ergänzungsleistungen zur AHV/IV |
| EO | Erwerbsersatzordnung |
| EOG | Bundesgesetz über die Erwerbsersatzordnung |
| EOV | Verordnung über die Erwerbsersatzordnung |
| EVG | Eidgenössisches Versicherungsgericht |
| FZ | Familienzulagen |
| FZG | Bundesgesetz über die Freizügigkeit in der beruflichen Alters- und Hinterlassenen- und Invalidenvorsorge |

| | |
|---|---|
| FZV | Verordnung über die Freizügigkeit in der beruflichen Alters- und Hinterlassenen- und Invalidenvorsorge |
| IV | Invalidenversicherung |
| IVG | Bundesgesetz über die Invalidenversicherung |
| IVV | Verordnung über die Invalidenversicherung |
| KV | Krankenversicherung |
| KVG | Bundesgesetz über die Krankenversicherung |
| KVV | Verordnung über die Krankenversicherung |
| MSE | Mutterschaftsentschädigung |
| MV | Militärversicherung |
| MVG | Bundesgesetz über die Militärversicherung |
| MVV | Verordnung über die Militärversicherung |
| NBU | Nichtberufsunfall |
| OR | Obligationenrecht |
| PV | Privatversicherung |
| RAV | Regionales Arbeitsvermittlungszentrum |
| SH | Sozialhilfe |
| StGB | Schweizerisches Strafgesetzbuch |
| UV | Unfallversicherung |
| UVG | Bundesgesetz über die Unfallversicherung |
| UVV | Verordnung über die Unfallversicherung |
| ZGB | Zivilgesetzbuch |

# Sozialversicherungs-Glossar

### Abgangsentschädigung
Abgangsentschädigungen gehören dann nicht zum massgebenden Lohn im Sinne der AHV, wenn sie Personen betreffen, die in der beruflichen Vorsorge nicht oder nur ungenügend versichert waren oder wenn es sich um Sozialleistungen bei Entlassungen aus betrieblichen Gründen handelt.

### Abtretung von Sozialversicherungsansprüchen
Die Abtretung oder Verpfändung von anwartschaftlichen - das heisst noch nicht fälligen - Leistungen aus den Sozialversicherungen sind nichtig. Ausnahme ist die Verpfändung von Vorsorgeguthaben in der beruflichen Vorsorge zu Wohneigentumszwecken.

### AHV
Alters- und Hinterlassenenversicherung

### Altersguthaben
Begriff aus der beruflichen Vorsorge. Summe der Altersgutschriften, Eintrittsleistungen und Einlagen inklusive deren Verzinsung.

### Altersgutschriften
Begriff aus der beruflichen Vorsorge. Mindestbeitrag an die Vorsorgeeinrichtung, ausgedrückt in Prozenten des koordinierten Lohnes. Die Ansätze sind alters- und geschlechtsabhängig.

### Alterskapital
Begriff aus der beruflichen Vorsorge. Einmalige Leistung, welche die Vorsorgeeinrichtung dem Versicherten im Zeitpunkt, in dem er das Rücktrittsalter erreicht hat, bar ausbezahlt.

## Arbeitslosenversicherung
Bundesgesetz vom 25. Juni 1982 über die obligatorische Arbeitslosenversicherung und die Insolvenzentschädigung (AVIG; SR 837.0.)

## Arbeitsunfähigkeit
Arbeitsunfähigkeit ist die durch eine Beeinträchtigung der körperlichen, geistigen oder psychischen Gesundheit bedingte, volle oder teilweise Unfähigkeit, im bisherigen Beruf oder Aufgabenbereich zumutbare Arbeit zu leisten.

## Arbeitsunfall
Unfall, der sich bei der Arbeit oder während der Arbeitszeit auf dem Gelände des Arbeitgebers ereignet. Für Arbeitnehmende, die bei einem Arbeitgeber ausschliesslich gegen Arbeitsunfälle versichert sind, ist der Arbeitsweg als Arbeitsunfall mitversichert.

## Auffangeinrichtung
Begriff aus der beruflichen Vorsorge. Die Auffangeinrichtung ist eine Vorsorgeeinrichtung. Sie versichert zwangsweise jene Arbeitgeber, die ihrer Pflicht zum Anschluss an eine Vorsorgeeinrichtung nicht nachkommen. Ein freiwilliger Anschluss an die Auffangeinrichtung ist ebenfalls möglich. Ihr müssen zudem jene Freizügigkeitsleistungen überwiesen werden, die nicht anderweitig überwiesen werden können.

## Ausgleichskassen
Die Ausgleichskassen sind zuständig für den Bezug der Beiträge der Alters- und Hinterlassenenversicherung (AHV), der Invalidenversicherung (IV), der Erwerbsersatzordnung und Mutterschaftsversicherung (EO), sowie der Arbeitslosenversicherung (ALV). Ausser bei der Arbeitslosenversicherung (ALV) zahlt sie auch die Leistungen dieser Sozialversicherungen aus.

### Basler Skala

Das Obligationenrecht legt eine Lohnfortzahlungspflicht bei unverschuldetem Arbeitsausfall infolge von Krankheit, Mutterschaft oder Unfall von drei Wochen im ersten Dienstjahr und danach von einer angemessenen längeren Zeit fest. Aus der langjährigen Gerichtspraxis haben sich drei regional unterschiedliche Staffelungen dieser Lohnfortzahlungsdauer ergeben. Die Basler Skala ist nebst der Berner und Zürcher Skala eine dieser drei Staffelungen (siehe Anhang).

### Beitragsperiode

Der Zeitabschnitt, in dem Beiträge geschuldet werden oder anfallen.

### Beitragsprimat

Begriff aus der beruflichen Vorsorge. Die Beitragshöhe wird reglementarisch in Höhe einer Bezugsgrösse (bspw. massgeblicher Lohn) festgelegt, und daraus die Höhe der Leistung ermittelt.

### Beitragssätze der AHV

Bei Erwerbstätigen berechnen sich die AHV-Beitragssätze aufgrund ihres Einkommens, bei Nichterwerbstätigen aufgrund ihrer wirtschaftlichen Verhältnisse. Bei den Unselbständigerwerbenden bezahlen Arbeitnehmer und Arbeitgebende je die Hälfte der Beiträge. Arbeitgebende sind verpflichtet, den gesamten Beitrag direkt an die Ausgleichskasse zu überweisen.

Bei Selbständigerwerbenden setzt die AHV-Ausgleichskasse den Beitrag aufgrund des Erwerbseinkommens fest. Für Jahreseinkommen unterhalb einer gewissen Grenze gelten tiefere Beitragssätze. Die Beiträge nichterwerbstätiger Personen richten sich nach deren Vermögen und Renteneinkommen. Sie werden von der AHV-Ausgleichskasse festgelegt. In jedem Fall muss ein Minimalbeitrag geleistet werden.

## Berner Skala

Das Obligationenrecht legt eine Lohnfortzahlungspflicht bei unverschuldetem Arbeitsausfall infolge von Krankheit, Mutterschaft oder Unfall von drei Wochen im ersten Dienstjahr und danach von einer angemessenen längeren Zeit fest. Aus der langjährigen Gerichtspraxis haben sich drei regional unterschiedliche Staffelungen dieser Lohnfortzahlungsdauer ergeben. Die Berner Skala ist nebst der Basler und Zürcher Skala eine dieser drei Staffelungen (siehe Anhang).

## Berufskrankheiten

Als Berufskrankheiten gelten Krankheiten, die bei der beruflichen Tätigkeit ausschliesslich oder vorwiegend durch schädigende Stoffe oder bestimmte Arbeiten verursacht worden sind. Andere Krankheiten gelten nur dann als Berufskrankheiten, wenn nachgewiesen werden kann, dass sie ausschliesslich oder stark überwiegend durch die berufliche Tätigkeit herbeigeführt worden sind.

## Berufsunfall

Darunter fallen Unfälle, die sich bei der Ausübung des Berufs ereignen. Unfälle während den Arbeitspausen sowie vor und nach der Arbeit gelten als Berufsunfälle, sofern sich die versicherte Person befugterweise auf der Arbeitsstätte oder im Bereich der mit seiner beruflichen Tätigkeit zusammenhängenden Gefahren aufgehalten hat. Ebenso gilt der Arbeitsweg als Berufsunfall, wenn er direkt und auf dem kürzesten Weg zurückgelegt wird und die versicherte Person weniger als 8 Stunden die Woche arbeitet und somit für den Nichtberufsunfall bei diesem Arbeitgeber nicht versichert ist.

## Betreuungsgutschriften

Diese Gutschriften sind ebenfalls fiktive Einkommen, die bei der Rentenberechnung berücksichtigt werden. Anspruch auf Betreuungsgutschriften haben diejenigen Personen, die pflegebedürftige Verwandte im gleichen Haushalt betreuen.

Im Gegensatz zu den Erziehungsgutschriften müssen diese jährlich bei der kantonalen Ausgleichskasse geltend gemacht werden. Betreuungsgutschriften können nicht gleichzeitig mit den Erziehungsgutschriften beansprucht werden.

**Bruttolohn**
Lohn vor den Sozialabzügen, massgebender Lohn für die AHV/IV/EO.

**BVG**
Bundesgesetz über die berufliche Alters-, Hinterlassenen- und Invalidenvorsorge.

**Dreisäulensystem**
Die Alters-, Hinterlassenen- und Invalidenvorsorge beruht auf drei Säulen:

Die erste Säule, die Alters-, Hinterlassenen- und Invalidenversicherung (AHV/IV), ist eine allgemeine Volksversicherung. Sie dient der Existenzsicherung. Als zweite Säule bezeichnet man die berufliche Vorsorge (BV). Sie hat zusammen mit der ersten Säule das Ziel, die Fortführung der gewohnten Lebenshaltung zu gewährleisten. Die dritte Säule umfasst die individuelle freiwillige Vorsorge.

**Erwerbsunfähigkeit**
Erwerbsunfähigkeit ist der durch Beeinträchtigung der körperlichen, geistigen oder psychischen Gesundheit verursachte und nach zumutbarer Behandlung und Eingliederung verbleibende ganze oder teilweise Verlust der Erwerbsfähigkeit auf dem in Betracht kommenden ausgeglichenen Arbeitsmarkt.

**Erziehungsgutschriften**
Diese Gutschriften sind fiktive Einkommen, die bei der Rentenberechnung berücksichtigt werden. Anspruch auf Erziehungsgutschriften haben rentenberechtigte Personen für jedes Jahr, in dem sie die elterliche Sorge über eines oder mehrere Kinder unter 16 Jahren inne hatten. Sie betragen zum Zeitpunkt des Anspruchsbeginns das Dreifache der jährlichen

minimalen Altersrente. Bei verheirateten Personen wird die Gutschrift je zur Hälfte auf die Ehepartner aufgeteilt.

**Externe Versicherung**
Begriff aus der beruflichen Vorsorge. Versicherung eines Arbeitnehmers, der kein Anstellungsverhältnis mit dem Arbeitgeber der Vorsorgeeinrichtung aufweist.

**Freibetrag**
Auf AHV/IV/EO-Beiträgen CHF 1400.- im Monat (CHF 16800.- im Jahr) für die Rentnerinnen und Rentner im AHV-Alter

**Freizügigkeitskonto**
Begriff aus der beruflichen Vorsorge. Bankkonto zur Aufnahme und Erhaltung der Freizügigkeitsleistung.

**Freizügigkeitsleistung**
Begriff aus der beruflichen Vorsorge. Betrag, der dem Versicherten beim Austritt aus der Vorsorgeeinrichtung zusteht. Entspricht seit Inkrafttreten des Freizügigkeitsgesetzes bei Kassen mit Leistungsprimat dem Barwert der erworbenen Leistungen; bei Kassen mit Beitragsprimat dem Altersguthaben.

**Freizügigkeitspolice**
Begriff aus der beruflichen Vorsorge. Versicherungspolice zur Aufnahme und Erhaltung der Freizügigkeitsleistung.

**Freizügigkeitsstiftung**
Begriff aus der beruflichen Vorsorge. Freizügigkeitsstiftungen dienen dem Zweck, Freizügigkeitsvermögen von einzelnen Arbeitnehmern, die ihre FZ-Leistung weder bei der alten Vorsorgeeinrichtung belassen noch bei einer neuen einbringen können, zu verwalten.

### Gemeinschaftsstiftung
Begriff aus der beruflichen Vorsorge. Eine Gemeinschaftsstiftung ist eine Vorsorgestiftung für verschiedene Unternehmen, die durch eine bestimmte Gemeinsamkeit miteinander verbunden sind. Anzutreffen sind Gemeinschaftsstiftungen regelmässig als Vorsorgeeinrichtungen eines Verbandes oder eines Konzerns.

### Gesamtarbeitsvertrag (GAV)
Von den Arbeitsverbänden getroffene kollektive Vereinbarung, Art. 356 ff. OR. In der Regel sind darin auch Verbindlichkeiten betreffend Leistungsumfang und Finanzierung von Krankentaggeldversicherungen, weitergehende Leistungs- und/oder Beitragsfestlegungen für die berufliche Vorsorge, welche über die Mindestbestimmungen des Bundesgesetzes über die berufliche Alters-, Hinterlassenen- und Invalidenvorsorge hinausgehen und Bestimmungen für weitere Sozialversicherungen geregelt.

### Gesamtarbeitsvertrag
Dieser Begriff wird hier allgemeinverbindlich erklärt Hat der Bundesrat einen Gesamtarbeitsvertrag zwischen Arbeitgeberverband und Gewerkschaft auf deren Antrag hin als allgemein verbindlich erklärt, so sind darin in der Regel auch Verbindlichkeiten betreffend Leistungsumfang und Finanzierung von Krankentaggeldversicherungen, weitergehende Leistungs- und/oder Beitragsfestlegungen für die beruflichen Vorsorge, welche über die Mindestbestimmungen des Bundesgesetzes über die berufliche Alters-, Hinterlassenen- und Invalidenvorsorge hinausgehen und Bestimmungen für weitere Sozialversicherungen geregelt.

### Hilflosigkeit
Als hilflos gilt eine Person, die wegen der Beeinträchtigung der Gesundheit für alltägliche Lebensverrichtungen dauernd der Hilfe Dritter oder der persönlichen Überwachung bedarf.

### Individuelles Konto

Auf dem individuellen Konto (IK) werden alle Erwerbseinkommen, Beitragszeiten sowie die Betreuungsgutschriften aufgezeichnet. Diese dienen als Grundlage für die Berechnung einer Alters-, Hinterlassenen- oder Invalidenrente. Wer überprüfen möchte, ob die Beitragsdauer lückenlos ist oder ob der Arbeitgeber die abgezogenen Beiträge auch wirklich mit der Ausgleichskasse abgerechnet hat, kann mit einem schriftlichen Antrag einen Auszug verlangen. Dabei ist die Versichertennummer anzugeben.

### Invalidenversicherung (IV)

Die Invaldienversicherung ist eine gesamtschweizerische obligatorische Grundversicherung. Sie kommt dann zum Tragen, wenn jemand auf Dauer nicht oder nicht mehr erwerbsfähig ist. Dabei gilt der Grundsatz „Eingliederung vor Rente", welcher primär die Wiedereingliederung der Erkrankten und Verunfallten ins Arbeitsleben anstrebt. Die Beiträge an die IV sind obligatorisch und werden zusammen mit der AHV erhoben.

### Invalidität

Die Invalidenversicherung (IV) definiert Invalidität als eine durch eine körperliche, psychische oder geistige Gesundheitsbeeinträchtigung verursachte Erwerbsunfähigkeit bzw. Unfähigkeit, sich im bisherigen Aufgabenbereich (z.B. im Haushalt) zu betätigen. Diese Unfähigkeit muss bleibend sein oder längere Zeit (mindestens 1 Jahr) dauern. Es spielt jedoch keine Rolle, ob die Beeinträchtigung schon seit der Geburt besteht oder Folge einer Krankheit bzw. eines Unfalls ist.

### Insolvenzentschädigung

Begriff aus der Arbeitslosenversicherung. Die abgesicherte Lohnforderung der Arbeitnehmer für die letzten drei Monate vor der Konkurseröffnung oder dem Pfändungsbegehren.

### Lohnzahlungen, ausserordentliche und unregelmässig anfallende

Bei solchen Lohnzahlungen kann davon ausgegangen werden, dass sie bei allen lohnabhängigen Sozialversicherungen beitragsrelevant sind, ausser wenn sie über dem allfälligen maximalen versicherten Verdienst einer einzelnen Sozialversicherung liegen. Die berufliche Vorsorge bildet hier ebenfalls eine Ausnahme. Die Vorsorgeeinrichtung kann in ihrem Reglement festhalten, dass AHV-pflichtige Lohnbestandteile nicht als massgebender Lohn gelten, wenn sie nur gelegentlich anfallen. Der 13. Monatslohn fällt regelmässig an und ist damit immer Bestandteil des massgebenden Lohnes nach BVG.

### Koordinationsabzug

Begriff aus der beruflichen Vorsorge, der den Betrag definiert, der zur Bestimmung des versicherten Lohnes vom massgeblichen Lohn in Abzug gebracht wird. Im Rahmes des gesetzlichen Minimums nach BVG entspricht er 7/8 der maximalen Altersrente der AHV und dient der Leistungskoordination zwischen der ersten (AHV/IV) und der zweiten Säule (Berufliche Vorsorge). Je nach Vorsorgereglement kann ein anderer oder auch gar kein Koordinationsabzug definiert sein. Die Vorsorgeeinrichtungen haben dabei sicherzustellen, dass die gesetzlichen Mindestleistungen nicht unterschritten werden.

### Leistungsprimat

Begriff aus der beruflichen Vorsorge. Die Art und Höhe der Vorsorgeleistung wird reglementarisch in Prozenten einer Bezugsgrösse (bspw. massgeblicher Lohn) festgelegt, und daraus abgeleitet die Höhe der Beiträge ermittelt. (S. Beitragsprimat)

## Lohnfortzahlung
Obligationenrechtliche Pflicht des Arbeitgebers zur Lohnfortzahlung bei unverschuldetem Arbeitsausfall des Arbeitnehmenden infolge von Krankheit, Unfall oder Mutterschaft.

## Koordinierter Lohn
Begriff aus der beruflichen Vorsorge, der den Anteil des Lohnes definiert, welcher die Grundlage zur Berechnung der Beiträge bildet.

## Kündigungsschutz
Nach Ablauf der Probezeit darf der Arbeitgeber das Arbeitverhältnis bei unverschuldetem Unfall oder Krankheit des Arbeitnehmers im ersten Dienstjahr während 30 Tagen, im zweiten bis fünften Dienstjahr während 90 Tagen und ab sechstem Dienstjahr während 180 Tagen nicht kündigen. Ebenso darf nach Ablauf der Probezeit der Arbeitgeber das Arbeitverhältnis während der Schwangerschaft und in den 16 Wochen nach der Niederkunft einer Arbeitnehmerin nicht kündigen (Art. 336c OR).

## Massgebender Lohn
Für die AHV/IV/EO der Bruttolohn. Für das UVG (seit 1.1.2000) der Lohn bis max. Fr.106800.-. Für das BVG der Lohn bis max. Fr.79560.- abzüglich Koordinationsabzug

## Mindestversicherungsdauer
Begriff aus der AHV/IV. Die Mindestversicherungsdauer für den Erwerb eines Rentenanspruchs ist von Land zu Land unterschiedlich, beträgt aber mindestens ein Jahr.

EG-Länder müssen Versicherungszeiten aus anderen EG-Ländern sowie der Schweiz für die Erfüllung der Mindestversicherungszeit berücksichtigen, wenn die im betreffenden Staat zurückgelegte Versicherungszeit nicht ausreicht für die Begründung des Rentenanspruchs. Die Schweiz sieht eine Mindestversicherungsdauer von drei Jahren vor. Für Personen, die in mehreren Ländern Versicherungsbeiträge bezahlten, jedoch in keinem die Mindestversicherungsdauer erreicht haben, gelten besondere Regeln.

**Mitgliedsstaaten EU (= EG-Land)**
Mitgliedstaaten der EG: Belgien, Dänemark, Deutschland, Estland, Finnland, Frankreich, Griechenland, Grossbritannien (Vereinigtes Königreich), Irland, Italien, Litauen, Lettland, Luxemburg, Malta, Niederlande, Österreich, Polen, Portugal, Schweden, Slowakei, Slowenien, Spanien, Tschechien, Ungarn, Zypern.

**Mutterschaftsversicherung**
Die Mutterschaftsversicherung ist im Bundesgesetz über die Erwerbsersatzordnung und Mutterschaftsversicherung (EOG) geregelt und regelt hauptsächlich den Kündigungsschutz während der Schwangerschaft und nach der Geburt, den Umfang der Arbeitsleistung und die Mutterschaftsentschädigung.

**Naturallohn**
Unter Naturallohn versteht man insbesondere Unterkunft und Verpflegung.

**Nebenerwerb**
Ein zusätzlicher Erwerb zum Haupterwerb - falls er pro Arbeitgeber CHF 2'200.- pro Jahr nicht übersteigt – muss in der AHV/IV/EO und in der Unfallversicherung nicht zwingend abgerechnet werden. Es ist dazu eine Verzichtserklärung auszustellen.

**Nettolohn**
Lohn nach Abzug der Sozialabgaben.

**Nichtberufsunfall**
Nichtberufsunfälle sind alle Unfälle, die nicht als Berufsunfälle gelten. Dazu zählen insbesondere Unfälle auf dem Arbeitsweg und Freizeitunfälle, wie z. B. Sportunfälle, Verkehrsunfälle oder Unfälle im Haushalt.

Teilzeitbeschäftigte mit einer wöchentlichen Arbeitsdauer von weniger als 8 Stunden bei einem Arbeitgeber sind gegen Nichtberufsunfälle nicht versichert. Für sie gelten Unfälle auf dem Arbeitsweg - abweichend vom Normalfall - als Berufsunfälle.

**Pensionskasse**
Begriff aus der beruflichen Vorsorge. Bezeichnung für eine Vorsorgeeinrichtung der beruflichen Vorsorge

**Registrierte Vorsorgeeinrichtung**
Begriff aus der beruflichen Vorsorge. Mit der Registrierung einer Vorsorgeeinrichtung im Register für berufliche Vorsorge kann sie sich dem BVG unterstellen. Sie verpflichtet sich damit, die gesetzlichen Mindestanforderungen zu erfüllen. Jeder BVG-pflichtige Arbeitnehmer muss bei einer registrierten Vorsorgeeinrichtung versichert sein.

**Reglement**
Begriff aus der beruflichen Vorsorge. Die Tätigkeit einer Vorsorgeeinrichtung wird im Reglement festgehalten (Unterstellte Personen, versicherte Löhne, Beiträge, Leistungen, Organisation, etc.).

**Rentenalter**
Personen, die das Rentenalter erreichen, haben Anspruch auf eine Altersrente. Bis ins Jahr 2004 betrug das Rentenalter für Frauen 63, danach 64 Jahre. Männer erreichen das Rentenalter mit 65 Jahren. Wer seine Rente 1 oder 2 Jahre vor dem ordentlichen Rentenalter bezieht, erhält eine gekürzte Rente. Wer umgekehrt den Bezug der Rente um 1 bis maximal 5 Jahre aufschiebt, erhält eine erhöhte Rente. Der Rentenanspruch entsteht, sobald die versicherte Person das im jeweiligen Land geltende Rentenalter erreicht hat. Da das Rentenalter nicht in jedem Land gleich hoch ist, kann es vorkommen, dass die verschiedenen Altersrentenansprüche zu unterschiedlichen Zeitpunkten entstehen.

### Rentenwert-Umlageverfahren
Begriff aus der Unfallversicherung. Dabei wird die Finanzierung so geregelt, dass die Beiträge in einer festzulegenden Periode (in der Regel ein Jahr) den Deckungskapitalbedarf für alle in dieser Periode anfallenden Renten bereitstellen. Diese Finanzierungsart gelangt in der Unfallversicherung für Langzeitleistungen (Renten und Hilflosenentschädigungen) zur Anwendung.

### Rückdeckung
Begriff aus der beruflichen Vorsorge. Vorgang bei dem eine Vorsorgeeinrichtung alle oder einzelne ihre reglementarischen Risiken durch einen Kollektivversicherungsvertrag, einen Kollektivversicherungsvertrag mit eigenem Gewinnverbund, einen Stopp Loss-Vertrag oder einen Excess-of-Loss-Vertrag mit einer Versicherungsgesellschaft abdeckt.

### Sammelstiftung
Begriff aus der beruflichen Vorsorge. Eine Sammelstiftung umfasst eine Anzahl wirtschaftlich unabhängiger Unternehmungen (meist kleinere Firmen), die keine eigene Stiftung errichten wollen.

### Schwankungsreserve Vermögensanlage
Begriff aus der beruflichen Vorsorge. Im Anlagebereich versucht eine Vorsorgeeinrichtung das Optimum zwischen Rendite- und Sicherheitsstreben anzupeilen. Je renditeträchtiger und deshalb auch risikobehafteter die Vermögensanlage, desto bedeutender ist der Bedarf zur Bildung einer Vermögensschwankungsreserve infolge von Kursschwankungen.

### Schwankungsreserve Vorsorgerisiken
Begriff aus der beruflichen Vorsorge. Je geringer der Rückdeckungsgrad einer Vorsorgeeinrichtung, desto bedeutender ist der Bedarf zur Bildung einer Vermögensreserve für die Deckung von Risikoabweichungen bei den Vorsorgerisiken Tod, Invalidität und Langlebigkeit.

### Selbstständigerwerbende

Als selbstständiger erwerbend gilt, wer auf eigenes unternehmerisches Risiko, ohne Direktiven Dritter, in oder mit den eigenen Räumen, mit eigener Werbung für mehrere Kunden arbeitet. Ob eine Person im Sinne der AHV selbstständig erwerbend ist, wird von der Ausgleichskasse im Einzelfall geprüft und festgelegt.

### Sicherheitsfonds BVG

Begriff aus der beruflichen Vorsorge. Der Sicherheitsfonds garantiert die Leistungen von Vorsorgeeinrichtungen bei deren Zahlungsunfähigkeit bis zu einem gesetzlich definierten Maximalanspruch. Er richtet zudem Leistungen an Kassen mit ungünstiger Altersstruktur des Versichertenbestandes aus. Weiter fungiert er als Meldestelle 2. Säule für vergessene Guthaben und koordiniert die berufliche Vorsorge im Rahmen der Personenfreizügigkeit mit den EU-/ und EFTA-Staaten.

### Sozialplan

Der Sozialplan hat zum Ziel, menschliche und wirtschaftliche Härten, für die von Abbaumassnahmen betroffene Belegschaft, zu vermeiden oder zumindest zu mildern. Zur Ausarbeitung eines Sozialplans sind alle betroffenen Parteien einzubeziehen. Inhaltlich sind die Gültigkeitsdauer, der Geltungsbereich, die Gewährleistung gesetzlicher und vertraglicher Ansprüche und Verpflichtungen und allfällige Austrittsabfindungen zu regeln. Weiter ist auf eine umfassende Information zu achten.

### Sperrfrist

Begriff aus dem Arbeitsrecht. Als Sperrfrist gilt der obligationenrechtliche Kündigungsschutz, wenn eine Kündigung zur Unzeit ausgesprochen wird. So ist eine Kündigung durch den Arbeitgeber während der Sperrfrist bei Unfall, Krankheit oder Mutterschaft nichtig. Wurde die Kündigung vor Beginn der Sperrfrist ausgesprochen, wird die Kündigungsfrist bis nach Ablauf der Sperrfrist unterbrochen.

### Stopp Loss Vertrag
Begriff aus der beruflichen Vorsorge. Die Leistungspflicht eines Rückversicherers beschränkt sich auf vertraglich vereinbarte Schadenssummen, die einen innerhalb einer bestimmten Periode und zum voraus festgesetzten Betrag übersteigen (Selbstbehalt).

### Taggeldversicherung
Die Taggeldversicherung dient der teilweisen Deckung des Erwerbsausfalls bei Krankheit oder Unfall, sowie anderer krankheits- oder unfallbedingter Kosten, die nicht anderweitig gedeckt sind. Sie kann auf freiwilliger Basis und zwar auch bei einem anderen Krankenversicherer als demjenigen, bei dem die obligatorische Grundversicherung besteht, abgeschlossen werden. Wenn eine Person beim Versicherungsbeitritt an einer Krankheit leidet, hat der Krankenversicherer die Möglichkeit, diese Person maximal 5 Jahre lang von der Leistungsberechtigung für diese Krankheit auszuschliessen. Auf diese 5 Jahre werden ausländische Versicherungszeiten in einer Taggeldversicherung angerechnet. Daneben bieten die Krankenversicherer auch Taggeldversicherungen als Zusatzversicherung an.

### Teilautonome Vorsorgeeinrichtung
Begriff aus der beruflichen Vorsorge. Vorsorgeeinrichtung, welche in der Regel die Anlage des Vorsorgevermögens selbst vornimmt, hingegen die Versicherung der Risiken Tod und Invalidität bei einer Versicherungsgesellschaft rückversichert.

### Todesfallkapital
Begriff aus der beruflichen Vorsorge. Einmalige Leistung, welche die Vorsorgeeinrichtung im Todesfall eines Versicherten gemäss den reglementarischen Bestimmungen den Anspruchsberechtigten ausbezahlt, allenfalls auch in Ergänzung zu Rentenleistungen.

### Überbrückungsrenten
Begriff aus der beruflichen Vorsorge. Temporäre Renten, die zwischen der vorzeitigen Pensionierung und dem Einsetzen der AHV-Rente je nach Vorsorgereglement versichert werden kann.

## Umlageverfahren
Begriff aus der AHV, Krankentaggeldversicherung, Familienzulagen und teilweise der Unfallversicherung. Ausrichtung der Leistungen aus den in derselben Periode erhobenen Beiträge.

## Umwandlungssatz
Begriff aus der beruflichen Vorsorge. Vom Bundesrat festgesetzter Mindestprozentsatz zur Berechnung der Rentenleistungen aufgrund des vorhandenen Alterskapitals.

## Unfall
Als Unfall gilt die plötzliche, nicht beabsichtigte schädigende Einwirkung eines ungewöhnlichen äusseren Faktors auf den menschlichen Körper. Den Unfällen gleichgestellt sind bestimmte Körperschädigungen, die den Folgen eines Unfalls ähnlich sind.

## Unfallversicherung (UV)
Die Unfallversicherung gilt für alle Arbeitnehmerinnen und Arbeitnehmer ab erstem Arbeitstag obligatorisch. Dabei werden die Risiken eines Betriebsunfalls und einer Berufskrankheit versichert. Zudem sind alle Arbeitnehmenden, die mindestens acht Stunden pro Woche arbeiten, auch gegen Nichtbetriebsunfälle versichert.

## Unselbstständigerwerbende
Erwerbstätige, welche in einem Angestelltenverhältnis stehen, kein Unternehmerrisiko tragen (auch angestellte Alleinaktionäre oder GmbH-Inhaber) und für ihre Arbeit einen Lohnausweis bekommen, gelten als unselbstständig erwerbend.

## Verbandliche Pensionskasse
Begriff aus der beruflichen Vorsorge. Vorsorgeeinrichtung eines Verbandes für seine Mitglieder

## Versicherter Verdienst in Unfallversicherung
Grundlage für die Geldleistungen der Unfallversicherung ist der versicherte Verdienst (in der Unfallversi-

cherung). Dies ist der für die AHV massgebende Lohn mit gewissen Ergänzungen. Der Höchstbetrag des versicherten Verdienstes ist so festgesetzt, dass in der Regel 92 - 96% aller obligatorisch versicherten Personen zu ihrem vollen Verdienst versichert sind. Massgebend für die Bemessung der Taggelder ist der letzte, vor dem Unfall bezogene, Lohn und für die Bemessung der Renten der, innerhalb eines Jahres vor dem Unfall bezogene, Lohn. Die Integritäts- und Hilflosenentschädigungen werden bei allen Versicherten vom gesetzlichen Höchstbetrag des versicherten Verdienstes berechnet.

**Versicherungsausweis AHV**
Alle beitragspflichtigen Personen erhalten bei der Aufnahme in die Versicherung einen persönlichen Versicherungsausweis. Der Ausweis enthält die persönliche Nummer des oder der Versicherten und die Nummern derjenigen AHV-Ausgleichskassen, die für die versicherte Person das individuelle Konto führen. Der Versicherungsausweis ist unbedingt aufzubewahren. Er muss dem Arbeitgeber bei jedem Stellenwechsel und bei der Anmeldung für die AHV-Leistungen vorgelegt werden.

**Versichertennummer AHV**
Der Versicherungsausweis AHV enthält die persönliche AHV-Versicherungsnummer der versicherten Person und dient zur Identifikation des individuellen Beitragskontos. Auf dieses Konto verbuchen die AHV-Ausgleichskassen die geleisteten Beiträge einer versicherten Person während seiner Erwerbstätigkeit.

**Vorsorgewerk**
Begriff aus der beruflichen Vorsorge. Jeder Arbeitgeber, der sich einer Sammelstiftung anschliesst, gilt als Vorsorgewerk derselben. Er beinhaltet die Reglementierung des Vorsorgeplans jedes Arbeitgebers und allenfalls weitere Vereinbarungen.

**Wohneigentumsförderung**

Begriff aus der beruflichen Vorsorge. Im Rahmen der beruflichen Vorsorge vorgesehene Möglichkeit zum Vorbezug resp. zur Verpfändung von Vorsorgeleistungen zum Erwerb von Wohneigentum.

**Zürcher Skala**

Das Obligationenrecht legt eine Lohnfortzahlungspflicht bei unverschuldetem Arbeitsausfall infolge von Krankheit, Mutterschaft oder Unfall von drei Wochen im ersten Dienstjahr und danach von einer angemessenen längeren Zeit fest. Aus der langjährigen Gerichtspraxis haben sich drei regional unterschiedliche Staffelungen dieser Lohnfortzahlungsdauer ergeben. Die Zürcher Skala ist nebst der Berner und Basler Skala eine dieser drei Staffelungen (siehe Anhang).

# Stichwortverzeichnis

## A

| | |
|---|---|
| Abgangsentschädigung, Anspruch | 136 |
| Abgangsentschädigung, Definition | 240 |
| Abgangsentschädigungen | 140 |
| Abkürzungen, Liste | 236 |
| Abtretung, Versicherungsansprüche | 240 |
| AHV, Anmeldung | 51 |
| AHV, Bestimmungen | 50 |
| AHV, Finanzierung | 171 |
| AHV, im Internet | 232 |
| AHV, in Bundesverfassung | 16 |
| Altersguthaben, Definition BVG | 240 |
| Altersguthaben, Verzinsung, BVG | 45 |
| Altersgutschriften, Definition, BVG | 240 |
| Alterskapital, Barbezug, BVG | 140 |
| Alterskapital, Definition, BVG | 240 |
| Angemessenheit, BVG | 42 |
| Anspruch, Familienzulagen | 208 |
| Anspruchskonkurrenz, FZ | 208 |
| Anstellung, Personal | 55 |
| Arbeitgeber-Beitragsreserve, Beispiel | 44 |
| Arbeitgeberbeitragsreserven | 44 |
| Arbeitgeberkontrollen, Regelung | 28 |
| Arbeitsausfall, wegen Unfall | 90 |
| Arbeitslosenkasse, im Internet | 234 |
| Arbeitslosigkeit | 45 |
| Arbeitspensum, Änderung | 74, 75, 77 |
| Arbeitsrecht | 20 |
| Arbeitssicherheit, Überwachung, UVG | 38 |
| Arbeitsunfähigkeit, Stellenaustritt | 148 |
| Arbeitsunterbruch, durch Kurzarbeit | 112 |
| Arbeitsunterbruch, Fallbeispiele | 225 |
| Arbeitsunterbruch, Militärdienst | 106 |
| Arbeitsunterbruch, Mutterschaft | 100 |
| Arbeitsunterbruch, Schlechtwetter | 112 |
| Arbeitsunterbruch, unbez. Urlaub | 118 |
| Arbeitsunterbruch, wegen Krankheit | 82 |
| Arbeitsverbot, MSV | 30 |
| Arbeitsweg, Unfall | 37 |
| Aufbewahrungspflicht | 36 |
| Auffangeinrichtung, BVG | 66 |
| Auffangeinrichtung, Definition, BVG | 241 |
| Ausgleichskasse, Wahl | 26 |
| Ausgleichskassen, im Internet | 234 |
| Aushilfspersonen, Anstellung | 63 |
| Austrittsleistung, Pensionskasse | 129 |

## B

| | |
|---|---|
| Barauszahlungsgründe, PK | 129 |
| Basler Skala | 184 |
| befristetes. Arbeitsverhältnis | 63 |
| Beitragsbefreiung | 84, 139, 226 |
| Beitragsbefreiung, Aufschub, BVG | 84 |
| Beitragsbefreiung, Pensionskasse | 154 |
| Beitragsbefreiungen, Beginn | 154 |
| Beitragserhebung, AHV | 52 |
| Beitragsfreie Leistung, Höhe | 138 |
| Beitragslücken | 51 |
| Beitragspflicht, AHV, Pensionierung | 135 |
| Beitragspflicht, Arbeitgeber | 65 |
| Beitragspflicht, Beginn | 50 |
| Beitragsprimat, Definition | 242 |
| Beitragsreserve, Arbeitgeber | 44 |
| Beitragssätze, AHV | 242 |
| Berechnungsbeispiel, Pensionierung | 135 |
| Berechnungsbeispiel, Teilzeitarbeit | 64 |
| Berechnungsbeispiele, BVG-Lohn | 212 |
| Berechung, versicherter Lohn BVG | 214 |
| Berner Skala | 243 |
| Berufliche Vorsorge, Grundsätze | 42 |
| Berufskrankheiten, Liste, UVG | 189 |
| Berufskrankheiten, UVG | 40 |
| Berufsunfall, Definition | 243 |
| Berufsunfälle, es gelten als | 156 |
| Beschäftigungsgrad, Änderung | 75 |
| Betreuungsgutschriften, Definition | 243 |
| Betriebsrestrukturierung | 139 |
| Betriebsunfall | 33 |
| Betriebsunfall, Arbeitsweg | 37 |
| Betriebsunfälle, Anmeldung | 94 |
| Bundesverfassung | 16 |
| BVG | 59, 62 |
| BVG Berechnungsgrundlagen, BVG | 231 |
| BVG, Grenzbeträge | 60 |
| BVG, Grenzwerte | 60 |
| BVG, im Internet | 232 |
| BVG, in Bundesverfassung | 17 |
| BVG, Strukturreform | 178 |

## D

| | |
|---|---|
| Dienstaustritt, Beispiele | 228 |
| Diensteintritte, Fallbeispiele | 220 |

# Stichwortverzeichnis

## E

| | |
|---|---|
| Einarbeitungszuschüsse, IV | 29 |
| Entlöhnung, Änderung | 74 |
| Entscheidungsorgane | 41 |
| Ergänzungsleistungen | 29, 59 |
| Ergänzungsleistungen, in Bundesverfassung | 16 |
| Ergänzungsleistungen, Revision | 175 |
| Erkrankungen, arbeitsbedingte | 192 |
| Ersatzkasse, UVG | 38 |
| Ersatzprämie | 38 |
| Ersatzprämie, UVG | 38 |
| Erwerbsersatzordnung | 29, 164 |
| Erwerbsunfähigkeit, Definition | 244 |
| Erziehungsgutschriften, Definition | 244 |

## F

| | |
|---|---|
| Familienausgleichskasse | 31 |
| Familienrecht | 19 |
| Familienzulagen | 31, 70 |
| Familienzulagen, Anspruch | 198 |
| Familienzulagen, Arbeitsunterbruch | 202 |
| Familienzulagen, Ausländer | 196 |
| Familienzulagen, Befreiung | 207 |
| Familienzulagen, Bundesverfassung | 17 |
| Familienzulagen, Mindesthöhen 2009 | 31 |
| Familienzulagen, Nichterwerbstätige | 206 |
| Formulare, auf CD-ROM | 13 |
| Freibetrag | 135, 136 |
| Freibetrag, auf AHV/IV/EO | 245 |
| Freibetrag, Aufhebung | 170 |
| Freibetrag, Berechnungsbeispiel | 56 |
| Freibetrag, Nebenerwerb | 54 |
| Freibetrag, Rentner | 55 |
| Freizügigkeitsabkommen | 23 |
| Freizügigkeitsleistung, Definition | 245 |
| Frühintervention, IV | 173 |
| Frühpensionierung | 138 |
| Fürsorge | 46 |

## G

| | |
|---|---|
| Gemeinschaftsstiftung, Definition | 246 |
| Gesamtarbeitsvertrag | 246 |
| Gesetzesrevisionen | 170 |
| Gesetzliches, in Bundesverfassung | 16 |
| Grenzwerte, BVG | 231 |

## H

| | |
|---|---|
| Hinterlassenenleistungen | 165 |
| Hinterlassenenrente, Bezug | 165 |

## I

| | |
|---|---|
| Individuelles Konto, Definition, AHV | 247 |
| Informationspflicht, Arbeitgeber | 128 |
| Insolvenzentschädigung, ALV | 247 |
| Integration, Anreize für Arbeitgeber | 29 |
| Integrationsmassnahmen, IV | 29 |
| Internetadressen | 232 |
| IV, Anreize Integration | 173 |
| IV, Sparmassnahmen | 174 |
| IV-Revision, 5. | 175 |
| IV-Revision, Massnahmen | 172 |
| IV-Revision, Ziele | 172 |

## J

| | |
|---|---|
| Jahreslohn, versicherter | 60 |

## K

| | |
|---|---|
| Kapitalabfindung | 140, 142, 165 |
| Kollektiv, Zugehörigkeitskriterien | 42 |
| Kollektivität, BVG | 42 |
| Kollektivkrankenversicherungen | 32 |
| Konkurrenzregeln, Familienzulagen | 211 |
| Koordinationsabzug, BVG | 248 |
| Koordinierter Lohn, Definition | 249 |
| Krankenpflege | 32 |
| Krankentaggeldversicherung | 32 |
| Kündigungsfristen | 124 |
| Kündigungsschutz | 82, 249 |
| Kündigungsschutz, bei Krankheit | 20 |
| Kündigungsschutz, bei Unfall | 21 |

## L

| | |
|---|---|
| Leistungsprimat, Definition, BVG | 248 |
| Lohn, koordinierte, BVG | 65 |
| Lohn, massgebender AHV | 53 |
| Lohnänderungen | 76 |
| Lohnänderungen, Pflichten | 76 |
| Lohnbescheinigung, AHV-Nummer | 51 |
| Lohnfortzahlung, Schwangerschaft | 100 |

## Stichwortverzeichnis

| | |
|---|---|
| Lohnfortzahlungspflicht | 82, 184 |
| Lohnfortzahlungspflicht, bei Unfall | 20 |
| Lohnfortzahlungspflicht, keine | 85 |
| Lohnfortzahlungspflicht, Krankheit | 155 |
| Lohnfortzahlungspflicht, Schwangerschaft | 21 |
| Lohnfortzahlungspflicht, Todesfall | 162 |
| Lohnmeldung, rückwirkend | 76 |

### M

| | |
|---|---|
| Massgebender Lohn, AHV | 53 |
| Meldeformulare, Unfall | 93 |
| Meldewesen, AHV | 26 |
| Mindestinvalidität, Revision | 177 |
| Mindestumwandlungssätze | 179 |
| Mindestversicherungsdauer, AHV | 249 |
| Mindestzinssatz, Anpassung | 180 |
| Mindestzinssatz, nach Perioden | 180 |
| Mitarbeiterinformation, zu BVG | 66 |
| Mitwirkungspflicht, Arbeitgeber | 36 |
| Mutterschaftsentschädigung | 30, 100 |
| Mutterschaftsurlaub, Lohnersatz | 100, 103 |
| Mutterschaftsurlaub, Umfang | 103 |
| Mutterschaftsversicherung | 102 |

### N

| | |
|---|---|
| Nachdeckungsfrist | 130 |
| Nebenbetriebe | 36 |
| Nebenerwerb, AHV | 54 |
| Nebenerwerb, Berechnungsbeispiel | 55 |
| Nebenerwerb, Freibetrag | 54 |
| Nichtberufsunfall, Definition | 250 |
| Nichtbetriebsunfall, Anmeldung | 156 |
| Nichtbetriebsunfälle, Anmeldung | 94 |

### O

| | |
|---|---|
| Obligationenrecht | 19 |

### P

| | |
|---|---|
| Pensionierung | 134 |
| Pensionierung Weiterbeschäftigung | 143 |
| Pensionierung, aufgeschobene | 143 |
| Pensionierung, Einkommen | 136 |
| Pensionierung, Einkommen nach | 134 |
| Pensionierung, vorzeitige | 134, 141, 142 |

| | |
|---|---|
| Pensionskasse, Ausahlungen | 129 |
| Pensionskasse, unbez. Urlaub | 119 |
| Personenfreizügigkeit | 23 |
| Personenverkehrsabkommen, online | 234 |
| Planmässigkeit, Vorsorgereglement | 43 |
| Prämientarife, Änderungen | 37 |
| Probezeit, Versicherungspflicht | 62 |

### R

| | |
|---|---|
| Rechtsvorschriften, ausländ. Arbeitnehmer | 24 |
| Reduktion, AHV Beiträge | 85 |
| Reduktion, versicherter Lohn | 84 |
| Rehabilitation | 173 |
| Reintegration, IV | 83 |
| Rentenalter, Definition | 251 |
| Rentenkürzung | 134 |
| Rentenumwandlungssatz | 179 |
| Rentenumwandlungssatz, Höhe | 179 |
| Resterwerbsfähigkeit | 57 |
| Revision, UVG | 177 |
| Revisionsthemen, AHV | 170 |

### S

| | |
|---|---|
| Schlechtwetter, Entschädigung | 45, 112 |
| Schwangerschaft | 30 |
| Schwarzarbeit, Bundesgesetz | 25 |
| Sicherheitsfonds BVG | 253 |
| Sozialhilfe, Bedarfsprinzip | 46 |
| Sozialleistungen, ungenügende BVG | 137 |
| Sozialversicherungs-Glossar | 239 |
| Sozialversicherungsnummer | 27 |
| Sozialversicherungsrecht | 22 |
| Sozialversicherungsrelevanz, AHV | 137 |
| Sperrfrist | 82 |
| Sperrfrist, Definition | 253 |
| Spitalfinanzierung | 176 |
| Stellenantritt | 50 |
| Stellenaustritt | 124 |
| Stellenaustritt, Arbeitsunfähigkeit | 148 |
| Stellenaustritt, durch Pensionierung | 134 |
| Stellenaustritt, infolge Tod | 162 |
| Stellenaustritt, Nachdeckung | 130 |
| Stiftung Auffangeinrichtung | 66, 235 |
| Stiftungsrecht | 19 |
| Stopp Loss Vertrag, Definition, BVG | 254 |
| Strukturreform, BVG | 178 |
| SUVA | 34, 38 |
| SUVA, im Internet | 233 |
| SUVA, unterstellte Betriebe | 34 |

# Stichwortverzeichnis

## T

| | |
|---|---|
| Taggeldversicherung, Definition | 254 |
| Teilautonome Vorsorgeeinrichtung | 254 |
| Teilinvalide, Anstellung AHV | 57 |
| Teilpensionierungen | 143 |
| Teilzeitarbeit | 64, 68 |

## Ü

| | |
|---|---|
| Überbrückungsrenten, , Definition | 254 |

## U

| | |
|---|---|
| Umlageverfahren, Definition | 255 |
| Umlageverfahren, Rentenwert | 252 |
| Umwandlungssatz | 180 |
| Unbefristete Anstellung, AHV | 60 |
| Unfall, erforderliche Angaben | 93 |
| Unfall, Kündigungsschutz | 90 |
| Unfall, Versichertes | 33 |
| Unfallprämie | 36 |
| Unfallverhütung | 38 |
| Unfallversicherung | 33, 255 |
| Unterjährige Ein- Austritte BVG | 60 |
| Unterstellungsgrundsätze | 24 |
| Unterstellungskriterien, BVG | 61 |

## V

| | |
|---|---|
| Versicherung, freiwillige, BVG | 64 |
| Versicherungsausweis, AHV | 256 |
| Versicherungskarte, AHV | 51 |
| Versicherungsnummer, AHV | 27 |
| Versicherungsprinzip | 43 |
| Verzinsung, Altersguthaben | 45 |
| Verzugszinsen, Zahlung, AHV | 52 |
| Vorruhestandsleistung, Revision | 171 |
| Vorsorgeeinrichtung, Organ | 41 |
| Vorsorgeeinrichtung, Teilliquidation | 139 |
| Vorsorgepflicht, Arbeitgeber | 40 |

## W

| | |
|---|---|
| Webadressen | 232 |
| Webadressen, auf CD-ROM | 13 |
| Wiedereingliederung, Kosten BVG | 59 |

## Z

| | |
|---|---|
| Zivilgesetzbuch | 18 |
| Zürcher Skala | 184 |
| Zürcher Skala, Definition | 257 |
| Zusatzversicherung, freiwillig, UVG | 34 |

# Das PRAXIUM-Verlagsprogramm

Mehr Informationen und das aktuelle Programm mit Zusatzinformationen und ausführlichen Inhaltsangaben finden Sie im Internet auf unserer Verlags-Website unter:

**www.praxium.ch**

Das PRAXIUM-Verlagsprogramm

## Portrait und Leistungen des PRAXIUM-Verlags

PRAXIUM ist ein auf das Human Resource Management und Leadership spezialisierter Fachverlag. Nicht akademische Theorien und Modelle, sondern praktisch umsetzbare, sofort anzuwendende Fachinformationen für Berufspraktiker stehen im Mittelpunkt.

### Aus der Praxis für die Praxis

Der PRAXIUM-Verlag achtet konsequent auf die Umsetzbarkeit, den Praxisbezug und die Verständlichkeit der Fachinformationen seiner Werke. Der moderne Leser will sich heutzutage schnell und bequem informieren: Deshalb nimmt die Relevanz und die Kompaktheit der Informationen einen hohen Stellenwert ein.

### Qualität und Aktualität

Von der Sortimentsplanung über die Autorenwahl bis zur Lektorierung fokussieren wir konsequent die Qualität und Verlässlichkeit der Informationen. Auch die Aktualität ist uns wichtig - PRAXIUM-Werke werden daher oft in kleinen Auflagen produziert und je nach Thema im Jahresrhythmus aufgelegt und erweitert.

### Immer mit Arbeitshilfen und Vorlagen

Die Palette von Arbeitshilfen und Vorlagen macht einen überdurchschnittlich hohen Anteil der Bücher aus. Es sind dies oft:

- Tabellarische Kurzübersichten
- Fallbeispiele und Entscheidungshilfen
- Bewertungen und Erfolgskontrollen
- Checklisten und Mustertexte
- Formulare und Fallbeispiele
- Analysehilfen und Musterkonzepte
- Schritt-für-Schritt-Anleitungen
- Planungshilfen und Handlungsanleitungen

### CD-ROM – mit allen Buch-Vorlagen und Analysetools

Bis auf wenige Ausnahmen enthalten alle Werke aus dem PRAXIUM-Verlag CD-ROM's. Darauf befinden sich immer alle Vorlagen und Arbeitshilfen aus dem Buch. Diese können dadurch einfach übernommen, verteilt, individuell angepasst oder nach betrieblichen Bedürfnissen erweitert werden. Oft kommen auch Excel-Tools mit Planungs-, Analyse-, Berechnungs- und Administrationshilfen dazu. Dies ist ein hoher Mehr- und Nutzwert der PRAXIUM-Werke.

### Ihr Feedback freut uns

Haben wir mit dem vorliegenden Buch eingehalten, was wir hier zusichern? Ihr Feedback, Ihre Kritik, Ihre Meinung und Ihre Anregungen sind uns wichtig.

Sie erreichen uns via mail@praxium.ch oder unter www.praxium.ch. Hier finden Sie auch stets das aktuelle Verlagsprogramm. Für den Kauf des vorliegenden Buches möchten wir Ihnen bei dieser Gelegenheit bestens danken.

Das PRAXIUM-Verlagsprogramm

## Arbeitshandbuch für die Zeugniserstellung

Speziell für für Schweizer Betriebe entwickelt mit zahlreichen von A-Z ausformulierten und rechtssicheren Musterzeugnissen, Textbausteinen und Formularen - alle auch auf CD-ROM enthalten.

Für Personalleiter, Personalzuständige, Geschäftsführer und Vorgesetzte wirft das Erstellen von Zeugnissen oft viele Fragen auf: Rechtliche Unklarheiten, Fragen zur Formulierung und zum korrekten Aufbau, Handhabung von Codierungen, problematische Formulierungen, um nur einige Beispiele zu nennen. In solchen und mehr Situationen steht Ihnen dieser Praxis-Ratgeber zur Seite.

### Dieses Arbeitshandbuch gibt praktische Hilfestellung
zum stil- und rechtssicheren Verfassen von Zeugnissen. Im Mittelpunkt stehen Musterzeugnisse, Beispieltexte, Formulierungshilfen und Textbausteine in den unterschiedlichsten Varianten für viele Berufsgruppen, Leistungsstufen, Hierarchieebenen, Tätigkeiten und Branchen. Zur Sprache kommen besonders auch Formulierungshilfen zu problematischen Leistungs- und Verhaltensbeurteilungen für viele Situationen.

### Zahlreiche Mustervorlagen und Hilfsmittel
wie tabellarische Übersichten, Formulare, Checklisten, Zusammenfassungen, Schnellanleitungen auf einen Blick, wichtige Merkpunkte und mehr verstärken die Praxisausrichtung und machen das Buch auch zu einem jederzeit nutzbaren Nachschlagewerk und Ratgeber. Administrative Hilfsmittel und Vorlagen erleichtern Ihnen die Zeugniserstellung zusätzlich.

Auf der CD-ROM befinden sich sämtliche Musterzeugnisse, Textbausteine und Formulierungshilfen für die effiziente und komfortable Zeugniserstellung und individuelle Anpassung am PC.

Dieses Werk liegt mittlerweile in der dritten, erweiterten und aktualisierten Auflage vor und hat sich als in mehreren tausend Exemplaren verkauftes Standartwerk für Zeugnisfragen etabliert.

| | |
|---|---|
| Autor: | Martin Tschumi |
| ISBN: | 978-3-9522712-0-9 |
| Umfang: | 303 Seiten, gebunden |
| Preis | CHF 69.- / € 46.- |
| Mehrinformationen: | Auf www.praxium.ch unter Verlagsprogramm |
| Bezug: | Über Ihren Buchhändler oder auf www.hrmbooks.ch |

Das PRAXIUM-Verlagsprogramm

## Formulare und Mustervorlagen für die erfolgreiche Personalpraxis

Über 200 Arbeitsblätter zu praxisrelevanten Personalthemen von Zeugnissen über Stellenbeschreibungen und Mitarbeiterbefragungen bis zur Personalgewinnung.

Seinen Führungsstil auf Motivationswirkung hin überprüfen - die Zeugniserstellung mit einem Formular optimieren und vereinfachen – Mitarbeiterbefragung durchführen – die Einführung eines neuen Mitarbeiters organisieren – ein Leistungs- oder Zielvereinbarungsgespräch vorbereiten – E-Learning-Angebote auf Qualität prüfen – die Lohnentwicklung analysieren – gezielte Fragen zur Eruierung des Weiterbildungsbedarfs... . Dies sind nur einige Beispiele wichtiger Aufgaben im Personalalltag. Zur effizienten und zeitsparenden Erledigung von über 250 Personalaufgaben dieser Art verhilft Ihnen dieser Ratgeber.

### Thematische Vielfalt

Besondere Beachtung wird in diesem Handbuch einer breiten und praxisrelevanten Themenpalette geschenkt. Die Arbeitsblätter und Formulare stammen aus den Bereichen Personalbeschaffung, Arbeitszeugnisse, Mitarbeitereinführung, Stellenbeschreibungen, betriebliche Aus- und Weiterbildung, Mitarbeiterbefragungen und Mitarbeiterbeurteilungen, Mitarbeiterführung und Personaladministration.

### Einige Beispiele aus den über 200 Vorlagen

Formular zur strukturierten Schritt-für-Schritt-Erstellung von Zeugnissen. Formular für die Beurteilung von Mitarbeiterleistungen. A-Z-Einführungsprogramm für neue Mitarbeiter. Fragebögen und Auswertungsblätter für Mitarbeitergespräche. Personalentwicklungs-Planungsraster mit Beispielen. Merkblatt für erfolgreiches und effizientes Lernen. Stellenbeschreibungen in unterschiedlichen Darstellungen. Formular und Fragebogen zur Gehaltsfestlegung und zu Lohnveränderungen. Klar strukturiertes und ausführliches Zielvereinbarungs-Formular. Muster eines Massnahmenplan zur Ermöglichung von Zielerreichungen. Mustervorlage für Mitarbeiter-Motivations-Checkups.

### Alle Vorlagen auch auf CD-ROM

Alle Formulare und Arbeitsblätter können auf der beiliegenden CD-ROM in Wordvorlagen einfach und schnell angepasst und auf die individuellen Bedürfnisse ausgerichtet werden.

Autor: Martin Tschumi
ISBN: 978-3-9522958-7-8
Umfang: 258 Seiten, gebunden
Preis: CHF 69.- / € 46.-
Mehrinformationen: Auf www.praxium.ch unter Verlagsprogramm
Bezug: Über Ihren Buchhändler oder auf www.hrmbooks.ch

## Leitfaden für erfolgreiche Mitarbeitergespräche und Mitarbeiterbeurteilungen

Von A-Z ausformulierte Mitarbeiter-Mustergespräche aus der Personalpraxis mit Formularen auch zur Mitarbeiterbeurteilung – inkl. CD-ROM.

Mit diesem neuen, für Schweizer Verhältnisse verfassten Buch können Sie Mitarbeitergespräche schnell vorbereiten und auch in heiklen Situationen mit mehr Sicherheit argumentieren. Das Buch umfasst Mitarbeitergespräche UND die Mitarbeiterbeurteilung zugleich mit CD-ROM und weist folgende überzeugende Vorzüge auf:

- Moderne zeitgemässe Themen wie Projektgratulation, Internetmissbrauch, Burnout usw.
- Zahlreiche Motivationsgespräche wie Dankeschön-Gespräche für Vorschlag, besonderen Einsatz, Diplomabschlüsse usw. mit konkreten Anerkennungs- und Motivationsideen.
- Heikle Konfliktgespräche wie Vorgesetztenprobleme, Kündigungen, sexuelle Belästigung, fehlende Führungsqualitäten, innere Kündigung, Alkoholismus und mehr kommen zur Sprache.
- Dutzende von Gesprächstipps mit konkreten Beispielen: Die besten Fragen, gehemmte Mitarbeiter aktivieren, Vielredner stoppen und neueste Erkenntnisse zu Konfliktgesprächen.
- Viele Formulierungsideen für deutliche, klare, harte, unmissverständliche Standpunkte.
- Kündigungsgespräche und Kündigungsandrohungen aus mehreren Gründen (Leistung, Führungsmängel, Fehlverhalten, wirtschaftliche Gründe usw.) werden ebenfalls angegangen.
- Arbeitsrechtliche Informationen (Datenschutz, Kündigung, Freistellung, Kündigungsandrohung, Arbeitszeiten usw.) geben zusätzliche Gesprächs- und Rechtssicherheit.
- Über 25 sofort einsetzbare Formulare für die Mitarbeiterbeurteilung und Mitarbeitergespräche. Sämtliche Formulare, Gespräche und Gesprächsbausteine sind auch auf CD-ROM enthalten.

| | |
|---|---|
| Autor: | Marco De Micheli |
| ISBN: | 978-3-9522712-5-4 |
| Umfang: | 332 Seiten, gebunden |
| Preis | CHF 69.-/€ 46.- |
| Mehrinformationen: | Auf www.praxium.ch unter Verlagsprogramm |
| Bezug: | Über Ihren Buchhändler oder auf www.hrmbooks.ch |

Das PRAXIUM-Verlagsprogramm

## Handbuch zum Personalmanagement

Modernes Personalmanagement aus der Praxis für die Praxis – mit zahlreichen Excel-Tools auf CD-ROM und vielen weiteren Mustervorlagen und Arbeitshilfen.

Modernes Personalmanagement ist die aktive Gestaltung der Beziehung zu Mitarbeitenden eines Unternehmens. Dieses Buch ist ein Ideen- und Praxisratgeber mit Konzentration auf das Wesentliche. Von der Personalplanung über die Personalentwicklung und das Arbeitsrecht bis zu Lohn- und Austrittsfragen wird ein breites Spektrum relevanter Personalthemen behandelt. Das Buch vermittelt auch fundierte Handlungskonzepte, gibt Anregungen und möchte ebenso für wichtige Trends des modernen Personalmanagements sensibilisieren.

**Lehrmittel, Nachschlagewerk und Praxisratgeber**

Der Titel ist Lehrmittel, Nachschlagewerk und Praxisratgeber in einem und damit vielseitig verwendbar. Der Fokus auf Praxisbedürfnisse mit vielen Arbeitshilfsmitteln wie Checklisten und Vorlagen ermöglicht eine sofortige Umsetzung in der Betriebspraxis. Online-Zusatzleistungen und eine reichhaltige Sammlung von Excel-Tools auf der CD-ROM gestatten, das Buch zudem auf und mit mehreren Medienplattformen kombiniert zu nutzen.

**Das gesamte praxisrelevante Themenspektrum**

Der Titel ist Lehrmittel, Nachschlagewerk und Praxisratgeber in einem und damit vielseitig verwendbar. Personalplanung, -gewinnung, –führung und –entwicklung sowie Arbeitszeugnisse, Arbeitsrecht, Salärwesen, Mitarbeiterkommunikation, Sozialversicherungen, Kündigungs-Management und HR-Kennziffern sind die Themen.

**Mustervorlagen, Übersichtstafeln und Handlungsanleitungen**

Salärberechnungs-Vorlagen, arbeitsrechtliche Fallbeispiele und Rechtsprechungen, Musterarbeitszeugnisse, Stellenbeschreibungen, wichtige HR-Kennziffern, Stolpersteine bei Kündigungsfragen, Beurteilung von Führungsqualitäten sind nur einige wenige Beispiele von Dutzenden von Tools und Arbeitshilfen.

| | |
|---|---|
| Autor: | Martin Tschumi |
| ISBN: | 978-3-9522958-0-9 |
| Umfang: | 364 Seiten, gebunden |
| Preis: | CHF 69.- / € 46.- |
| Mehrinformationen: | Auf www.praxium.ch unter Verlagsprogramm |
| Bezug: | Über Ihren Buchhändler oder auf www.hrmbooks.ch |

## Nachhaltige und wirksame Mitarbeitermotivation

Motivations- und Führungsprinzipien und konkrete Motivationsideen inklusive Mitarbeitergespräche und Kommunikations- und Verhaltensregeln zur Motivationssteigerung von Mitarbeitern.

### Mitarbeitermotivation – wichtiger denn je
Ob es um Führung, Unternehmenskulturen oder Spitzenleistungen geht – die Bedeutung der Motivation steht zu Recht immer öfter im Mittelpunkt des Personalmanagements. Verändernde Ansprüche und ein neues Arbeitsverständnis erfordern auf zahlreichen Ebenen zahlreiche Aktivitäten.

### Aus der Praxis für die Praxis
Konkrete Anregungen, unkonventionelle Ideen, Anleitungen zu motivierendem Führungsverhalten und praxiserprobte Handlungsgrundsätze und Erfahrungswerte aus der Unternehmenspraxis zeichnen dieses Buch aus. In vielen sofort umsetzbaren Fallbeispielen erhält man Anregungen, erfährt Neues aus der Motivationsforschung und kann Ideen in die Führungs- und Personalpraxis übernehmen, eigene Situationen prüfen, sein Verhalten hinterfragen und vieles mehr. Übersichtstafeln zeigen auf einen Blick, worauf es ankommt und was für die Motivationspraxis besonders wichtig ist.

### Ganzheitlich und gut umsetzbar
Die Motivation wird ganzheitlich auf Persönlichkeits-, Führungs-, Arbeitsinhalts- und Unternehmensebene behandelt, was erheblich zur Verständlichkeit und Praxisnähe beiträgt. In "Merkpunkten für die Praxis" kann man kompaktes Know-how sofort nutzen und erfährt auf einen Blick das Wesentliche. Neue Erkenntnisse aus Psychologie und Forschung sowie Kernaussagen von Experten fliessen ebenso in dieses Buch wie Resultate aus Studien und Untersuchungen.

### Alle Vorlagen auch auf CD-ROM
Zahlreiche Vorlagen aus dem Buch wie Formulare, Merkblätter, Check-, Prüfungs- und Umsetzungslisten sowie Übersichtstafeln auf CD-ROM erhöhen den Nutzwert zusätzlich und vereinfachen die Umsetzung in die betriebliche Praxis.

| | |
|---|---|
| Autor: | Marco De Micheli |
| ISBN: | 978-3-9522958-3-0 |
| Umfang: | 368 Seiten, gebunden |
| Preis | CHF 69.- / € 46.- |
| Mehrinformationen: | Auf www.praxium.ch unter Verlagsprogramm |
| Bezug: | Über Ihren Buchhändler oder auf www.hrmbooks.ch |

Das PRAXIUM-Verlagsprogramm

## Die 600 wichtigsten Fragen und Antworten zum Personalmanagement

Das FAQ zum HRM: Vom Arbeitsrecht über die Sozialversicherungen bis zu Zeugnissen praxisrelevante und hilfreiche Fragen und Antworten rund um das Schweizer Personalmanagement

Die 600 Fragen und Antworten fassen das Wichtigste rund um das Personalmanagement auf kompakte und lesefreundliche Weise zusammen, verhelfen zu neuen Erkenntnissen, fokussieren wichtige Aspekte eines Themas und geben Orientierungshilfen zu neuen Trends. Der Anhang mit über 40 Arbeitsblättern rundet das Buch ab. Das Themenspektrum:

| | | |
|---|---|---|
| Arbeitspsychologie | Mitarbeiterführung | Sozialversicherungen |
| Arbeitszeugnisse | Lohnwesen | Coaching |
| Mitarbeiterbeurteilung | HR-Kennziffern | Personalgewinnung |
| Arbeitsrecht | Arbeitszeitmodelle | Austritt/Kündigungen |

**Einige Beispiele der über 600 Fragen:**

- Worauf ist bei einer Lebenslaufanalyse besonders zu achten?
- Soll man Mitarbeiterbeurteilungen mit Lohngesprächen verknüpfen?
- Muss ein Zwischenzeugnis vom Arbeitnehmer begründet werden?
- Was zeichnet eine sozial kompetente Führungskraft aus?
- Was ist bei der Einführung flexibler Arbeitszeiten wichtig?
- Wie kann man Burnout Symptome erkennen?
- Welche Inhalte dürfen Referenzauskünfte betreffen?
- Was ist bei erfolgsorientierter Vergütung wichtig?
- Wann ist eine fristlose Kündigung zulässig?
- Was umfasst eine Stellenbeschreibung?
- Was zeichnet motivierendes Führungsverhalten aus?
- Wie wird Kritik und Negatives in einem Zeugnis angegangen?
- Wie berechnet man Ferienansprüche und Ferienanteile?
- Was motiviert Mitarbeiter nach neuesten Erkenntnissen am meisten?
- Was beinhaltet ein aktives Konfliktmanagement?

| | |
|---|---|
| Autor: | Roland Krismer |
| ISBN: | 978-3-9522958-4-7 |
| Umfang: | 333 Seiten, gebunden |
| Preis: | CHF 69.- / € 46.- |
| Mehrinformationen: | Auf www.praxium.ch unter Verlagsprogramm |
| Bezug: | Über Ihren Buchhändler oder auf www.hrmbooks.ch |

Das PRAXIUM-Verlagsprogramm

## Ratgeber zum Schweizer Arbeitsrecht

Wichtige Fragen und Antworten in kompakter Form, arbeitsrechtliche Schwerpunktthemen, Vertragsvorlagen, Checklisten, Übersichtstafeln und ein Fachglossar für mehr Rechtssicherheit

### Die wichtigsten Fragen und Antworten zum Arbeitsrecht

Ob Lohnfortsetzungszahlung, Unsicherheiten zur Gratifikation oder Kündigung – die wichtigsten Fragen aus dem betrieblichen Alltag werden kompakt, verständlich und klar beantwortet. Hinzu kommen wichtige Gesetzeshinweise und Fallbeispiele aus der Gerichtspraxis vertiefen wichtige Problempunkte.

### Interessante Fallbeispiele aus der Gerichtspraxis

Welches sind die Fallstricke, worauf muss man achten, um arbeitsrechtliche Probleme und Konflikte zu vermeiden, welche gravierenden Fehler werden immer wieder gemacht und kommen oft teuer zu stehen? Diese für die Betriebspraxis relevanten Fallbeispiele schildern konkrete Arbeitsrechtsprobleme, von denen man vieles für die eigene Praxis übernehmen kann. Zugleich lernt man, arbeitsrechtliche Hintergründe und Zusammenhänge besser zu verstehen und beurteilen zu können.

### Arbeitsrechts-Glossar für mehr Rechtssicherheit

Was versteht man unter der Berner Skala, was ist individuelles Arbeitsrecht, was kann und darf eine Konkurrenzklausel umfassen? Das Arbeitsrechts-Glossar macht Sie mit den wichtigsten Begriffen vertraut und trägt damit zusätzlich zu mehr Rechtssicherheit und Verständlichkeit bei.

### Inklusive kommentierte Vertragsvorlagen

Je klarer Verträge die Zusammenarbeit regeln, desto weniger Unsicherheiten und Konflikte entstehen. Die kommentierte Sammlung der wichtigsten Verträge zeigt an konkreten Beispielen, worauf zu achten ist.

### CD-ROM-Mehrwert

Auf der CD-ROM befinden sich alle Fragen, das gesamte Glossar und sämtliche Musterverträge zur einfachen individuellen Bearbeitung am PC.

| | |
|---|---|
| Autor: | Jörg Roth |
| ISBN: | 978-3-9522958-6-1 |
| Umfang: | 232 Seiten, gebunden |
| Preis: | CHF 59.- / € 39.- |
| Mehrinformationen: | Auf www.praxium.ch unter Verlagsprogramm |
| Bezug: | Über Ihren Buchhändler oder auf www.hrmbooks.ch |

Das PRAXIUM-Verlagsprogramm

## Erfolgreich in der ersten Chefposition

Das Brevier für den ersten oder neuen Führungsjob mit praxisrelevanten Grundsätzen, konkreten Fallbeispielen und vielen interaktiven Arbeitshilfen für einen erfolgreichen Start in der ersten Führungsposition.

**Führungs-Know-how mit Fokus auf das Wesentliche**

Dieser Ratgeber bringt sachlich und kompetent auf den Punkt, was "neue Chefs" für einen erfolgreichen Karrierestart wissen müssen. Er stellt praxisnah, kompakt und auf das Wesentliche konzentriert das Instrumentarium modernen Leaderships zur Verfügung. Führungspersönlichkeit, Führungsgrundsätze, Mitarbeitermotivation, Mitarbeiterbeurteilung, Arbeitstechniken und Kommunikation sind einige der behandelten Themen. Ebenso sind auch die Entwicklung von Selbstkompetenz, aktuelle Aspekte der Worklife-Balance und die eigene Persönlichkeit im Führungs- und Lebensumfeld ein Thema.

**Inklusive Arbeitshilfen und Formulare**

Zahlreiche interaktive Arbeitshilfen wie Selbst-Checks, Erfolgskontrollen, Analysehilfen, Checklisten, Mustervorlagen und Schnellübersichten helfen Ihnen als angehendem Chef, das Know-how schnell und einfach in der eigenen Führungspraxis anwenden zu können. Ein spezielles Set von Starthilfen begleitet Sie konkret und handlungsorientiert während der ersten 100 Tage im neuen Führungsjob. Beispiele und Themen der Arbeitshilfen:

- Antritts-Musterrede für den ersten Auftritt vor dem Team
- Muster eines Vorgesetzten-Beurteilungsbogens
- Erfolgsfaktoren bei Veränderungsprozessen
- Kongruenz persönlicher Werte mit Führungsverhalten
- Persönlichkeitsmerkmale erfolgreicher Führungskräfte
- Überprüfung motivierender Führung im Alltag
- Anregungen für den ersten Auftritt vor dem Team
- Eigenbeurteilung und –analyse nach 100 Führungstagen
- Commitment mit Führungsgrundsätzen der ersten 100 Tage
- Ein Tag im Leben einer erfolgreichen Führungskraft
- Wichtige Sozialkompetenzen von Leadern
- Konkrete Möglichkeiten der Mitarbeiterförderung
- Wichtige Faktoren motivierender Mitarbeiterführung

| | |
|---|---|
| Autor: | Andreas Ebneter |
| ISBN: | 978-3-9523246-3-9 |
| Umfang: | 348 Seiten, gebunden |
| Preis: | CHF 57.- / € 36.- |
| Mehrinformationen: | Auf www.praxium.ch unter Verlagsprogramm |
| Bezug: | Über Ihren Buchhändler oder auf www.hrmbooks.ch |

Das PRAXIUM-Verlagsprogramm

## HRM Office: Tools für das Personalwesen

Der Werkzeugkoffer für erfolgreiche Personalarbeit. Mustervorlagen, Planungshilfen, Analyseinstrumente und Berechnungen im Buch und auf CD-ROM.

### Von Planungen über Berechnungen bis zu Analysen

Kernstück des Buches bildet die CD-ROM mit zahlreichen Analyse-, Planungs- und Verwaltungstools zu wichtigen Personalaufgaben wie Planungen, Berechnungen, Kontrollen und Analysen, Stellenbeschreibungen, Arbeitszeugnissen und Musterbriefe, auf die Mithilfe der Software MS Excel und MS Word direkt zugegriffen werden kann.

### Mustervorlagen, Fallbeispiele, Handlungsanleitungen

Personal-Kennziffern, Lohnberechnungstools, Kandidatenvergleiche, Mitarbeiterbefragungen, Absenzenanalysen, Anforderungsprofile, Überstundenerfassungen, Personalbedarfsplanung und Lohnerhöhungsberechnungen sind einige Beispiele.
Autor: Arthur Schneider, ISBN: 978-3-9522712-9-2, Umfang: 252 Seiten, gebunden, Preis: CHF 69.- / € 46.-. Zu beziehen bei Ihrem Buchhändler oder online bei www.hrmbooks.ch

## Handbuch für eine aktive und systematische Mitarbeiterkommunikation

Grundsätze, Erfolgsvoraussetzungen, Instrumente und Praxistipps für eine professionelle interne Unternehmenskommunikation mit Berücksichtigung neuer und klassischer Medien und vielen Fallbeispielen und Arbeitshilfen für eine erfolgreiche Umsetzung.

### Mitarbeiterkommunikation in der Unternehmenspraxis

Zahlreiche Fallbeispiele vereinfachen die Umsetzung und veranschaulichen die praktischen Zusammenhänge und Prioritäten. Zur Sprache kommen auch das E-Mail-Management, Mitarbeiterportale und weitere elektronische Medien. Aber auch die klassischen Kommunikations- und Informationsinstrumente wie z.B. Mitarbeiterzeitschriften, Mitarbeitergespräche, Newsletter, Teamsitzungen, Informationsveranstaltungen, Präsentationen, Mitarbeiterevents und mehr werden ausführlich behandelt.

Autor: Louis Gfeller, ISBN: 978-3-9523246-0-8, 312 Seiten, gebunden, Preis: CHF 69.- / € 46.-. Zu beziehen bei Ihrem Buchhändler oder online bei www.hrmbooks.ch

Das PRAXIUM-Verlagsprogramm

## Systematische Mitarbeiterbeurteilungen und Zielvereinbarungen

In diesem Buch werden die für die Beurteilungspraxis relevanten Themen fokussiert: Methoden, Planung, Durchführung, Beurteilungskriterien, -raster, - formulierungen, Auswertungen und Beurteilungs-Mustergespräche. Ein ausführlicher Fragen- und Antworten-Katalog führt schnell zu den wesentlichen Kernthemen und häufigen Fragen aus der Praxis.

**Zahlreiche Arbeitshilfen und Beurteilungsbögen**

Das Schwergewicht liegt auf Vorlagen, Praxiserfahrungen und Musterbeispielen, um Beurteilungssysteme individuell optimieren und übernehmen zu können. Vor allem die in Zielsetzung, Darstellung und Ausführlichkeit unterschiedlichen Varianten von Beurteilungsbögen und Bewertungsverfahren leisten wertvolle Hilfe für die schnelle Übernahme in die Praxis.

Zahlreiche Excel-Tools und Dutzende von Vorlagen aus dem Buch auf CD-ROM erhöhen den Nutzwert zusätzlich und vereinfachen die Umsetzung. Beurteilungs-Auswertungen mit Grafiken, Mitarbeiterbeurteilungs-Tools und Anforderungsprofilen sind einige Beispiele.

Autor: Robert Müller, ISBN: 978-3-9522958-2-3, Umfang: 304 Seiten, gebunden, Preis: CHF 69.- / € 46.-. Zu beziehen bei Ihrem Buchhändler oder online bei www.hrmbooks.ch

## Mustergespräche für Mitarbeiterbeurteilungen und Zielvereinbarungen

Dieser Praxisleitfaden bietet von A-Z ausformulierte Beurteilungsgespräche. Die Beurteilungsgespräche, Zielvereinbarungen und Qualifikationen geben Sicherheit in der Gesprächsführung und garantieren nebst einem systematischen Gesprächsaufbau auch eine ganzheitliche Leistungsbeurteilung. Vom einfachen Gespräch wegen Leistungsmängeln über konkrete Zielvereinbarungen bis zu umfassenden Leistungs- und Verhaltensbeurteilungen reicht die thematische Bandbreite.

Der Gesprächsaufbau, hilfreiche Formulierungsbeispiele, gewinnbringende Fragestellungen, die adäquate Anwendung bewährter Beurteilungskriterien und die Gewinnung wichtiger Informationen und Beurteilungsgrundlagen sind einige konkrete Nutzenstiftungen des vorliegenden Buches.

Autor: Robert Müller, ISBN: 978-39523246-1-5, Umfang: 260 Seiten, gebunden, Preis: CHF 59.- / € 39.-. Zu beziehen bei Ihrem Buchhändler oder online bei www.hrmbooks.ch

## Emotionale Intelligenz im Führungsalltag

Mitarbeitende und sich selbst emotional intelligent und kompetent führen. Mit Übungen und Anleitungen aus der Unternehmens- und Lebenspraxis und Fallbeispielen aus dem beruflichen und privaten Alltag.

### Die wesentlichen Aspekte der emotionalen Intelligenz

Intellektuelle und berufliche Fähigkeiten sind dann wirksam, wenn Menschen auch über emotionale Intelligenz verfügen. Personen mit einer hohen Sozialkompetenz arbeiten effizienter, sie sind motivierter und öfters erfolgreiche Führungskräfte. Das Buch unterstützt die Leser, sich intensiv mit den fünf wesentlichen Aspekten der Emotionalen Intelligenz auseinanderzusetzen:

- Selbst-Wahrnehmung: Wie erkenne ich mich selbst?
- Selbst-Management: Wie führe ich mich selbst?
- Selbst-Motivation: Wie motiviere ich mich selbst?
- Empathie: Wie kann ich besser auf andere eingehen?
- Sinn, Werte, Vision: Was spornt mich an? Wofür will ich mich einsetzen?

Autorin: Helena Neuhaus, ISBN: 3-9522958-9-2, 244 Seiten, gebunden, Preis CHF 59.- / € 39.-. Zu beziehen bei Ihrem Buchhändler oder online bei www.hrmbooks.ch

## Bewerber-Mustergespräche für erfolgreiche Interviews

Interviews sind ein zentrales Instrument der Personalauswahl. Es geht darum, von Kandidaten einen persönlichen Eindruck und wichtige Informationen zu gewinnen und deren Kompetenzen realistisch einschätzen zu können.

### Bewerber-Mustergespräche für erfolgreiche Interviews

Dabei assistiert Sie dieser Praxisleitfaden mit von A-Z ausformulierten Muster-Bewerbergesprächen. Sie geben zu vielen Interviewarten und Gesprächsphasen Anregungen für geschickte und adäquate Formulierungen und Gesprächsführungen. Die zahlreichen Bewerbergespräche geben somit mehr Sicherheit beim Interviewaufbau und dialogfördernde Fragen und Reaktionsmöglichkeiten auf Bewerberfragen und -antworten.

Zahlreiche Arbeitshilfsmittel und Formulare sind bei der Organisation, der Administration und bei der Entscheidungsfindung behilflich – und auch auf CD-ROM enthalten. Beispiele: Interview-Vorbereitungsblätter, Terminplan, Bewertungsbogen für Kandidatenbeurteilung, tabellarische Muster-Stellenbeschreibung und mehr.

Autor: Manfred Hablützel , ISBN:978-3-9522958-8-5, 232 Seiten, gebunden, Preis CHF 59.- / € 39.-. Zu beziehen bei Ihrem Buchhändler oder online bei www.hrmbooks.ch

Das PRAXIUM-Verlagsprogramm

## Mit den besten Interviewfragen die besten Mitarbeiter gewinnen

Ein Kompass für professionelle Interviews und sicherere Einstellungsentscheidungen – inkl. CD-ROM mit allen Interviewfragen zur individuellen Selektion, und zum Einsatz in Ihren Interviews und mit allen Formularen.

### Zahlreiche Themenfelder

Alle Fragen werden kommentiert und bieten konkrete Interpretationshilfen. Beispiele der Themen: Verhältnis zum vorherigen Arbeitgeber, Lohnerwartungen, Motivation, Selbstbewusstsein, Belastbarkeit, Leistungsvermögen und mehr.

Beispiele der Formulare und Arbeitsblätter: Dossier-Beurteilung als Interview-Grundlage, Beurteilungsformular zu Persönlichkeitsfaktoren, Grobvergleich von Kandidaten, Muster zur Begründung einer Einstellungsentscheidung, Formular zur systematischen Auswertung eines Vorstellungsgespräches und mehr.

Autor: Arthur Schneider, ISBN: 978-3-9522712-7-8, 210 Seiten, gebunden, Preis CHF 59.- / € 39.-. Zu beziehen bei Ihrem Buchhändler oder online bei www.hrmbooks.ch

---

## Mit den besten Stellenanzeigen die besten Mitarbeiter gewinnen

In diesem Buch erfahren Sie, wie eine Stellenanzeige strukturiert ist, welche Funktionen sie erfüllt, welches die wichtigsten Informationen sind und wie man die richtigen Bewerbergruppen anspricht. Mit den fertig formulierten Textbausteinen können Sie ein Stelleninserat stil- und sprachsicher verfassen.

### Alle Arbeitshilfen auch auf CD-ROM – inkl. Excel-Tools

Diverse Exceltools zur Planung, Analyse und Verwaltung von Anzeigen helfen Zeit sparen und Fehler vermeiden: Einige Beispiele: Mediaplan für Personalsuche, Berechnung von Stellenanzeigenkosten, Budgetierung von Rekrutierungskosten und ein Formular zur Aufgabe von Stellenanzeigen. Alle Formulare, Arbeitshilfen und Textbausteine des Buches sind ebenfalls auf der CD-ROM enthalten.

Autor: Thomas Widmer, ISBN 978-3-9522958-5-4, 236 Seiten, gebunden, Preis: CHF 48.- / € 32.-. Zu beziehen bei Ihrem Buchhändler oder online bei www.hrmbooks.ch

Das PRAXIUM-Verlagsprogramm

## Lexikon für das Personalwesen

Was ist ein Sabbatical? Was ist bei Kündigungsfristen zu beachten? Was umfasst flexible Arbeitszeit alles? Was versteht man genau unter Fluktuation? Wie andere Managementbereiche ist auch der Personal-Fachjargon einem starken Wandel unterworfen. Der Einfluss des Englischen, neue Trends und der zunehmende Stellenwert des Human Resource Managements sind einige Gründe.

### Inklusive Praxisbeispiele, Merkpunkte und Webquellen

Über die Definition der Fachbegriffe hinaus wird oft auch Praxiswissen in Kürze vermittelt. Dies können Kriterien, Abläufe, Vorgehensweisen, Auszüge aus Studien, Fallbeispiele, Merkpunkte usw. sein. Zu wichtigen Themen findet man interessante Websitequellen, die das Gesagte vertiefen.

Autor: Martin Tschumi, ISBN: 978-3-9522712-1-6, 288 Seiten, gebunden, Preis CHF 74.- / € 47.50. Zu beziehen bei Ihrem Buchhändler oder online bei www.hrmbooks.ch

---

## Praxisratgeber zur Personalentwicklung

Wen sollen wir wo und wie weiterbilden? Was macht einen wirklich guten Trainer aus? Wie stellen wir sicher, dass Gelerntes in der Praxis auch angewendet wird? Dieses Buch beantwortet diese und viele Fragen mehr.

### Das gesamte praxisrelevante Themenspektrum

Von der Bedarfsermittlung über die Umsetzung bis zur Erfolgskontrolle werden praxisrelevante Themen behandelt. Die Vielfalt und Kombination der Lernmethoden, wirkungsvolle Wissensvermittlung, Qualitätsbeurteilung von Seminaranbietern, das E-Learning und Schulungskonzepte sind einige Beispiele.

Vom Muster einer Weiterbildungs-Vereinbarung über Konzepte und Planungsbeispiele zu Personalentwicklungs-Massnahmen bis hin zu Qualitätsprüfungshilfen für die Evaluation von Schulungsanbietern enthält das Buch zahlreiche sofort umsetzbare Vorlagen und Ideen für die erfolgreiche Praxisanwendung. Auf der CD-ROM sind sämtliche Vorlagen aus dem Buch, ein Musterkonzept zur Personalentwicklung, Excel-Tools zur PE-Planung und Analyse und eine fertig gestaltete Powerpoint-Präsentation enthalten.

Autor: Martin Tschumi, ISBN: 978-3-9522958-1-6, 284 Seiten, gebunden, Preis CHF 69.- / € 46.-. Zu beziehen im Buchhandel oder online über www.hrmbooks.ch

Das PRAXIUM-Verlagsprogramm

## Musterbriefe und Musterreglemente für das Personalwesen

Inklusive CD-ROM mit sämtlichen Musterbriefen, Reglementen und Mitteilungen, Textbausteinen und Formulierungshilfen für die effiziente Brieferstellung, das sichere und zeitgemässe Formulieren und die individuelle Anpassung der Schriftstücke am PC.

### Eine Auswahl der Briefthemen:

Korrespondenz mit Bewerbern, Briefe und Mitteilungen zur Mitarbeitereinführung, persönliche Mitarbeiter-Korrespondenz (Kondolenzbriefe, Jubiläum, Geburtstag, Mitarbeiterbegrüssung, Genesungswünsche und mehr), Anerkennungs- und Beförderungsbriefe, rechtssichere Kündigungsbriefe, Ermahnungsbriefe zu häufigen und heiklen Situationen, interne Betriebsmitteilungen und Reglemente (Administratives, Qualifikation, Bekanntmachungen, Reorganisation, Arbeitszeiten, personelle Veränderungen und mehr).

Autor: Martin Tschumi, ISBN: 978-3-9522712-2-3, 284 Seiten, gebunden, Preis CHF 69.- / € 46.- Zu beziehen bei Ihrem Buchhändler oder online bei www.hrmbooks.ch

---

## Erfolgreiche Personalgewinnung und Personalauswahl

Gezielte und systematische Personalrekrutierung mit vielen Mustervorlagen und Handlungsanleitungen und Excel-Tools und allen Vorlagen auch auf CD-ROM. Von der attraktiven Stellenanzeige über Bewerbungsmanagement und Kandidateninterviews bis zum Einstellungsentscheid werden alle praxisrelevanten Phasen der Personalrekrutierung behandelt, wie z.B. Datenschutz, Referenzeinholung, Interviewtechniken und die Chancen der Online-Rekrutierung.

### Mustervorlagen, Übersichtstafeln und Handlungsanleitungen

Welches sind die besten Interviewfragen, wie sichtet man Bewerbungsdossiers ganzheitlich, wie erstellt man aussagekräftige Anforderungsprofile, wie gelingt die Mitarbeitereinführung, wie hilft ein Stellensuchplan, wie gewinnt man mehr Sicherheit bei Einstellungsentscheidungen, Qualitätskontrolle einer Stellenanzeige, Beurteilung von Jobbörsen – dies sind nur einige wenige Beispiele der behandelten Themen und Fragen.

Autor: Norbert Maier, ISBN: 978-3-9523246-4-6, 296 Seiten, gebunden, Preis CHF 69.- / € 46.-. Zu beziehen bei Ihrem Buchhändler oder über www.hrmbooks.ch